公司法信赖保护论

The Theory of Reliance Protection in Corporation Law

陈 熹／著

法律出版社 LAW PRESS · CHINA

北京

图书在版编目(CIP)数据

公司法信赖保护论 / 陈熹著. -- 北京:法律出版社, 2022

ISBN 978-7-5197-6873-7

Ⅰ. ①公… Ⅱ. ①陈… Ⅲ. ①公司法—研究—中国 Ⅳ. ①D922.291.914

中国版本图书馆 CIP 数据核字(2022)第 113121 号

公司法信赖保护论
GONGSIFA XINLAI BAOHULUN

陈 熹 著

策划编辑 赵明霞 田 浩
责任编辑 赵明霞 田 浩
装帧设计 臧晓飞

出版发行 法律出版社
编辑统筹 法商出版分社
责任校对 裴 黎
责任印制 胡晓雅
经 销 新华书店

开本 710 毫米×1000 毫米 1/16
印张 16.75 字数 243 千
版本 2022 年 9 月第 1 版
印次 2022 年 9 月第 1 次印刷
印刷 唐山玺诚印务有限公司

地址:北京市丰台区莲花池西里 7 号(100073)
网址:www.lawpress.com.cn
投稿邮箱:info@lawpress.com.cn
举报盗版邮箱:jbwq@lawpress.com.cn

销售电话:010-83938349
客服电话:010-83938350
咨询电话:010-63939796

书号:ISBN 978-7-5197-6873-7
定价:68.00 元

凡购买本社图书,如有印装错误,我社负责退换。电话:010-83938349

序

呈现读者面前的是陈熹博士的新作——《公司法信赖保护论》，在其付梓之际，陈熹博士嘱我作序，除预布贺忱外，也谈谈阅读文稿后的感受。

陈熹君是我的博士生，他尊师重道、温文尔雅、为人真诚，对事理明尚夙达。陈熹君对待科研态度严谨认真，在学术研究中鞭辟着里，体现出极高的禀赋。经我们探讨、拟定博士论文选题后，他投入了极大的热情、竭尽努力，完成了一篇高质量的论文，获得由蒋大兴、梁上上、彭诚信、钱玉林、段厚省等诸位教授所组成答辩委员会的高度肯定。现博士论文经修订出版面世，可期待其成为公司法领域的一部重要学术专著。

诚如拉伦茨所言：“只有当必不可少的信赖被保护时，人类才有可能在保障每个人各所应得的法律之下和平共处。全面绝对的不信赖，要么导致全面的隔绝，要么导致专断者的支配。促成信赖并保护正当的信赖，属于法秩序必然满足的最根本要求之一”，亦如作者所称：信赖保护规范的内在逻辑、保护方式与制度目的是：“信者为真，得其所信，偿其所失，信其所见”。

信赖保护总体上适用于公法和私法领域，但不同领域的信赖保护规则在理论基础、制度内容、规则适用、法律后果方面均有较大区别，且经历了从道德化信赖向法律化信赖、从维护契约交易安全到注重民商主体承担信赖保护责任的演进。某种意义上，不同法律文化下的“权利外观”“权利表见”“禁反言”“信赖利益”尽管在理论渊源、制度起源、规则内容、法律效果上存在诸多不同，存在着是“外在事实信赖”，还是“先事实信赖”的差异，但就促进及维护“信赖利益”而言，理念上存在着交融，规则上也发挥着并行不悖的功能。本书以私法信赖保护为基本范式，以公司组织规范与交易行为规范为对象，深入阐释了公司法信赖保护规范体系问题，以此为据，我们可感知本书的学术贡献与特色。

其一，鲜明地提出“公司法信赖保护”“公司法信赖保护原则”命题。法律原则是法律规则或规范的本源和根据，是法体系化过程中被认识、被总结的隐含于法律规则背后的价值。信赖保护规则及原则产生于商品经济发达而对交易安全保护的需要，立法与判例确认对特定外观或表示行为的合理信赖虽很大程度上基于法技术的创制，但信赖利益保护的内在驱动力则是社会生活的现实需求。本书通过对学术史、制度史的梳理，总结信赖保护规则与原则生成、融入商法、适用于公司法的历史演进过程，证成信赖保护业已成为商法、公司法遵从的普遍性原则。本书突破现有研究中或讲求抽象法理、或进行宏观叙事，或囿于个别制度讨论的思维定式，对商事信赖保护、公司法上信赖保护进行系统研究，论证信赖保护原则的独立地位，阐述信赖保护与诚实信用原则的本质界分，建构起公司法领域信赖保护原则与规则的理论框架。书中指出商事交易的信赖保护本质上是建立在商事主体间的信赖关系上的，信赖保护表面上属于交易行为的契约缔结，实质却是交易主体的可信性，在公司法领域，则是公司法组织规范与信赖保护交易规范的连结；同时，本书深入阐述了公司信赖保护责任主体扩张中的“第三人责任”以及公司法信赖保护构成逻辑问题。这些讨论无疑是对商事信赖关系、公司法上信赖关系本质、范畴认识上的理论升华。

其二，突破积极信赖保护与消极信赖保护的分类，创新性地提出公司法公示性信赖保护与非公示性信赖保护的类型化范式。书中认为被信赖人与特定信赖人间基于表示行为而建立信赖责任关系，其表示对象是具体而特定的，仅须对单个契约中的特定信赖人负责，而在另一种关系（外观责任关系）中，被信赖人通过公司商事登记、商号使用、公司组织形式变动、上市公司信息披露等途径向社会公示，令不特定公众产生合理信赖，形成具有公示效力的外观状态，须对所披露信息的真实性负责，以保证所有潜在交易相对人不会因信赖外观而受损，这种信赖关系具有抽象相对性，其区分核心要素在于外观或表示行为的信赖事实是否具有对不特定对象的公示效力。本书提出的公司法公示性信赖保护与非公示性信赖保护类型化范式具有体系化、特定化等特征，无论从静态的外观视角，还是就动态的行为作观察，对揭示公司法信赖保护的特殊性、提供信赖保护的恰当路径，无疑具有理论创新上的冲击力。

其三，法律的生命在于实践。本书依原理、制度、实践的逻辑演绎，文中对公司章程、决议等内部文件的对外效力、代表人制度及其意思形成与表达、公司对外表示可归责性、相对人交易过程中的自身过错、有限责任公司隐名股东地位、涉第三人公示性信赖保护等诸多实践问题尤为观照，同时，书中对信赖保护规则适用中的论证推理、判断个案当事人信赖合理性的要素、法官在“法律文本—案件事实—经济理性”间思维穿梭的自觉、过错认定、举证责任分配、信赖人履行请求权与赔偿请求权间的选择权等问题进行了深入剖析，密切契合当下司法实践的需求，均展现了作者理论与实践相结合的学术品格。作者还以宽阔的视野，提出公司法信赖保护规范应形成《民法典》《企业登记法》《公司法》三重结构体系，也无疑在立法实践上具有参考价值。

本书结构严谨、资料翔实、论证有力，既有学术深度，又有实践意义，值此付梓之际，以序为贺！同时，也期待陈熹君在学术之路上不断精进！

2022 年 8 月于复旦大学江湾校区

前　言

信赖保护原则是私法基本原则之一。民商事主体因外观事实或行为产生合理信赖，进而在应得利益或固有利益受到损失时，法律规定对其进行保护，使信赖人可以取得依信赖外观履行时的应得利益，或补偿其遭受的信赖利益损失。简言之，其规范的内在逻辑、保护方式与制度目的即为："信者为真，得其所信，偿其所失，信其所见。"

表面上看，信赖保护属于交易行为契约缔结过程中的问题，但根源却是交易主体的可信性问题。公司是现代社会最为活跃的商事交易主体，因此，信赖保护其实重在解决公司在商事交易中的可信性问题，即公司本身须遵循一系列的信赖保护法律制度，并向交易相对人承担信赖保护法律责任。然而，以往有关信赖保护的研究视野多限于民事交易安全行为规范领域，忽视了上述商主体层面的问题。因此，本书结合私法上的信赖保护原则理论，落实于公司法组织规范层面，以组织规范与交易行为规范的连结点为中心，梳理公司法中有关信赖保护问题的制度架构，暨公司组织规范中涉及外部相对人信赖保护问题的理论与规范分析，以期能在传统私法信赖保护原则大框架内，深化对公司法信赖保护规范体系的研究。

第一章"沿革论：信赖保护原则的发展变迁"，基本线索为信赖保护原则作为私法原理进入商法，又作为商法原则落实于公司法层面的历史发展进路，采用比较研究并提炼总结的基本范式。早期信赖保护理论源于大陆法系权利外观理论，但是在英美法系亦有其参照物，即禁反言理论与合同信赖利益理论。两大法系的信赖保护理论内在差异性在于"信赖之源"的不同，一种是基于时间顺序观念的"在先事实信赖"，另一种则是基于内外表象观念的“外在事实信赖”。但信赖保护理论由民法进入商法的过程中存在“外观化”现象，使二者也逐渐融通。信赖保护原则具有独立地位，其与诚实信用原则的关系，体现了法规则与法道德之间的分合关系，在缔约过失制度中体现得尤为明显。信赖保护在商法领域表现为外观主义，成为贯彻于商法中的普遍性原则，所运用的拟制思维有其深刻的认识论基础，不能被简单视为维护交易安全的法律工具，需要重新定义与平衡外观主义在交易安全与公平正义上的双重价值。

第二章“原理论：公司法信赖保护的理论构成”，核心为信赖保护规范引进公司法后的规范性质、法律关系基础与规范构成逻辑。公司法应以组织规范为主，体现更多团体法的拘束性、权力性、程序性与私人强制性，而公司对外建立的交易关系则主要由契约法调整。但公司组织关系的“外部性”产生溢出效应并随之影响外部的相对人，组织规范与交易规范产生牵连，公司法中必然要加入交易规范内容以控制约束主体的对外行为。规范性质与法条安置是两个层面的问题，公司法信赖保护在性质上虽属交易规范，但鉴于其所具有的组织契约牵连性，安置于公司法中、作为公司法典中的合同规则是较优的技术选择。信赖关系可分为“外观责任关系”与“信赖责任关系”两种基本形态，对应公司法中不同的信赖保护规则。信赖关系本身具有依附性、保护性、过渡性、因果关系替代性、具体相对性与抽象相对性等特性。信赖人与被信赖人在商事交易过程中利益关系失衡，需要法律以主体可信性制度与主体责任制度等进行矫正。公司作为被信赖人会出现责任主体扩张的特殊现象，例如董事和经理的第三人责任、股东直索责任、补充赔偿责任等。另外，还需要明确信赖关系与董监高信义关系在公司法上的区别。分析公司法信赖保护规范构成时，可借用三段论推导逻辑，信赖事实与可归责性作为法律责任大前提的原因要件，应重视风险归责与过错归责的交错现象；信赖合理性与信赖处分作为法律保护小前提的信赖要件，应结合“理性人—商人—行业”标准而将商事信赖合理性标准客观化；而该规范命题之结论即信赖保护法律效果，可以两种请求权与两种利益保护的方式进行分类。

第三章“制度论（一）：公司法中的公示性信赖保护问题”，以公示性与非公示性信赖保护的类型化为框架，结合公司法律制度、司法审判与公司商事交易活动中的突出问题等展开具体分析。由于信赖关系涉及的主体范围不同，其正当性基础也有差异。信赖人具有的不特定性增加时，所牵涉的社会公共属性与影响范围也扩大。公示性与非公示性信赖保护之分，核心在于外观或表示之信赖事实是否具有对不特定对象的公示效力。公示性信赖保护不再限于对被信赖人的个体信赖，而变成社会性信赖与制度性信赖，以行为取得完整履行效力为原则，使其能够“得其所信”。非公示性信赖保护仍属于人际信赖和相对性信赖的范畴，故多数情况下只需“偿其所失”的救济手段即可实现。公示性信赖保护制度基点在于公司登记制度，是公司内部事项对外产生效力的唯一窗口，公示效力是登记制度私法效果方面的核心。登记制度“证照分离”改革限缩了登记公信力的范围，与社会制度惯性产生不适应，需要在深化改革的同时给予完善的信赖保护。有限责任公司股东的股权登记与股权转让，在涉及隐名投资纠纷与侵犯股东优先购买权时会引发相对人信赖保护问题，需结合二者的特殊性具体分析解决。公司资本制度改革使公司注册资本外观与实际资信能力不一致，导致债权人遭受相应信赖损失，应探索公示性信赖保护途径与公司责任主体扩张的适用性。

第四章“制度论（二）：公司法中的非公示性信赖保护问题”，以意思表示与信赖保护的关系、公司意思表示特殊性等理论切入，讨论公司章程、决议等组织性因素影响公司向特定相对人作出意思表示效力时引起的非公示性信赖保护问题。基于性质，公司章程不应具有对外拘束力，但在商事交易审慎义务的范围内却会影响相对人合理信赖的成立。应根据一般交易与特殊管制领域交易的差异具体判断信赖合理性标准，同时提高章程公开性与公司治理透明化程度。部分公司决议也有显著的外部性影响，决议瑕疵影响外部法律关系时应根据外观规则给予相对人信赖保护。但当前法律与司法解释的决议瑕疵规则体系仍存在许多问题，在公司决议对外担保效力纠纷中可见一斑，可借鉴比较法经验构建多元的保护途径，并结合相对人信赖合理性标准以平衡交易双方的利益。

第五章“实践论：中国公司法信赖保护的立法选择与司法适用”，根据我国当前出台《民法典》的现实，结合法典理性主义变迁的历史背景，探讨新时代实践理性方法指导下的商法立法技术问题，提出构建我国公司法信赖保护法律规则体系的基本设想。公司法信赖保护也应逐渐完成由立法论到解释适用论的转向，以“经济理性”与“商谈理性”为思维重心，针对公司组织与商事交易特殊性，完善商事司法适用与法官解释、论证推理中的原则与标准，才能发挥公司法信赖保护规范的实效。

目　录

CONTENTS

导　论

一、问题提出

（一）缘起题释

康德哲学所云“伦理学之人格主义”，要求人皆可自主决定并自我承担责任，以彰显人之尊严与主体地位。鉴于此，私法上的意思自治原则始成为个体法律行为之根本原则。而在人际法律行为之中，徒有意思自治尚不足以维系市民社会，唯其信赖作为人际交往行为之基石而得到维护时，使人可以“信其所见”“得其所信”，方可确保交易安全、促进交易行为。故此，信赖保护与意思自治原则一样，也应被视为构筑私法制度的基本原则之一。①

然而，人们缘何产生信赖？信赖不是人类的生存天性，怀疑才是天性。理性主义首先提倡人的怀疑精神。“信任”一词的核心意义，即在于认知信息的不完全，必然包含相当程度的风险，类似于一种“透支”已有信息的“风险投资”。② 现代性社会的时空“脱域”现象，使这类信息不完全现象变得更为普遍。③ 资本、货币强化了社会个体的自我流动能力，使个人得以脱离于财产、劳动成果的物质占有形式、集体组织形式，使财产与所有者可以在空间上高度分离。④“资本”构成了现代世界的基础支柱，社会关系处于资本支配权力的控制之下；而以理性主义为中心、分析合理化为主旨的现代形

① 参见［德］卡尔·拉伦茨：《德国民法通论》（上册），王晓晔等译，法律出版社2013年版，第58页。

② 参见［德］尼克拉斯·卢曼：《信任：一个社会复杂性的简化机制》，瞿铁鹏、李强译，世纪出版集团、上海人民出版社2005年版，第30、41页。

③ 参见［英］安东尼·吉登斯：《现代性的后果》，田禾译，译林出版社2011年版，第23－29页。

④ 参见［德］西美尔：《货币哲学》，陈戎女译，华夏出版社2002年版，第255－276页。

而上学则是观念形态方面的本质根据。现代性资本支配使人作为主体性的地位削弱，而“物化”成现代社会的某种客体。这种物化的人际支配关系，在整个社会的机械化、合理化过程中将原本具有多元性与特殊性的人，设定为原子化、抽象化、无特质化的社会单元。① 由于人际关系非人格化，甚至物化特质，传统社会的紧密联系、人格信赖已经日益淡漠、疏远或异化。因此，建立在地域联系与人格特质基础上的传统社会的信用体系和信赖机制，也就日益枯萎凋零，乃至分崩离析。面对极速扩张的陌生人关系网络，亲缘身份的可靠依托正在逐渐崩解，人格属性也为资本关系所抽象化。对社会资本逐利性的理性判断，使人们不得不对他人建立在不稳定基础上的人格信用产生怀疑，企图依据过去那种熟人社会中的人格身份联系而建立相互信赖所需的成本，已经越发难以接受。社会在进步中失去信仰，是导致“历史宏大叙事体”终结的主要因素之一。② 现代社会历史的解构思潮，源于历史进步信仰的崩溃，更深层地则源于现代性社会中日益严重的信赖危机。

即便我们怀疑与反思着现代性的一切，我们也有理由相信：怀疑之时，就是在重塑新的信仰；反思危机之时，就是化解危机的开端。虽然信赖不是个人的天性，却可以成为社会的本性；不是个人理性的优选，却是制度理性的结晶。在现代性资本支配关系之下，人际之间的信赖基础，重心已不在于人格身份特质，而在于“制度理性”的保障。正因为法律、政策及其他社会机制对信赖的制度性保护，以及对他人会遵循法律制度而行为的合理性预期，才促使人们去相信陌生人并与之成立契约，才能彻底解放原本受困于熟人社会人脉网络之中的市场交易对象范围与资本流通速度。“信赖”一词的现代含义，也无关乎信息真实与否，而恰恰在于信息不完全时，能否把风险限制在可接受的范围内，并相互给对方提供一个可预期的行动基础。在信息不完全的环境下，只有依托所有人对社会机制的共同信赖，才能实现人际的相互信赖。当前我国现代性的政治、法律等制度体系形式加速构建，但民间商业社会实际上仍留恋并停留于传统的人际信赖基础之上，尚未建立起成熟的现

① 参见［匈］卢卡奇：《历史与阶级意识：关于马克思主义辩证法的研究》，杜章智等译，商务印书馆1999年版，第153－157页。

② 参见［英］安东尼·吉登斯：《现代性的后果》，田禾译，译林出版社2011年版，第9页。

代化商业信赖机制。值此社会发展转型的关键节点，我国需要建立什么样的民商事法律制度，才能对商业社会之信赖形成有效的制度理性保护?

商业社会的信赖问题，追根究底仍要落脚于商事交易主体之间的信赖。信赖保护表面上属于交易行为契约缔结过程中的问题，但根源却是交易主体的可信性问题。公司是现代社会最为活跃的商事交易主体，因此，信赖保护的重点其实在于解决公司在商事交易中的可信性问题，即公司本身必须遵循一系列的信赖保护法律制度——例如公司登记公示法律制度、公司章程与决议涉及外部相对人信赖时的处置规则、公司代表人法律制度、公司对外表示所遵循的特殊规则、公司组织形式中的特殊规则等——才能根本解决交易中的信赖保护问题。因此，本书并未遵循以行为法、契约法规范为分析对象的传统研究范式，而是直接深入主体法、组织法规范层面，发现并尝试解决公司对外商事交易中的信赖保护问题，也即“公司法信赖保护”的题旨所在。

（二）问题分解

信赖保护原则是私法基本原则之一。若从学理上抽象提炼出一个大致定义，可概括为：民商事主体因外观事实或行为产生合理信赖，进而在应得利益或固有利益受到损失时，法律规定对其进行保护，使信赖人可以取得依信赖外观履行时的应得利益，或补偿其遭受的信赖利益损失。从这一较长的定义中可体会到，信赖保护原则并非一种大而化之、模糊、弹性的抽象原则，而是具有明确的规则结构。从规范属性上看，信赖保护原则似乎更应被视为一类相似规则的结合体。

在此，可用十六字加以简明概括：信者为真，得其所信，偿其所失，信其所见。“信者为真”可解释信赖保护原则的内在逻辑，意指法律基于信赖保护之目的，运用拟制思维，将民商事主体所信赖的外观事实或表示拟制为真，并以此信赖事实作为法律事实来认定当事人的权利义务。“得其所信”与“偿其所失”则总结了信赖保护原则的两大保护方式。“得其所信”属于积极信赖保护，针对合同履行利益，取得依外观事实而为履行时的可得利益，通常会赋予信赖人以履行请求权，或者根据外观维持法律行为效力的权利；

特殊情况下无法履行或维持时，也会要求完整赔偿履行合同的可得利益。“偿其所失”则属于消极信赖保护，针对信赖利益，在无法依外观事实为履行的情况下，要求相对人赔偿信赖人因合理信赖而产生的损失，力图恢复到订约前的权利地位或状态。“信其所见”揭示了信赖保护原则的最终目的，即对外观事实法律真实性的保护，维护法律外观的公信力与可信性，使民商事主体可以对公示信息、交易信息等建立稳定的制度性信赖，并据此进行高效、安全的民商事交易活动。

传统民法信赖保护原则局限于民事领域的个别制度，如善意取得、表见代理、不动产登记效力等，形成了较为成熟的“民事信赖保护”原则研究体系。然而，现实中涉及信赖保护的主要法律问题，更多集中在商事交易、公司法领域，“商事领域中的信赖保护”才是信赖保护原则最富生命力与表现力的范畴。但我国目前存在有关商事信赖保护、公司法信赖保护的立法较为零散而且相对滞后，司法审判缺乏具体适用标准，商法学界缺少系统性研究等问题。

本书的主要思路是，将私法上的信赖保护原则理论研究落实到公司法领域的具体规范层面，建立和梳理公司法中有关信赖保护问题的制度架构，暨商法人组织规范中涉及外部相对人信赖保护问题的理论与规范分析，以期能在传统私法信赖保护原则大框架内，形成相对独立的有关公司法的信赖保护规范体系，在一定程度上填补商法领域对于信赖保护、外观主义等基本原理研究的不足。针对我国立法、司法过程中出现的有关公司商事交易相对人的信赖保护等现实难点问题，也提出了相应的判断标准与处置建议。

公司法信赖保护问题具体可分为几大问题域：

1. 理论范畴的界分。国内对于民事信赖保护原则已有一些研究基础，但是研究仍停留在对抽象法理、宏观原则与民法个别制度解读的层面。目前，对商事信赖保护尚缺乏系统研究，也没有公司法领域关于信赖保护的系统研究。传统上对于商法外观主义的研究同样流于原则解读层面，没有深入具体商事部门法领域的专门研究。故本书专门针对有关公司法的信赖保护制度进行提炼整合，结合信赖保护理论框架，形成公司法领域的商事信赖保护理论架构。

2. 规范性质的界分。信赖保护原本是平等主体之间的行为规范，调整市场外部、双方交易行为中的权利义务，但是公司法一般认为主要是团体法人内部的组织规范，此两者在规范性质等各方面都有显著差异，如何找到二者的连结点是关键。一是主体的可信性问题，信赖保护最终要落实到信赖人与被信赖人主体身上，公司作为被信赖人需要遵循一系列的信赖保护法律制度，并向交易相对人承担信赖保护法律责任，此为主体法层面对于公司行为的约束。比如，对于公司登记、公司资本制度、公司代表人和经理等制度的要求等，各国公司法均有所体现，但其中共同的精神原则往往容易被忽视。二是公司内部一些组织性因素对于公司对外交易行为效力的影响，比如股权登记和隐名投资、侵犯有限公司股东优先购买权的股权转让、公司章程、公司决议等内部文件，此时无疑也涉及相对人信赖保护问题。

3. 公司登记信赖保护问题。目前，我国商事公司登记问题缺乏系统性、专门性的法律规定，对于公司登记的外观效力、公示属性、相对人的外观信赖标准等缺乏统一界定，导致公司登记与实际情况不符、登记效力不明、相对人外观信赖保护不力、司法裁判存在冲突分歧等现象，在公司隐名投资、公司资本制度认缴制改革、有限公司股权转让等问题中尤为显著，造成公司交易相对人信赖保护不力、公司外观责任承担主体不明等一系列问题。故此应当运用商法信赖保护理论，结合公司登记有关现实问题，建立公司登记方面的信赖保护、外观效力等规范体系。

4. 公司章程与决议信赖保护问题。我国现行法律对公司章程、公司决议等组织内部规范的对外效力、内部意思形成程序问题缺乏具体规定。章程与决议均具有影响公司对外交易与意思表示之效力的密切关联性，内部规则与决议存在瑕疵而导致对外行为效力受影响时，如何保护交易相对人的信赖，相对人是否对公司内部规范和决议负有一定标准的审查义务，是否有维持对外行为效力之外的其他信赖保障措施等问题，均需要将信赖保护理论运用于公司法律实践之中。

5. 公司代表人对外表示时的信赖保护问题。公司对外表示依赖公司代表人的行为，但是公司代表人的地位和忠实义务、代表权的限制与行使、公司表见授权时产生的相对人信赖保护等，都是公司法中长期存在争议的问题。

随着现代商业社会的发展，公司运行中控制权争夺、代表权争夺等现象日益凸显。在公司代表权存在内部纠纷时，如何确保外部市场交易的稳定和相对人的信赖，是现代商法发展过程中新近产生的典型问题。运用信赖保护理论中的信赖关系、事实构成、信赖标准等进行分析，也有助于破解公司代表权中产生的诸多现实难题。

6. 公司组织形式、公司金融方面的信赖保护问题。公司组织形式、公司金融方面的特殊性和现实问题，对传统信赖保护理论提出了挑战，也是信赖保护理论现代发展的空间所在。公司组织形式发生变更时，公司的法人地位、责任承担主体、商事外观状态等均有可能随之发生变化，在此过程中相对人信赖保护具有了特殊性。由于企业集团特殊的层级组织形式、控股公司地位与关联公司关系等特性，无论是在集团内部各个独立成员公司之间还是在外部相对人之间，信赖关系均存在特殊性。另外，公司对外筹集资金可能采用发行股权、债券等证券化融资手段，或者传统的债权融资手段等。不同途径的公司融资中均可能存在信息公开披露、相对人信赖保护等问题。尤其是在证券化融资时，可能涉及不特定对象的交易安全与证券市场系统稳定性。

7. 公司意思表示中的信赖保护问题。意思表示的解释规则，在民法上有意思主义与表示主义之分。公司对外作出意思表示时有其特殊性，而且公司意思表示同样也会形成一定的外观事实和外观状态，产生特定相对人的信赖利益。另外，公司对外作出的意思表示存在瑕疵时也有表示效力的问题，需要根据商事交易关系的要式主义、外观主义设定一系列的效力规范。然而，我国民事法律以及公司法等均未针对公司对外表示问题设置专门规定，司法实践中也只能类推适用民法上的一般意思表示解释与效力规则，因此裁判中出现了个案之间裁判结果与适用法律不一致、解释裁量权过大等问题。运用信赖保护理论对公司对外表示中的特殊问题进行分析，可以从一定的角度为解决现实法律问题提供理论基础和参考思路。

8. 最新立法文件与司法解释中体现的信赖保护规范体系问题。2020 年出台的《民法典》与《最高人民法院关于适用〈中华人民共和国公司法〉若干问题的规定（四）》（以下简称《公司法解释（四）》）中有专门针对公司法信赖保护的规定，虽然这些规定多数还过于抽象，没有具体标准和健全制度，但是说明了我国已经开始重视商事领域的相对人信赖保护问题，并且逐步经由立法、司法解释等途径进行制度构建。将来需要进一步完善的，一方面是规范的具体化和标准化，另一方面则是应追求完整的规范体系与适当的规则安置。在我国当前《民法典》的大格局下，如何建立实质意义上的商法体系，信赖保护有关规范在民法、合同法、公司法等领域如何选择合适的定位与安置，也是亟待讨论、明确的重要问题。

（三）选题意义

1. 理论意义

（1）将信赖保护理论系统性地引入商法研究中，并且深入公司法规范层面，从公司法制度实践切入，具体分析原本抽象的信赖保护原理，有助于私法上的信赖保护理论研究的具体化、标准化与系统化。

（2）将注重商事交易行为法层面的信赖保护原则落实到商事组织法规范层面，结合交易关系与组织关系，研究公司外部相对人信赖与内部责任体系的对应关系，有助于发展商法理论研究的整体性与融贯性。

（3）将信赖保护理论与公司法现实规范体系相结合，重新凸显商事交易安全价值与外观主义的理论重要性和现实表现力，在一定程度上弥补了我国商法学界、公司法学界在信赖保护、外观主义等重要原理方面缺乏系统性研究、精细化研究的不足，一定程度上提高了公司法学研究的理论高度与体系化程度。

2. 实际意义

（1）就立法层面而言，通过阐述信赖保护理论体系、引介外国商法信赖保护规范体系，建立相对系统而严谨的公司法信赖保护制度框架，为我国《民法典》的解释与完善、“商事通则”制订和《公司法》修订等立法事业提出参考建议，同时为我国新时代民商事立法中形成与完善实质独立的商事法律体系提供助力。

（2）就司法层面而言，系统性梳理公司法中有关信赖保护的规范内容，整理分析有关公司法领域信赖保护的典型案例，进一步研究论证其理论基础、规范体系、要素构成和适用标准，有助于在我国司法审判实务中准确地理解与适用有关规定，也为司法机关解释有关法律提供理论参考。

（3）就社会效果而言，强调商事交易信赖应受法律保护，强调商事公司治理和运行应当符合市场信赖准则、防范外观表象风险、承担信赖保护责任、规范内部治理与外部表示行为，有助于实现外观主义、要式主义、公示主义等原则的法律实效，提升我国商事交易安全保障意识、公司组织规范化意识、信赖保护责任意识。

二、研究综述

（一）国外研究主要文献及评述

在大陆法系国家，主要体现为德国私法中的权利外观理论与信赖保护原则理论，此为目前学术界相关研究的首要素材。1906 年德国学者莫瑞兹·维斯派彻（Moritz Wellspacher）在其开创性著作《对民法上外部要件事实的信赖》中从交易安全角度解读日耳曼法中的“占有”外观表现制度，系统阐述外观主义法理，并且扩大外观信赖的适用范围，不仅限于动产善意取得领域，也类推及于“成文法规、交易观念上的一定权利、法律关系、其他法律上视为重要因素的外部要件事实予以信赖”，故其被视为权利外观理论的先驱。①

经由德国学者赫伯特·迈耶（Herbert Meyer）、雅科比（Jacobi）、纳恩德鲁普（Naendrup）等进一步修正与体系化，得以脱胎于日耳曼法的动产占有外观表现之原始状态，逐渐上升到普遍意义上的信赖保护，进而成为德国民法领域的一项重要制度。1909 年 Herbert Meyer 在《德国民法上的公示原则》中对信赖保护的归责原则进行了深入分析，提出“与因主义”的信赖责任归责评价标准，拓展了权利外观事实的表现形式。② 雅科比在其 1910 年的《意思表示的理论》中首次将意思表示中的信赖保护运用于解读证券法领域的有价证券制成责任；后他在 1957 年的集大成之作《汇票与支票比较法》中再次拓展外观信赖在商法领域的适用，借此分析具有高度流通性的票据关

---

① 参见高金松：《空白票据新论》，台北，五南图书出版公司 1986 年版，第 57 页。

② 喜多了祐「外観優越の法理」（千倉書房，1976 年）224－227 頁参照。

系以及票据法中的外观主义。[1] 1967 年德国著名民法学者拉伦茨（Karl Larenz）在《德国民法通论》一书的第二章第四节中，根据德国民法所包含的社会伦理因素，指出信赖保护原则应当是与诚实信用原则、私法自治原则等相并列的基本法律原则，确立了该原则在私法中的理论地位，[2] 并且在该书第三十三章将权利表见责任作为法律行为责任的补充，完善了权利外观理论的责任形态。[3]

之后，以德国著名学者卡纳里斯（C. W. Canaris）为代表的商法学者们，正式将外观主义系统性地引进商法。卡纳里斯在 1971 年的《德国私法中的信赖责任》中，不再拘泥于民法善意取得中对信赖保护的传统研究，而从商业发展客观需要的法律技术角度来说明权利表见责任，从而在商事登记、表见商人、表见代理、表见公司、债权让与表见责任、票据表见责任等商法各领域构建与抽象出信赖责任理论体系。在名著《德国商法》中，卡纳里斯系统性地梳理研究商法中的权利外观责任，着重解读《商法典》登记性与非登记性的信赖责任，建立了较为体系化的商法领域的信赖保护制度研究。[4]

日本法学界研究商法信赖保护理论的早期文献，以伊泽孝平于 1936 年所著的《表示行为的公信力：商事中的禁反言》一书为代表，通过研究英美法中“表示上的禁反言原则”之判例源流与在商法领域的演变，他提出“禁反言原则已走向外观化”的重要论断，[5] 并且系统性地树立了表示禁反言在商事代理关系、保险关系、公司债发行、公司股票发行、其他流通证券等典型商事领域的外观化表现。但囿于年代之限，其研究视野未及于德国私法信赖保护理论的典型范畴，但对于后世比较研究大陆法系外观主义理论与英美法系禁反言原则，仍相当具有启发意义。之后，日本学者在引进德国私法体系的过程中，正式对信赖保护与外观主义理论进行了专门研究与介绍，其中以

---

① 大賀祥充「権利外観理論の現代的意義」法學研究 73 巻 12 号（2000）179－180 頁参照。

② 参见［德］卡尔·拉伦茨：《德国民法通论》（上册），王晓晔等译，法律出版社 2013 年版，第 58－60 页。

③ 参见［德］卡尔·拉伦茨：《德国民法通论》（下册），王晓晔等译，法律出版社 2013 年版，第 885－907 页。

④ 参见［德］C. W. 卡纳里斯：《德国商法》，杨继译，法律出版社 2006 年版，第 69－155 页。

⑤ 伊泽孝平「表示行為の公信力：商事における禁反言」（有斐阁，1986 年）40 頁参照。

商法学者喜多了祐 1976 年的《外观优越的法理》一书最为典型，系统引介了德国外观主义学说的理论概念、历史沿革、基本法律关系形态和种类，为后来国内外研究所广泛援引，是亚洲地区各国引进德国私法信赖保护理论时的重要参考资料。喜多了祐对于“权利外观”这一翻译表述并不认同，认为其并非仅指某种“权利”，就其核心意旨译为“外观主义”或“外观理论”更为妥当，[①] 进而将信赖保护的精髓聚焦于外观相对于实在的优越性问题。该书最后一章运用“外观优越法理”在商法领域进行展开，结构上颇有全面重构商法外观主义体系之雄心，但内容上并未形成详实具体的商法信赖保护制度研究，更多的是一种对未来研究之可能性的素描与畅想。[②]

（二）国内研究主要成果与评述

国内较早开始研究信赖保护理论的法学学者，以我国台湾地区高金松教授为代表，其在 1986 年出版的《空白票据新论》第五章“外观理论学说概论”中，对德国外观主义理论的概念、沿革及近现代发展进行了系统性阐述，作为论证签发空白票据者应承担票据外观法律后果的理论基础之一。[③] 该论著的学术影响远超出票据法范围，由于其填补了我国对大陆法系信赖保护学说研究领域的空白，成为我国后续研究德国法信赖学说的文献桥梁，多为大陆地区有关理论研究所借鉴援引。（王泽鉴的书中也有）

直到 21 世纪，大陆地区对于信赖保护理论的专门研究才开始起步。马新彦教授于 2000 年左右先后发表《信赖与信赖利益考》《信赖规则之界定》《论信赖规则的逻辑结构》等论文，此后又在 2012 年发表《两大法系信赖法则的融合——以美国〈路易斯安那民法典〉为对象》等有关文章。这一系列研究成果，重点考察了信赖与信赖利益在英美法中的概念形态，研究英美合同法“对价”原理之外赋予合同可执行力的信赖基础——允诺禁反言；同时，与大陆法系的权利外观理论进行对比，开启了将两大法系的信赖保护进行概念类比、提取公因式的研究范式，倾向于论证二者的共同点和趋同性。

---

① 喜多了祐「外観優越の法理」（千倉書房，1976 年）190 頁参照。

② 同前引，第十三章“本书の商法への展開”，第 667 – 724 页。

③ 参见高金松：《空白票据新论》，台北，五南图书出版公司 1986 年版，第五章“外观理论学说概论”，第 51 页起。

此后，国内有关信赖保护理论的大部分比较研究都依循该思路。①

朱广新博士在2007年出版《信赖责任研究：以契约缔结为分析对象》一书，发表《信赖保护理论及其研究述评》等文章，批驳了以往比较研究中的惯性范式，试图厘清禁反言法理与权利外观理论的本质区别，重新界定信赖保护、信赖责任、信赖利益等理论概念，针对缔约上信赖责任、信赖损害赔偿等进行专门分析；并且在其2013年出版的《信赖保护原则及其在民法中的构造》一书中，将信赖保护作为一项民法原则并加以宏观体系化分析，进一步拓展了该原则在民事主体、法律行为、物权法、债权法等各个民法领域的表现形态；2017年又发表《论法人与非法人组织制度中的善意相对人保护》，将信赖保护原理运用于原《民法总则》有关规定的解读之中。②

叶金强教授于2005年完成博士学位论文《信赖原理的私法结构》，其后分别于2006年在我国台湾地区元照出版有限公司、2014年在北京大学出版社出版了同名著作。其论著对不同法系信赖保护理论的比较研究没有流于表面，而是重点深入到信赖保护原理的内在结构，解析了信赖原理的事实构成、信赖合理性标准、可归责性、私法效果等几大部分，树立了一种对信赖保护理论进行结构化分析、标准化研究的新范式，同样对后来有关学术研究的基本框架产生了较大影响。③

吴国喆教授于2007年以其博士学位论文为基础出版的《权利表象及其私法处置规则：以善意取得和表见代理制度为中心考察》一书，以权利外观理论中最典型的几项制度为例，以权利表象规则的司法适用、当事人的利益平衡、举证责任的合理分配等问题为视角，引进了更为具体、深入的制度性分

---

① 参见马新彦：《信赖与信赖利益考》，载《法律科学》2000年第3期；马新彦：《信赖规则之界定》，载《法制与社会发展》2002年第3期；马新彦：《论信赖规则的逻辑结构》，载《吉林大学社会科学学报》2003年第4期；马新彦：《两大法系信赖法则的融合——以美国〈路易斯安那民法典〉为对象》，载《法学评论》2012年第6期。

② 参见朱广新：《信赖责任研究：以契约之缔结为分析对象》，法律出版社2007年版；朱广新：《信赖保护理论及其研究述评》，载《法商研究》2007年第6期；朱广新：《信赖保护原则及其在民法中的构造》，中国人民大学出版社2013年版；朱广新：《论法人与非法人组织制度中的善意相对人保护》，载《法治研究》2017年第3期。

③ 参见叶金强：《信赖原理的私法结构》，北京大学出版社2014年版。

析，具有更突出的司法实践参考意义。①

后续其他学者在总结前人成果、借鉴研究框架的基础上，对信赖保护理论进行了更加系统化的研究论述。例如，全先银博士于2007年出版《商法上的外观主义》，将信赖保护理论的研究视野引入商法学领域，一定程度上填补了商法外观主义专门研究的空白，但总体而言过于宏观抽象而并未深入商法具体制度，仍属于信赖保护理论在商法原理上的复述；② 王焜博士于2010年出版《积极的信赖保护：权利外观责任研究》，提出权利外观责任以主观诚信为原则，以理性受意人角度的意思表示解释方法为基础，积极的信赖保护是涉及第三人外观关系时的民法虚像规范模式，并且对权利外观责任的"不可对抗规则"进行了专门分析；③ 刘晓华博士于2014年出版《私法上的信赖保护原则研究》，将信赖保护原则作为整个私法的基本原则，并且结合前人研究成果，从抽象理论的宏观层面、原理解构的中观层面到法律制度的微观层面等分别进行了系统梳理。④

通观上述研究成果，我国国内有关信赖保护理论的研究尚处于起步状态，虽然已经在比较法理论引进和法理基础分析方面建立起一定的研究架构，但是目前仍存在以下几方面不足：

一是在研究目标上，多数研究定位于阐述和引进国外的信赖保护理论体系、确立信赖保护在私法中的理论地位，而不是解决法律实践过程中的制度构建与司法适用问题。因此，目前多数研究仍停留在抽象概念、原则与法理论证的层面，较少有研究落实到具体法律制度、实践案例分析的层面。即使有一些学者用较小篇幅阐述了信赖保护的具体制度问题，也仅限于对有关民法法条所体现的信赖保护含义进行宽泛的解读，并没有运用信赖保护理论对法律制度构建提出建设性意见或者对司法审判实务提出法律适用理解的参考意见，反而是将现有法律条文作为印证信赖保护理论得以成立的论证工具。

---

① 参见吴国喆：《权利表象及其私法处置规则：以善意取得和表见代理制度为中心考察》，商务印书馆2007年版。

② 参见全先银：《商法上的外观主义》，人民法院出版社2007年版。

③ 参见王焜：《积极的信赖保护：权利外观责任研究》，法律出版社2010年版。

④ 参见刘晓华：《私法上的信赖保护原则研究》，法律出版社2015年版。

二是在研究方法上，不少论著纠缠于基本概念用语的文字表述、对比斟酌两大法系不同概念的对应关系和准确翻译，受困于僵化的法教义学式的比较研究方法，没有深刻认识到两大法系的法律思维和法学研究范式的差异性，缺乏对国外学术文献所针对的现实问题和制度背景的考察，摘录其理论结论。这使原本无论是在大陆法系还是在英美法系中都具有极强的制度生命力与表现力的信赖保护理论体系，在国内却只能囿于私法宏观原则的学说考究和法理论证。

三是在研究领域上，目前绝大多数研究属于民法信赖保护理论研究范畴，罕有商法信赖保护理论的系统性研究，更没有具体到商事部门法领域。例如，公司法、证券法、票据法等方面的专门性信赖保护研究。虽然有个别学者分析了权利外观理论在商法外观主义中的表现形态，但仍受困于传统民法的理论研究范式，未能真正契合商法研究的实践性与时代性特点，缺少具有现实指导意义的研究成果。可以说，信赖保护原理最富活力与表现力的一面，即体现在商事交易法律关系与商法具体规范之中，而当前信赖保护研究却没有系统性地落实到商法、商事单行法体系内，也是其仍停留于抽象原则和法理论证层面的主要原因之一。

三、研究方法

本书主要运用了以下研究方法：

（一）规范分析法

“公司法信赖保护”这一命题大体可以分为信赖保护理论的基础原理和有关公司法的具体制度架构两部分，并以双向的“本体论—规范分析法”进行论述。首先，对于信赖保护理论基础原理的本体结构分析部分，结合公司法规范的特殊性质，构建能与公司法规范相对接的专门性信赖保护理论框架，以求突破单纯借鉴外国既有理论的研究方法；其次，对于公司法制度架构的规范分析部分，试图超越“外国法律－中国借鉴”的传统比较研究路径，对公司法规范中包含的信赖保护原理进行本体性的分析解构，并针对最为典型的法律情景进行制度模拟，构建符合信赖保护理论应然状态的公司法规范体系。

（二）类型化分析法

我国传统法学研究惯于进行法教义学式的概念考究，追求对所研究课题进行精确的文字定义，追寻比较法渊源和概念对应体系。然而，纯粹追求确定性法律概念，除了存在语言本身固有的不确定性悖论问题之外，还会使整个法律概念系统陷入僵化的既定结构而失去适应现实变化发展的能力。类型化是一种可以在法律确定性与弹性之间实现平衡的法律方法，相对开放性的类型化概念体系可以赋予法律概念鲜明的特殊性与强大的包容性。以类型化描述下的特性研究和弹性解释，作为本体论结构分析之补充，可以弥补单纯概念研究法的不足。

（三）社科综合分析法

信赖保护这一命题本身超越了民商法学研究范畴，展现出法哲学、法伦理学、法经济学、法社会学等诸多面相，仅从民商法、公司法角度进行分析难免有坐井观天之嫌。因此，拓展更广阔的跨学科综合视野，运用更丰富的复合型人类智识资源，才能得出融贯性社会科学研究成果。事实上，法哲学、经济学、伦理学对于信赖保护的研究分析，本身就构成了私法中的信赖保护学说的价值基础和理论之源，应当成为信赖保护理论本体结构的组成部分。

（四）比较研究法

制度经验是全人类共享的智力成果。国外有关信赖保护的理论研究和法律制度，无疑应当是我国进行相关研究的重要参考资料。但是本选题反对的是以往的比较研究学术惯性，即抽象的、流于表面的概念教义式比较法和机械的制度嫁接法。运用比较法研究的核心目的，不在于精准地引进理论概念和照搬法律制度，应当是在梳理国外法律理论和制度的思想脉络的基础上，对不同国家、地区所展现出的人类法律共同智慧加以提炼，进一步认识具有普遍意义的制度精华，并与特定国家的现实背景相融合，方能对我国未来完善法律制度起到比较法研究应有的借鉴意义。

（五）规范与实证结合研究法

商法研究需要有面向实践理性、面向市场规律、面向未来发展的学术品质，商法理论研究也应具有较强的变化适应性与灵活弹性，纯粹的概念理论分析并不能满足这一需要。应在抽象的原理与规范分析之外，结合实践案例考察、社会调查研究，大致了解掌握我国公司法实践的法律生态环境，以便在提出相关理论思想与制度建议时，保持对逻辑应然与社会实效之间偏差关系的清醒认识。

第一章

沿革论：信赖保护原则的发展变迁

信赖保护原则在不同的法律领域中可能展现不同的面相，但自德国法学家耶林（Rudolph von Jhering）于1861年创立“缔约过失理论”奠定“信赖利益”的研究范畴以来，有关私法信赖保护的研究多数仍集中于契约法理论。诚然，信赖保护作为社会人际交往行为中的基本法律规范，最终总要落实于当事人之间的契约关系，契约关系应当是信赖保护的基质所在。但是，信赖保护之内涵其实早已溢出契约法领域，而可能涉及其他私法部门甚至是公法问题。本书以公司法中的有关问题作为新的研究视角，在主体法、组织法层面发现并解决商事交易中的信赖保护问题与交易主体的可信性问题。因此，也有必要首先梳理“公司法信赖保护”概念成立的基础前提，即信赖保护理论如何由私法原理进入商法，又如何由商法原则落实于公司法层面。

第一节　私法中的原理——信赖保护

本书所采用的“信赖保护”概念，基本遵循以拉伦茨为代表的德国近现代私法中的信赖保护学说体系。如导论所述，可将其概括为“信者为真，得其所信，偿其所失，信其所见”的法律原则或制度，意即民商事主体基于对外观事实或行为的合理信赖，而损失一定的应得利益或固有利益时，法律规定对其进行保护，使信赖人可以取得依信赖外观履行时的应得利益，或补偿其遭受的信赖利益损失。但是，“信赖保护原则”作为一种抽象概念表述，其核心意旨实际上可能衍射到不同国家、不同法系甚至不同时代的许多相近似或共通的原则或制度。正如德国著名法学家耶林在《法权感的产生》这一演说中所表达的，道德与法权上的真理，并非天赋人性，而是历史的产物；不同种族、地域的人类社会，在社会制度上总有各种惊人的巧合，但这不足以说明这些制度理性源于人类天性，而应从“合目的性”的角度解释：人类追求“自我保存”的共同目的，在无数次试错经验后幸存的制度，则在历史上演化成最符合目的性的手段。① 这种惊人的相似性常常被解释为某种神旨或本能，其实却是法律制度历史进化的结果，是人类目的性本身之要求而产生的共同智慧和实践理性。信赖保护理论同样是制度理性在各民族历史进化中的共通产物。但是，有关信赖保护的各种理论学说之间的这种相似性，就容易在后世的研究中造成诸多困惑与误解。考虑到我国法学界以往对于“信赖”“信赖保护”“权利外观”“信赖利益”等概念的使用存在交叉混同之现象，故有必要大致厘清信赖保护各相关理论之沿革背景。

一、私法中信赖保护原则的理论沿革

（一）大陆法系的信赖保护——权利外观理论

早期大陆法系的“权利外观理论”亦被称为“权利表见责任论”“信赖责任论”“外观优越论”等。不同的用语都从某个侧面反映出该原理的部分内涵，所谓“信赖保护理论”，正是后世学者从这些不同的称呼中总结提炼而出的、揭示其核心要义的概念。

目前，学界多数观点仍主张该理论最早滥觞于日耳曼法占有制度。日耳曼法对物上支配关系的认识，不分占有与所有，只有所谓的“Gewere”制度，以直接支配物作为物权的唯一表现形式。因此，日耳曼法中的“Gewere”与现代物权法中“占有”制度的含义并不完全相同，实际上是相当于物权之整体均系于“Gewere”一身，同时具有对内占有的静态安全属性

① 参见［德］鲁道夫·冯·耶林：《法权感的产生》，王洪亮译，商务印书馆2016年版，第15－26页。

与对外表征的动态安全属性。[1] 德国法学家赫伯特·迈耶在《德国民法之公示原则》中对日耳曼法的“Gewere”制度进行了详细阐述。在该制度体系下，若丧失对于物的占有、支配，应分为两种情形区分法律后果。[2]

一是非基于权利人之意思而丧失动产占有，权利人对于侵占人、拾得人以及从二者手中善意取得动产的第三人可以主张返还原物。此即静态安全之要求，维护占有稳定性，非基于意思的丧失占有，不应导致“Gewere”的消灭。

二是基于权利人之意思而移交动产占有，得以特定契约关系（如借用、寄存等）请求借用人、寄存人返还原物。该请求权因契约相对性而限于特定契约当事人之间，若借用人、寄存人违背契约信赖，已将动产再次合法转让于第三人，则不问第三人主观善意与否，原权利人均不得向其主张返还原物。此即动态安全之要求，维护外部交易活动，原权利人既然主动授予他人信赖，则他人背信行为的后果就应当由原权利人承担。

这也是日耳曼法所称“Hand Wahre Hand”原理的体现。有学者将其译为“以手护手”原则，依原权利人意愿使人占有动产时，占有人是原权利人的唯一保证，原权利人只能“从自身信赖的地方，寻找信赖的保护”，即前手追及效力只及于其所信赖的后手，不再及于第三人。这种制度一开始纯以“Gewere”的客观外在为标准，对于第三人采取的是无条件保护，无论其善意与否均得以免受前手交易瑕疵的影响。但未免过度贬抑原权利人，故之后又吸收了罗马法第三人善意理论，终于逐步形成较为成熟的民法善意取得制度。[3]

虽然上述中世纪日耳曼法占有制度已体现出信赖保护之精神萌芽，但毕竟与近现代社会情况差别迥异，不能视为信赖保护理论的正式开端。占有制度本身之所以能够进入近代私法学界研究视野，也得益于德国近代法学家Wellspacher、赫伯特·迈耶等学者在那些正式创立权利外观理论的著作中的引介和改造。

---

① 石田文次郎「財産法に於ける動的理論」（巌松堂書店，1940 年）181－182 頁。
② 喜多了祐「外観優越の法理」（千倉書房，1976 年）224－225 頁参照。
③ 石田文次郎「財産法に於ける動的理論」（巌松堂書店，1940 年）137－139 頁。

1. Moritz Wellspacher《对民法上外部要件事实的信赖》

1906年德国学者Moritz Wellspacher在其开创性著作《对民法上外部要件事实的信赖》(Das Vertrauen auf außere Tatbestande im bürgerlichen Recht)中从交易安全角度解读日耳曼法中的“占有”(Gewere)外观表现制度，系统阐述外观主义法理，明确提出以外观事实作为信赖理论构成要件，并且扩张了所谓外观事实的含义范围，不仅限于动产善意取得领域，类推及于“成文法规、交易观念上的一定权利、法律关系、其他法律上视为重要因素的外部要件事实予以信赖”，这是该论说的第一点贡献，这也使其被视为建立权利外观理论的先驱。该论说的第二点贡献是对罗马法善意理论和日耳曼法“Gewere”理论都作出了调整：第三人并非仅因为善意本身而值得保护，仍须外观事实的存在作为信赖基础，也即善意虽为主观判断，但须符合外在事实的客观基础，该善意方为正当。① 因此，主观善意与外观事实之间，应遵循主客观相一致的原则。

Wellspacher论说的一大贡献是抽象出了“外观法律关系”的基本形态，并以典型的“A·B·C型”法律关系为分析基础展开理论。假设A为真实权利人，B为外观权利人，C为信赖外观之第三人。C所受损失，产生于对B公示或占有等外观事实的信赖，而B的外观事实其实源于A的协助(Zutun)，故应当溯源于A使其承担信赖保护责任。② 原权利人的协助是外观产生的根本原因，也是其承担信赖保护责任的正当性基础，从这一角度看，其已经包含了权利外观理论的一个主要归责原则的思想雏形即与因主义。

据此，后世学者亦有推演出“A·B·C型”之外的另外两种权利外观的关系形态：③

“AB·C型”，即意思表示不一致的场合。A为意思人，而B为表意人，C为第三人，具体表现形态如我国台湾地区“民法”第86条规定的单独虚伪表示和第87条规定的通谋虚伪表示，以及第92条规定的被欺诈而作出的意思表示。在真实意思与表示意思不一致的情况下，一般不得以内在意思对抗

① 喜多了祐「外観優越の法理」(千倉書房，1976年) 197-198頁参照。

② 喜多了祐「外観優越の法理」(千倉書房，1976年) 202頁参照。

③ 参见高金松：《空白票据新论》，台北，五南图书出版公司1986年版，第59页。

善意第三人，应以外在表示意思的有效性为准。① 但是，在这种关系形态下，虽然在理论上可以区分为意思人与表意人，但是它们对于第三人而言其实是同一方主体，现实中二者也经常是一体的。因此，该类型法律关系中实际只有两方当事人。

"A·BC 型"，即取得时效的场合。A 为真实权利人，B 为占有外观保持人，而 C 为信赖自身占有之外观而可以依时效取得物权之人。B 和 C 实际上也是同一人，即为以所有之意思、和平手段、公然而持续地占有他人财产的占有人，达到一定法定时效则自然取得物权。然而，这种关系形态的解释同样存在明显缺陷，虽然理论上将时效取得之占有人解释为一种信赖占有外观之人，但这种情况下其实不存在典型的相对人信赖，因为占有外观属于占有人自身行为所致，与真正权利人关联不大。就信赖本意而言，信赖的对象应是他人权利外观或行为，只有外在于自身之事物，才需要付诸信赖。所谓"A·BC 型"的外观主义法律关系的说法，却将自身状态列为信赖对象，实属牵强，或许最多只能说是对于时效取得法律政策的信赖而已。若占有人之外的第三人对占有人的占有外观产生信赖并因此与占有人进行交易时，才会产生第三人的信赖保护问题，此时法律关系却又回到典型的"A·B·C 型"。

上述仍只是外观法律关系类型化的方法，广义上的"信赖关系"不仅限于典型的外观法律关系。例如，合同双方相对人之间不存在第三方主体，但二者同样存在相互信赖关系，这种信赖关系的事实基础不在于权利存在之外观，而在于引起相对人信赖的外在表示行为。双方信赖关系更多的是构成合同中信赖保护的基础。如果从所涉主体个数来看，"信赖关系"其实包含了双方法律关系与三方法律关系。② 因此，本书研究的信赖保护，其法律关系基础即为"信赖关系"，其含义是相对广义的，不仅限于外观信赖之保护，

---

① 我国台湾地区"民法"第 86 条：表意人无欲为其意思表示所拘束之意，而为意思表示者，其意思表示，不因之无效。但其情形为相对人所明知者，不在此限。第 87 条：表意人与相对人通谋而为虚伪意思表示者，其意思表示无效。但不得以其无效对抗善意第三人。第 92 条：因被诈欺或被胁迫而为意思表示者，表意人得撤销其意思表示。但诈欺系由第三人所为者，以相对人明知其事实或可得而知者为限，始得撤销之。被诈欺而为之意思表示，其撤销不得以之对抗善意第三人。

② 类似的分类观点可参见王焜：《积极的信赖保护：权利外观责任研究》，法律出版社 2010 年版，第 140－142 页。

也包括相对表示行为之信赖保护；不仅包括公示性信赖保护，也包括非公示性信赖保护。分类的标准不是根据主体地位和人数的形式标准，而是根据信赖关系的正当性基础的实质标准。对于信赖关系的具体阐述和类型化，将在本书后续部分展开。

2. 赫伯特·迈耶《德国民法之公示原则》

赫伯特·迈耶在 1909 年的著作《德国民法之公示原则》（Das Puplizitätsprinzip in Deutschen Bürgerlichen Recht）中也对日耳曼法的“Gewere”制度、“以手护手”原则等进行了详细分析，将其视为权利外观理论的根源，重点批判了当时的传统动产善意取得理论——“处分权限说”，[①] 并正式提出权利外观归责原则中的“与因主义”思想。

在赫伯特·迈耶的论说体系下，保护法律外观的公示效力是实现相对正义的要求。[②] 在典型的外观法律关系中，第三人取得权利将导致权利人丧失权利，因此外观法律问题实质是有关损害结果分配的正义衡平取舍。依传统损害赔偿的过错主义归责原则，“无过错即无责任”，而权利人在多数外观法律关系中并不存在一定的过错。之所以要求权利人对第三人承担信赖损失赔偿责任，是因为权利人系权利外观状态存在之原因，或其行为导致了外观的形成。日本、我国台湾地区学者引介该理论时将其译为外观之“与因”，而所谓“与因”无非表明权利人与信赖损失之间的一种因果关系，纯粹以存在因果关系即确定权利人应当承担赔偿责任，不考虑权利人主观过错与否，因此其实质上相当于一种无过错主义的归责原则。例如，根据《德国民法典》第 122 条的规定，意思表示因缺乏真意、表示错误、传达不实而被撤销的，应赔偿被表示人或第三人因信赖表示有效性而遭受的损害，但不得超过该他人或第三人在意思表示有效时所具有的利益的数额；受害人明知或应知表示无效或可撤销的原因时不发生损害赔偿义务。[③] 从这一条规定来看，表示行

---

① 该说大意为，对物支配力是一种占有处分权限，随着占有转移而转移，第三人取得原权利人物权的根据是占有人的处分权限已经随之转移了。但是，该说显然只是一种根据直接占有之表面现象的简单解释，无法解决恶意占有人侵犯原权利人物权时的行为违法性问题。如果是违法的恶意占有，这种处分权限以及后续的处分权限转移也就无法成立了。

② 喜多了祐「外観優越の法理」（千倉書房，1976 年）227 頁参照。

③ 参见《德国民法典》（第 4 版），陈卫佐译注，法律出版社 2015 年版，第 42 页。

为的信赖损害赔偿也属于无过错主义的归责原则，只有受害人的主观状态影响赔偿的成立，而不考虑表示人自身存在过失与否。

赫伯特·迈耶希望能将与因主义作为德国民法中有关法律外观责任、有价证券、举证责任等诸问题的归责理论依据，并且将与因主义原理推广运用到意思表示不一致的领域，不再限于单纯的权利外观。上述《德国民法典》第122条就是典型例证，信赖损害赔偿也适用于相对人之间的意思表示撤销问题之中。但也有观点认为，日耳曼法“Gewere”制度适用于交易主体相对隔绝的古代家庭经济社会，故此可以不考虑第三人主观状态；而赫伯特·迈耶将其套用于商品经济发展的近代社会，只强调导致外观后果的与因主义，过于极端而并不妥当。[①] 可见，即使保护交易安全也不应无条件偏向第三人，外观理论所保护之信赖必须有合理正当的善意基础。

3. 雅科比《意思表示之理论》

意思表示中的法律外观问题，其实也是英美法系表示行为禁反言问题，两大法系信赖保护制度在此出现较明显的功能重叠部分。雅科比在其1910年的《意思表示之理论》（Die Thoerie der Willenserklärungen）中明确提出将法律外观理论作为整个私法的基本原理之一，不再限于Wellspacher、赫伯特·迈耶二人的典型权利外观概念（所谓A·B·C型外观法律关系），将外观理论拓展到意思表示不一致的领域，同样适用于意思表示法律行为中相对人与第三人的信赖保护问题。

关于意思与表示不一致时的认定，通常认为有意思主义与表示主义两种倾向。近代以来，民法偏重保护当事人意思自治，探求当事人内心真意，以意思主义为主，而且时常会因为真意欠缺或瑕疵等问题导致表示行为无效；而随着资本主义社会商品经济发展和流通的需要，以及民法个人权利本位向社会本位的变迁，保护交易安全和促进交易效率成为一大发展方向，逐渐形成表示主义理论，以表示行为的外观状态来认定意思表示的内容与效力，避免探求内心真意的实际困难与不确定，维护表示行为有效性，维护善意相对人的信赖。质言之，相对人信赖表示中存在真意，即使实际上欠缺真意，仍

① 参见高金松：《空白票据新论》，台北，五南图书出版公司1986年版，第65页。

因表示具有某种公信力而在法律上拟制真意存在，系表示主义理论。

雅科比修正了表示主义理论，批判了欠缺真意之表示行为的概念，认为即使是在意思与表示不一致时，也并非表示行为中不存在真意，而应理解为其中所具备的是一种“表示意思”，以此作为连结点，追求意思表示要素理论和外观理论的协调。他认为表示意思为相对人所接受，并唤起相对人对效果意思存在的信赖，是意思表示效力发生的根据，而效果意思反而非属必要。即使效果意思不存在，表示意思中仍包含唤起相对人信赖的观念，表示人应对自己所为表示负责。这相当于把表示意思与效果意思相分离，并将外在化的表示意思作为意思表示效力的根据。① 这种理论修正，并非因为倾向表示主义就简单地否认内在意思要素的重要性，而是深入意思要素本身，对早期民法意思表示理论的内心真意、效果意思等近乎心理学分析式的概念进行外在化、客观化，核心取向就是提高意思表示的确定性程度和交易行为效力稳定性。雅科比还在《意思表示的理论》中首次将意思表示中的信赖保护运用于解读证券法领域的有价证券制成责任：即使证券制成人未交付契约，但其对善意第三人仍负有与制成行为有关的信赖责任。因为虽无实现证券交付之效果意思或意思表示要素存在缺陷，但已经唤起第三人对证券将会交付的信赖，故在信赖产生范围内应当承担证券责任。② 雅科比在 1957 年的集大成之作《汇票与支票比较法》（Wechsel - und Scheckrecht unter Berücksichtigung des ausländischen Rechts）中再次拓展外观信赖在商法领域的适用，借此分析具有高度流通性的票据关系以及票据法中的外观主义。③

纵览权利外观理论诸早期学说，多以日耳曼法“Gewere”制度为分析基点展开外观理论论述，并主张外观理论服务于交易安全之需要。但是这一古代法律制度，对于近现代商品经济发展之后的交易安全问题，又能有多少参考意义？其本身的论证逻辑就存在一定的矛盾和牵强之处，而其研究方法是

---

① 参见高金松：《空白票据新论》，台北，五南图书出版公司 1986 年版，第 68 - 69 页。

② 河本一郎「有価証券におけるレヒツシャイン. ヤコビを中心にして」神戸法學雑誌 2 巻 4 號（1953）768 頁参照。

③ 大賀祥充「権利外観理論の現代的意義」法學研究 73 巻 12 号（2000）179 - 180 頁参照。

否有本末倒置之嫌?[①] 反观英美法禁反言理论，虽同样具有保护信赖之功能，但并未从历史主义的角度寻找古代制度源头，而是基于实用主义、联结于普遍性意义的正义衡平观念，故具有更灵活的发展空间。因此，外观理论若建立于具有现实性、普遍性的“信赖关系”基础上，溯源于更宏大的罗马法之善意原则、德国法之诚实信用原则等人类法律的普遍原则，似乎更显妥当。因此，大陆法系的法律外观理论虽被认为源于“Gewere”制度，但只有在诚信原则与信赖保护主义的方向上才能进一步茁壮生长。[②]

（二）英美法系的信赖保护——禁反言理论与合同信赖利益理论

英美法系有关信赖保护的法学研究，并没有形成类似大陆法系权利外观理论那样的系统性学说，主要源于衡平法上的个案论证、裁量中体现出对相对人信赖利益的维护与信赖损失赔偿，因此大量散见于英美合同法、财产法的司法判例与具体制度研究文献之中。其中，禁反言原则与合同信赖利益这两大学说，被不少国内学者拿来与权利外观理论进行类比。

“禁反言”这一译名已基本揭示该原则的大致含义。简言之，即禁止当事人在法律上出现前后言行不一致的情况。其早期源于诉讼法的原则，是关于当事人诉讼主张与提供证据认定的规则。根据英国科克爵士（Edward Coke）的分类方法，禁反言规则分成：记录上的禁反言（estoppel by matter of record）、证书上的禁反言（estoppel by matter in writing）、法庭外行为上的禁反言（estoppel by matter in pais）。[③] 记录上的禁反言，即当事人有关事项的主张一经法庭记载，即产生类似既判力的效力，不得对同一事项作出矛盾的主张或再行争议，维护庭审严肃性和判决既判力，防止滥诉之弊等。证书上的禁反言，即当事人之间的“契据”（deed）之类的盖因证书，是最有效力保证的契约形式，必须依照契据中所约定内容履行，其中所包含的有关陈述也属于禁止反言的范围。法庭外行为上的禁反言是一种特殊形式，是早期禁反言原则中最具灵活性的一种，其与前二者不同之处在于不要求具有明确

---

① 参见朱广新：《信赖保护理论及其研究述评》，载《法商研究》2007 年第 6 期。

② 高金松：《空白票据新论》，台北，五南图书出版公司 1986 年版，第 73－74 页。

③ 伊泽孝平「表示行为の公信力：商事における禁反言」（有斐阁，1986 年）23－30 頁参照。

固定的文书记录形式，基于衡平观念的指导发展而成，从个案出发而对当事人不得反悔的行为表示进行灵活弹性认定，后世衍生的禁反言原则之真正精神盖发端于此。

经过长期积累量变，禁反言原则在诸多判例中衍化出纷繁复杂的形态，即使是英美法系的研究者也难以形成一致的分类共识，各种禁反言原则之间总有近似又区别之处。其中，普通法上的表示禁反言，与衡平法上的允诺禁反言、财产权禁反言等，是禁反言原则之中几个相对得到公认的典型形态。

表示禁反言即源于前述科克爵士的早期分类法。记录上的禁反言主要出于维护国家裁判权威和诉讼经济之目的，而证书上的禁反言、法庭外行为上的禁反言这两种才是真正从当事人自身行为的角度出发、维护个人表示行为公信力的禁反言原则，因此二者也被统称为“表示禁反言”。[①] 其构成要件包括：（1）当事人先前存在一定的言辞或行为表示，或是一定条件下的不作为或缄默。通常认为表示行为应当是一种作为，但是1859年康尼什诉阿宾顿（Cornish v. Abington）案扩张了表示行为的意义，即使当事人没有作出直接而明确的言辞或行为，但是在对方可以根据其表示而正当合理地推测出有关的表示内容时，同样适用表示禁反言原则，因此合理推定之事实也被视为一种不可否认的表示。[②] 1862年斯旺诉北英国澳大利亚公司（Swan v. The North British Australian Co.）案件更进一步，将当事人因为自身过失而作出的表示行为也纳入禁反言原则的适用范围，也被称为“过失禁反言”。[③]（2）前后表示存在矛盾，因此阻止后一表示内容在法律上的成立。（3）对相对人造成的损害后果。包括在法律地位上出现不利改变或利益关系的不良影响，不限于可明确计算的金钱支出损失。（4）禁反言原则仅在表示者与接受表示之相对人之间产生约束力。依据科克爵士的总结，除了表示人与直接接受表示的相对人之外，在法律地位上承继了当事人的利害人也应继续适用禁反言原则，包括亲族承继人（privies in blood）、法律承继人（privies in

① 伊泽孝平「表示行為の公信力：商事における禁反言」（有斐阁，1986年）30頁参照。

② See Cornish v. Abington（1859）28 L. J. Ex. 262.

③ Swan v. The N. B. Australian Co.（1862）31 L. J. Ex. 425.

law）、财产承继人（privies by estate）三种，例如死者继承人、遗嘱执行人、遗产管理人、破产清算人、货物买受人、债权债务关系受让人等。[①]

允诺禁反言作为契约可执行性的一项重要依据，属于法律赋予契约积极效力的理论学说。英美契约法中关于合同可执行性的传统理论，原为霍姆斯（Oliver Holmes）、威利斯顿（Samuel Williston）等人建立的"对价理论"（又译为"约因理论"），认为有对价的契约才有法律强制执行力，对价与承诺间的互惠诱因关系，是决定契约执行力的根本。[②] 换言之，不存在对价的契约，例如赠与合同等，不具有强制执行力，是否履行取决于要约人的自主决定。这种理论有其特殊的时代背景，实际上大大限缩了契约责任的成立范围，具有相当程度的缺陷，就须要引入其他理论作为补充或例外。允诺禁反言最初就是以对价理论之例外情况的角色登上契约法的历史舞台的，作为有些无对价之契约亦可执行的依据。允诺禁反言法则使受允诺人在合理、可预见地信赖允诺而遭受损害时，可请求执行允诺，即使允诺不存在可识别的对价，亦即以信赖为无对价合同的法律执行效力基础。[③] 例如，美国 1898 年里切茨诉斯科特霍恩（Ricketts v. Scothorn）案[④]。在该案中，法官明确将禁反言原则运用于契约允诺领域，确认了无对价的允诺造成信赖损害时仍可强制执行，这是衡平法上的"禁反言原则"发展到合同可强制执行领域中的"允诺禁反言"理论的过渡期中的重要判例之一。再如，英国 1946 年著名的"高树案"[⑤]。在该案中，英国法官丹宁勋爵（Alfred Denning）从衡平法禁反言原则中明确发展出允诺禁反言法则，以保护无对价合同中当事人的合理信赖为主旨。在这些关键性判例的质变后，衡平法上的禁反言原则逐渐运用于合同允诺领域，形成相对独立的允诺禁反言法则，如今已成为英美合同法中关于合同强制执行法律效力方面基本并列于"对价"原理的另一项基本法

---

① See Lancelot Everest & Edmund Strode, *The Law of Estoppel*, 3rd ed., Stevens and Sons, 1923, p. 148.

② See Oliver Wendell Holmes Jr., *The Common Law*, Macmillan, 1968, p. 230 – 232.

③ See Daniel A. Farber & John H. Matheson, *Beyond Promissory Estoppel: Contract Law and the "Invisible Handshake"*, 52 University of Chicago Law Review 903 (1985).

④ 77 N. W. 365 (Neb. 1898).

⑤ See Central London Property Trust Ltd. v. High Trees House Ltd., (1947) K. B. 130.

则。允诺禁反言在现代商业社会中尤其展现出高度的适应力与扩张性，由约因理论的补充者逐渐变成挑战者，甚至有论者根据美国两次《合同法重述》中体现的历史趋势而大胆推测，“约因理论已死，允诺禁反言原理实际上已经吞并了约因理论”，可以作为所有契约的可执行性根据；而契约责任也随着约因理论一同没落，在允诺禁反言原理的冲击下复归侵权责任体系。①

传统上的表示禁反言、允诺禁反言均无法作为独立诉因，只能作为抗辩手段或判定事实状态的依据，而不能据此提出独立的诉讼请求，因此，财产权禁反言应运而生，成为一种可以作为独立诉因的禁反言原则，② 但基本上也只能适用于土地不动产权益纠纷之中。③ 财产权禁反言，意即财产实际权利人在明知的情况下，已作出了一定承诺或默许，使相对人产生了自己可以获得该财产的信赖，并对其进行了改良或服务，则禁止财产实际权利人否认相对人拥有财产权，信赖相对人可以据此请求法院为其执行或创设权利。然而，现代英美契约法中的允诺禁反言实际上作为一种独立的诉因也逐渐被接受，例如，美国第二次《合同法重述》第 90 条基本已承认其独立地位，④ 再加上财产禁反言本身的适用范围也在实践中得到扩张，不再限于土地不动产领域，⑤ 因此对二者进行区分已变得不再重要。

尽管禁反言原则的形态千变万化，但却可以从诸多面相中抽象出相通的精神内核，正如丹宁勋爵在摩尔盖特酒店公司（Moorgate Mercantile Co. Ltd. v. Twitchings）一案中的精辟论述：“禁反言是基于衡平观念的原则，如果某人以其言行引起他人相信某一事实，则禁止该人作出与之前言行不一致的改变，以免因这种改变而导致他人遭受不公平。”⑥

虽然允诺禁反言原则是美国契约法中有关信赖保护的主要理论之一，但

---

① 参见［美］格兰特·吉尔莫：《契约的死亡》，曹士兵等译，中国法制出版社 2005 年版，第 117 页。

② See Sean Wilken & Theresa Villiers, *The Law of Waiver, Variation and Estopple*, Oxford University Press, 2002, p. 43.

③ See Paul A. McDermott, *Contract Law*, Butterworth Ltd., 2001, p. 135.

④ 参见［美］杰弗里·费里尔：《美国合同法精解》，陈彦明译，北京大学出版社 2009 年版，第 121 页。

⑤ See Elizabeth Cooke, *The Modern Law of Estopple*, Oxford University Press, 2000, p. 55.

⑥ Moorgate Mercantile Co. Ltd. v. Twitchings [1976] 1 QB 225, CA, at 241.

并非所有合同上的信赖均可引用允诺禁反言，其实际适用范围有限，不少法官对于允诺禁反言的弹性扩张趋势仍持怀疑态度，不愿意在有对价的案件中适用允诺禁反言。[①] 相比之下，美国法学家富勒（Lon L. Fuller）提出的“合同信赖利益”理论涵盖的范围则更大。

合同信赖利益学说以富勒于1936年所作名篇《合同损害赔偿中的信赖利益》和1941年《对价和形式》为代表，其理论的重大价值在于，突破了美国合同法上契约损害赔偿以期待利益为准的传统观点，提出以信赖利益作为合同损害赔偿的一项独立基础。[②] 因此，形成了合同中的期待利益（合同若履行本应享有之利益）、信赖利益（合同未成立时相对方基于对合同的信赖而遭受的损失）、返还利益（因合同而授予他人的利益可主张返还）等并列的“三分法”格局，这种“三分法”后来成了美国合同法理论界的共识，并确立于美国《合同法重述》第344条与《统一商法典》第1~305条之中。[③] 依信赖利益说之观点，保护合同之信赖在许多情况下甚至已成为合同能够强制执行的主要原因。判决期待利益损害赔偿的唯一理由，其实也是为了保证当事人获得全面的信赖利益赔偿。[④] 这样一来，相当于倒置了两大合同利益的认定顺位关系，信赖利益而非期待利益变成了合同利益的根基。该理论更深层的前瞻性意义在于模糊了长期以来合同损害赔偿与侵权损害赔偿二元区分的界限，[⑤] 并借助案例实证分析手段探讨了具体的信赖利益计算标准，冲击了当时实践中“有合同或者无合同”这种非此即彼的裁判思路，代之以根据信赖程度判断合同可执行性比例的判断思路。

但是，现代美国合同法司法判例的基本观点认为，几种以信赖利益为基础的情形包括：（1）合同损失的期待利益具有推测性或难以证明，则可以信

---

① James Baird Co. v. Gimbel Bros., Inc., 64 F. 2d. 344 (2d Cir. 1933); See Phuong N. Pham, The Waning of Promissory Estoppel, 79 Cornell Law Review 1263, 1290 (1994).

② See Lon L. Fuller & William R. Perdue, *The Reliance Interest in Contract Damages* (*Pts* Ⅰ &Ⅱ), 46 Yale Law Journal 52 (1936 - 1937); Lon L. Fuller, *Consideration and Form*, 41 Columbia Law Review 799 (1941).

③ See Restatement (Second) of Contract §344 (1981); Revised U. C. C. § 1 - 305 (2003).

④ See Lon L. Fuller & William R. Perdue, *The Reliance Interest in Contract Damages* (*Pts* Ⅰ &Ⅱ), 46 Yale Law Journal 52, 61 - 62 (1936 - 1937).

⑤ 参见［日］内田贵：《契约的再生》，胡宝海译，中国法制出版社2005年版，第93页。

赖利益为基础计算合同损害赔偿；（2）若诉讼不是以传统对价合同为依据，而是以允诺禁反言的适用为诉因，则信赖一方的损失同样限于合同信赖利益的范围；(3) 公共政策出于促进交易、控制过度商业风险的目的，有时会对损害赔偿范围有所限制，使当事人无法得到期待利益的完整赔偿，则此时只能赔偿信赖利益损失。例如，医疗责任、不动产交易中的所有权瑕疵风险、银行迟延或不当执行电子资金转让的“支付指令”的责任等。[①] 由此观之，即使信赖利益学说论者主张信赖利益作为期待利益的替代品，但司法实践中信赖利益仍然只是期待利益无法得到充分实现时退而求其次的选择，“信赖利益”这一概念基本也只能涵盖合同无法成立、履行时的消极信赖损失。这与耶林在1861年提出的“缔约过失理论”中的“信赖利益”概念含义基本类似。因此也有观点指出，富勒的信赖利益学说只是引用、扩展了耶林的信赖理论，至少也是从中得到了启发，“二者的共同点昭然若揭”[②]。

（三）信赖保护理论的差异与融通——两大“信赖之源”与“外观化”趋势

1. 两法系信赖保护理论的差异性——两大“信赖之源”

上述几种有关信赖保护的理论，虽然具有相通的精神气质，但是仔细分析可以发现，上述英美法系有关信赖的理论研究实际上与大陆法系的信赖保护理论处在不同的语境之中。大陆法系权利外观理论通过外观表象与真实权利之间的抉择，达到保护信赖相对人、维护公示效力与交易安全等目的；而英美法系的信赖理论则更多作为合同法可执行性的依据，不一定存在所谓的外观事实，而在于对合同允诺的信赖产生了法律需要保护的合同利益，其价值更多体现为合同诚信与交易公平。因此，以往已有不少学者总结出二者在历史沿革、思想基础、价值取向、适用范围、法律效果等诸多方面的差异。[③]

① 参见［美］杰弗里·费里尔：《美国合同法精解》，陈彦明译，北京大学出版社2009年版，第582－584页。

② ［日］内田贵：《契约的再生》，胡宝海译，中国法制出版社2005年版，第93页。

③ 有关二者差异性的系统分析，可参见喜多了祐「外観優越の法理」（千倉書房，1976年）4頁；朱广新：《信赖责任研究：以契约之缔结为分析对象》，法律出版社2007年版，第90－92页。

学界多数观点认为，最核心的一点差异体现在二者的价值取向上：禁反言原则等在于确保言行一致之衡平正义，源于社会道德伦理正当性之要求，将道德守则进行技术化而形成法律规则，是道德观在法律世界的具体化；而权利外观理论则充分认识到现实世界中真实与虚伪二者界限之模糊、认证之困难、主体了解法律关系中之权利真相的难度与成本，而使外观认定规则之便利性已超过追求绝对真实之价值，以外观认定之法律真实取代绝对真实，绝对正义观念让位于相对正义，深层次上是基于二者效益衡量的考虑，以满足维护交易安全、促进经济活动之需要。

但是，将二者的价值基础截然对立的观点是片面的。虽然二者在出发点上确有区别，但并不意味着它们的价值取向单一。价值观念的抽象性与融合性等特质，本身就是人类文明普世精神的存在基础，多重价值兼容在二者身上都有鲜明体现。禁反言原则首先以维护公平、诚信等道德准则作为直接着眼点，通过禁止与制裁不当行为，间接地实现保护交易安全性与便捷性之功利目的；而外观主义则是以行为有效化、相对人救济等规则直接作用于交易安全性与便捷性，而间接地促进市场诚信与公平。各种价值只是在二者不同的规则形态中的体现程度、作用顺位上有所区别，但本质上的共通性、衔接性是不容否认的。因此，以“公平正义－交易安全”的价值对立来简单概括二者区别的比较研究，看似深入规范的价值内核，实际上在多元价值交融并存的现代社会下，反而只是徒具表面形式上的划分意义。从规范形态观之，二者实际上可以作为同一问题的两个规范方向，禁反言原则以对损害信赖一方的禁止、惩罚为导向，而权利外观理论则以对信赖一方的正向保护、行为有效化为导向，二者在比较法参考借鉴的技术层面上甚至可以发挥相互补充、正反衔接之功效。

其实，真正显著的差异，应体现在二者的内在逻辑上：禁反言原则与权利外观理论，虽然最终都可能导致“外观优于实在”的相同认定结果，但实际上逻辑推导过程是不同的。顾名思义，禁反言即“不得反悔”，意即不得推翻自己之前的表示与状态，是建立在时间顺序的基础之上的，可概括为“先入为主、前言为真”。但权利外观理论的内在逻辑则与事实发生的顺序无关，有时甚至是以违反事实的“虚构”外观为准，初观之仿佛违反逻辑，但深层次看其实是运用了拟制思维、突破真伪二元认识论的结果，可概括为“眼见为实、外在为真”。

对比发现，二者其实分别体现了人类的两种“信赖之源”，一种是基于时间顺序观念的“在先事实信赖”，另一种则是基于内外表象观念的“外在事实信赖”，两种信赖之产生基点虽然略有差异，但都是将日常认知经验运用于规则逻辑的结果。事实上，二者推导结果在“外观优于实在”上的殊途同归，也是源于两大“信赖之源”在现实中常见的重合。因为通常情况下，人类首先认知的事实往往就是外在可见的事实，在先事实与外在事实此时就是重合的，禁反言原则所维护的先前表示与权利外观理论所维护的外在事实也同样出现了重合。二者所蕴含之差异性中的近似性，盖可归结于此。

进一步分析可知，两大“信赖之源”均无法保证能得到正确的认知，先入为主与眼见为实都不一定符合客观事实，反而更可能会导致某种“误信”，但信赖保护原理所保护的信赖恰恰就是以某种“误信”为前提。法律为何要对“误信”进行保护？原因之一在于，信赖人的“误信”不可归结于其自身，而是由他人所造成的，故此“误信”产生的损失也不能由信赖人承担，这种因果关系上的归责原则正是赫伯特·迈耶提出的“与因主义”之核心。另一原因则是维护社会理性体系的整体需要。现实世界中人们所面对的永远是信息不完全的局面，如果因为信息不完全就拒绝行动，那么人们无疑会在无限的可能性与社会的复杂性面前卧床不起、裹足不前；此时就必须作出取舍与决断，信赖就是在这种缺乏足够信息时所作出的“风险投资”，就是一种维持社会的合理性运转所必须的“复杂性简化机制”。[①] 法律之所以不否决“误信”，正是因为在有些情况下支持“误信”成立对真实权利人造成的损害，远远小于推翻“误信”可能削弱或瓦解整体社会信赖体系的结果。总之，上述两个保护“误信”的原因，第一个是基于正当性的判断，第二个则是基于功利性的衡量，二者此时并无矛盾之处。两法系的信赖保护理论虽然从不同“信赖之源”的角度出发，但是基于上述两个主要原因上的共同点，

---

① 参见［德］尼克拉斯·卢曼：《信任：一个社会复杂性的简化机制》，瞿铁鹏、李强译，上海人民出版社2005年版，第3、6、41、93页。

实际上也得出了相同的决断结果。

2. 两法系信赖保护理论的融通性——“外观化”趋势

美国法理学家博登海默有句曾被广为援引的至理名言：“整个法理学正体现出一种统一的趋势，而这一趋势也必然深入各国的法制当中发生作用，大陆法与英美法的差异在历史上也许很显然，但在今天此种差异已渐渐地蜕化成表面现象。”① 由于人类的法律实践与社会观察固有的共通性，两法系的信赖保护理论研究与制度设计等方面均存在交叉与共通之处。对二者进行严谨区分的研究，在概念法学的意义上固然重要，但本书主要目标定位于信赖保护原理的公司法实践问题，因此在明确梳理、区分两者思想脉络的基础上，提炼出两者所蕴含的人类法律共同智慧和制度精华才是重点所在。

关于二者的融通性，已有不少理论作出了各自的分析。有些理论认为现代禁反言原则已呈现扩张趋势，由过错归责转向无过错归责，作出表示的当事人本身是否存在故意或过失，已逐渐淡出适用禁反言原则的法官们的视野，禁反言原则也因此向“外观主义化”发展。② 有些理论则总结了二者在规范模式上的共同点，即均须具备外在事实或意图、相对人信赖损失、相对人善意以及可归责性等几大要素。③ 有些理论观点已经直接指出了两法系信赖保护理论出现融合趋势的现实例证，典型如美国《路易斯安那民法典》，其以《法国民法典》为蓝本，却在判例法的怀抱中成长，终于在成文法层面上实现了两法系在信赖法则领域的结合。④

从上述诸多表象可以看出，两法系的融通基点其实在于二者具有共同的“外观化”发展方向。大陆法系的“外观化”自不必言，权利外观理论最初即源于此，并逐渐溢出权利的表见领域，甚至进入法律行为范畴（意思表示中的“表示主义”便是一例），而且其在商法的后续发展过程中更是形成了

① ［美］E. 博登海默：《法理学：法律哲学与法律方法》，邓正来译，中国政法大学出版社1999年版，第342页。

② 喜多了祐「外観優越の法理」（千倉書房，1976年）4頁参照。

③ 参见朱广新：《信赖责任研究：以契约之缔结为分析对象》，法律出版社2007年版，第94－95页。

④ 参见马新彦：《两大法系信赖法则的融合：以美国〈路易斯安那民法典〉为对象》，载《法学评论》2012年第6期。

具有总原则性质的“外观主义”。

英美法系禁反言原则的“外观化”则是两法系实现融通的关键。这一进程其实在禁反言原则的早期发展历史中就已经开始了。衡平法上运用禁反言原则的早期判例，例如1649年亨特诉卡鲁（Hunt v. Carew）案，审理法院确认被告所作出的成立土地租借契约之表示具有禁反言的效力，原告的土地租借权已存在并得以主张损害赔偿。等到了1762年的蒙特菲奥里兄弟（Montefiori v. Montefiori）案件中，禁反言原则的运用已经面目一新。在该案中，一位兄长为了显示其弟的财力以帮助弟弟缔结婚约，故意向第三人表示自己在合伙账户中欠其弟一笔款项，并出示有关票据，但在其弟结婚后又撤回了票据。曼斯菲尔德（Mansfield）法官认为，即使其所作表示与事实不符，当事人也应当依照其表示内容而行为、承担相应责任，因为任何人均不能以自己的违法事实作为免除责任的辩护。① 可见，早期禁反言原则效力基本仅限于当事人不得反悔自身作出的表示行为，而在票据法律关系等商事规范发展之后，禁反言原则已经在一定程度上超越了其原本的含义，在表示行为与真实权属状况不一致时，也以表示内容作为权利义务的基准。至此，早期禁反言原则已经由纯粹的“所作表示不得反悔”进一步发展为“以表示内容为准”，而带有了明显的外观主义之内涵。

禁反言原则正式走向外观主义化的典型判例，是1837年皮卡德诉西尔斯（Pickard v. Sears）案。案件中的抵押权人在明知抵押物被用于清偿其他债权人时无动于衷，并未作出自己对此同样享有权利的任何表示，其他债权人已经合理相信他不享有权利的事实状态，因此他不得再行主张权利。本案法官丹曼（Denman）爵士在判决中指出，当事人若以言辞或行为故意使他人相信某一事实状态之存在，他人基于此等信赖下行事以致改变自身地位，则当事人不得再主张与之不同的另一种事实状态存在。②

禁反言原则出现了“外观化”倾向的一个重要转向，即是以外观状态构成的相对的法律真实取代了对绝对的客观真实之认定，而不再是简单地根据

---

① See William Holdsworth, *A History of English Law*, Vol. 9, Methuen & Co., 1932. p. 161.

② See Pickard v. Sears (1837) 6 Ad. & E. 469; 2 N. & p. 488.

作出表示的时间先后加以认定。这意味着在“信赖之源”上，传统的“在先事实信赖”因为社会商业发展的需要而逐步让位于“外在事实信赖”。因此，禁反言原则此时已经借由商事领域案件中的适用而趋向了外观主义的发展之路，根据外观事实确定当事人权属状态，已经成为禁反言原则中的核心之一，也使禁反言原则不断趋近大陆法系信赖保护理论，二者正在内在逻辑层面上的走向一致。

二、信赖保护原则的独立地位

1967 年，德国著名民法学者拉伦茨在《德国民法通论》一书的第二章第四节中，根据德国民法所包含的社会伦理因素，指出信赖保护原则应当是与诚实信用原则、私法自治原则等相并列的基本法律原则，确立了该原则在私法中的理论地位，并且在该书第三十三章将权利表见责任作为法律行为责任的补充，完善了权利外观理论的责任形态。[①] 其中，信赖保护原则与民法上的诚实信用原则的理论关系，是信赖保护原则在私法中得以成立的关键点。但在以往的国内研究中，既有观点认为信赖保护无非是诚实信用原则的具体体现，也有观点从词义内涵等方面强调二者的区别与信赖保护的独立性，学术界对二者的关系尚未达成一致共识。本书重点集中于二者在本质属性上的差异性与趋同性，并以缔约过失责任为具体例证，分析信赖保护与诚实信用原则在私法上的地位关系。

（一）信赖保护与诚实信用原则的本质界分——法规则与法道德之分

诚实信用原则的实质是对近代私法上绝对化的个人自由主义的一种限制，维持交易双方权利义务的实质公平，防止绝对化的个人权利滥用。[②] 这种权利限制常常缺乏具体含义和法律意义，即使法学理论界多年来对诚实信用原则不断进行研究考证，但是诚实信用原则在法律上的内涵与外延仍难以确定。导致这一局面的原因，不在于对诚实信用原则的具体化、类型化研究尚不充

① 参见［德］卡尔·拉伦茨：《德国民法通论》（上册），王晓晔等译，法律出版社 2013 年版，第 58－60、885－907 页。

② 参见朱广新：《信赖保护原则及其在民法中的构造》，中国人民大学出版社 2013 年版，第113－123 页。

足，也不在于对“诚实信用”的词义存在滥用，乃是诚实信用原则的本性使然。该原则的精髓即在于其所具有的弹性、不确定性，这也正是将其引入现代民法体系中的根本意义，正是要借此原则的特性，在个案中缓解法律僵硬性与社会现实的冲突。

对此，我国台湾地区学者何孝元已作出洞见，认为诚信原则与衡平法的功能类似，在某种程度上甚至可以将其理解为“大陆法系的衡平法”，二者均为补充法、解释法、调剂法：法无规定而不得拒绝裁判之时，或者法有规定但个案中显失公允之时，得以适用基本原则。于私法领域，大陆法系多以诚信原则，而英美法系则以衡平法，均是依弹性原则进行法律补充的不同表现形态。诚信原则与衡平法也均属于自由心证之裁量权范围。自由心证须斟酌全部证据与辩论意旨，依主观心证采信，但亦须具备客观妥当性，其妥当性标准即是否符合诚信原则。诚信原则与衡平法都具有适用上的艺术性，在个案法律关系中进行调和，运用实践智慧而非严格的逻辑思维，以达到特定的目的。[①] 可见，道德性与裁量性正是诚实信用原则的价值所在，运用诚信原则的弹性与不确定性，来缓解规则僵硬性，补充与解释法律，维护个案利益均衡，防止绝对权利滥用与相互侵害，彰显法律的道德基础与人文关怀。

可见，民法上的诚实信用原则，显然是道德原则写进法律文本的表现，本质上仍是对民商事主体提出的一种道德要求。反观信赖保护制度，虽然在表面词义上带有“信赖”等道德字眼，但从具体内涵、结构属性上看都是典型而严谨的民商事法律规范。德国法学家拉伦茨甚至认为，信赖保护是旨在提高交易稳定性的法律技术手段，无关乎法律的道德伦理评价。[②] 信赖保护与诚信原则的本质界分，正是法律规则与法律化的道德之间的界分；法律与道德在一般特征上之区别，正是信赖保护规范与诚实信用原则之区别的根源所在。从一般特征的角度看，法律与道德的区别主要体现在法律具有外在性，

---

① 参见何孝元：《诚实信用原则与衡平法》，台北，三民书局股份有限公司1966年版，第4－8页。

② 参见［德］卡尔·拉伦茨：《德国民法通论》（上册），王晓晔等译，法律出版社2013年版，第59－60页。

而道德具有内在性。[①] 法律的基质为人类社会生活中外在交涉行为产生的共同遵守规范，道德的基质则是自我内在反思而形成的个人人格要求。法律强制要求社会成员统一遵守某些行为义务；而道德因人而异，多只能对自己提出行为义务，不能以个人的道德标准去绑架他人。法律适用借助于强制手段，因而要求法律规范应当明确、具体、可预期；道德作用则依靠内心自觉约束，也就可以容忍道德本身的模糊性、不确定性。

信赖保护与诚信原则在本质上的差异，也衍生出一系列具体表现上的不同：

第一，信赖保护规范所注重的法律外观，与法律的外在性原理是一脉相承的，对他人产生强制约束力的事物，必须显示在外并为他人所知；诚信原则更多要求行为人行使权利时的自我约束，也源于道德原则的内在性品质。因此在适用对象范围上，信赖保护常涉及第三人，甚至涉及社会公众的公示性信赖。诚信原则一般限于双方当事人之间的权利义务关系，极少突破相对性。

第二，信赖保护之“信赖”具有明确含义，即依据外观形式的信赖而使相对人产生信赖投入或损害，法律对此进行保护。诚信之“信”，意指较为抽象宽泛，包含禁止自我权利滥用、不欺诈或侵损他人权利等，并无指向具体确定的情境。

第三，从法律推理适用的角度看，信赖保护更多遵循形式推理，诚信原则则需要更多地借助实质推理。因为信赖保护体现法的形式理性，诚信原则体现法的实质理性。[②]

第四，信赖保护规范的核心目的之一即维护市场交易安全、促进民商事交易活动效率，其价值评价的场域在于市场外部之整体，诚信原则则服务于公平正义价值，重在个案当事人的内部权利义务之衡平。

（二）信赖保护与诚信原则的精神契合——法与道德之合

诚实信用原则虽然源于近代个人绝对权利的限制而带有道德属性，但是

---

① 喜多了祐「外観優越の法理」（千倉書房，1976 年）58－60 頁参照。

② See Reinhard Zimmermann，Simon Whittaker，*Good Faith in European contract law*，Cambridge University Press，2008，p. 259.

随着社会工业与市场交易的发展，诚信原则在现代法律上也在不断追求进一步的法律化、具体化。目前，诚信原则法律化的核心问题已不再是如何限制权利过度行使、防止权利滥用，而演变为如何处理立法与司法的关系、成文法律规则与自由裁量权的关系等问题，[①] 对诚信原则的规定和适用的尺度，俨然已成为民事领域立法权与司法权展开争夺战的关键据点。

诚然，为克服成文法的僵化性，必须有一定程度的个案裁量空间，但是一味借用道德属性的弹性原则解决法律问题，无疑会贬损法律外在性、确定性的基本品质。追求便捷、效率的商业社会所需要的法律规则之品质，必然是公开、确定而具体明晰的。故此就世界范围内的商事法律发展而言，对诚实信用等法律原则进行细化界定就是基本趋势之一。例如，美国《合同法重述》和《统一商法典》将诚信义务的适用范围限于对已成立合同的履行和执行，《统一商法典》第 2－209 条之（1）以及一些判例法要求合同变更也要遵守诚信。[②] 再如，旨在促进国际商事法律统一化进程的《国际商事合同通则》（Principles of International Commercial Contracts）和《欧洲合同法原则》（Principles of European Contract Law），均通过一般条款与具体适用情形相结合的方式，对诚实信用原则作出了十分详尽的规定。

有关领域的学者在论著中存在乐此不疲地对信赖保护与诚实信用两个概念间的区别与联系一直进行分析探讨。有些理论主张严格考究二者的词源区别，梳理近似事物的差异性；而有些则注重提炼精神内涵，整合差异事物的共通性。两种方法本身没有高下之分，运用不同视角也可以得出不同层面的结论，没有必要进行绝对的概念区分，也不宜过度地大而化之。对二者的区别所应当遵循的程度标准，从商法领域的视角来看，应当定位于商事实践问题的解决，灵活地对理论进行实时调整。在整个私法体系精神渐趋通融的现代商业社会，对各种私法原理进行截然区分，则难免会陷入概念分割之后或自相矛盾，或交叉含混的困局。

---

① 参见徐国栋：《民法基本原则解释：诚信原则的历史、实务、法理研究》，北京大学出版社 2013 年版，第 431 页。

② 参见［德］莱因哈德·齐默曼、［英］西蒙·惠克特主编：《欧洲合同法中的诚信原则》，丁广宇等译，法律出版社 2005 年版，第 109 页。

如前所述，信赖保护规则与诚信原则的本质界分即在于法规则属性与法道德属性，但是当诚信原则在当代得以进一步具体化、法律化、规则化之时，就与信赖保护规则的法律精神日益接近，甚至将信赖保护规则作为诚信原则的一种具体表现形态也未尝不可，毕竟诚信原则具有所谓“民法帝王条款”的包容力早已得到公认，而信赖保护规则的引入也有助于进一步明确诚信原则的具体形态。例如，1996 年由欧洲合同法委员会通过的《欧洲合同法原则》，就将信赖保护纳入了诚信原则的大概念之中，将引诱他人产生信赖作为加重当事人诚信义务的一项重要条件，可以看成是对诚信原则的要求进行具体化、法律化的一种努力。①

（三）信赖保护与诚信原则的分合表征——以缔约过失理论为例

作为法规则与法道德的信赖保护与诚信原则分与合，在德国私法中的“缔约过失理论”的创立与发展过程中即可见一斑。德国法学家耶林最初于 1861 年首创缔约过失理论时，就是以缔约人存在“过错”为其承担责任的前提——在当事人缔结契约的过程中，已经由交易外的消极义务转为契约上的积极义务，而应对相对人承担必要的注意与保护；当事人若因自己过失致使契约不成立，即应赔偿信赖契约可成立之相对人的损害。② 由此可见，缔约过失理论最初得以独立于契约责任的义务基础，在于所谓的“先契约义务”，契约不成立或无效而不存在契约义务之时，同样可根据当事人过失违反“先契约义务”而课以缔约过失责任，可以说是“契约 - 侵权责任二元体系”对相对人损失保护不周全时的一种补充。

随着大陆法系历代学者对缔约过失理论的发散性研究，该理论的涵射范围也逐渐扩张，引发缔约过失责任的损害基础可包括中断缔约过程所致损害、未成立有效契约所致损害、虽成立有效契约但缔约过程中存在过错而造成他人损害等。③ 缔约过失理论含义似乎已经溢出了保护缔约相对人之信赖的初

---

① See Ole Lando & Hugh Beale, eds., *Principles of European Contract Law* (*Part I and II*), Kluwer Law International, 2000. p. 115 – 116.

② 参见王泽鉴:《民法学说与判例研究》(第 1 册), 中国政法大学出版社 2009 年版, 第 72 页。

③ 参见［德］迪特尔·梅迪库斯:《德国债法总论》, 杜景林、卢谌译, 法律出版社 2004 年版, 第 96 – 104 页。

衷，需要在私法原则层面上寻找一个更具开放性的归宿。诚实信用原则恰好满足了缔约过失理论扩张的需要，而且构成缔约过失责任所必须具备的违反注意义务、主观上的过错要件等，也完全符合诚实信用原则之意旨。因此，缔约过失理论终于在私法体系中找到了栖息地，逐渐被视为诚实信用原则的一种具体制度体现，义务基础也更接近于依诚实信用原则而产生的协助、通知、保护、忠实等某种缔约中的附随义务。① 在《民法典》有关缔约过失责任的条文中，也表明了缔约过失责任是当事人存在过错而违反诚实信用原则的后果。② 而信赖保护理论则不以当事人过错为责任基础，故不少学者据此认为缔约过失责任不同于信赖保护责任。③

但是，如果回溯缔约过失理论的创立初衷，其实是在契约责任尚未成立、侵权责任又保护不完全时，对相对人信赖的补充救济，所谓的“先合同义务”，也无非是实践中根据损害结果倒推其义务基础而创设的一个名词，是依缔约中信赖之救济需要而衍生出的理论，根本上是法律保护价值选择的结果。另外，缔约过失责任也与法律行为理论相区别，并非基于私法自治的意思表示而产生的法律效果，而是法律对某一行为予以价值衡量后产生的法律效果，④ 在这一点上，缔约过失理论与信赖保护理论是一致的。

而且，根据是否以“过错”为重心来区分缔约过失理论与信赖保护理论的观点也是片面的。责任成立“不以过错为要件”，不等同于责任人“没有过错”。信赖责任的归责通常不以过错为要件，这并不代表成立信赖责任都是当事人没有过错的情形，也不代表有过错就不属于信赖责任的范畴，许多情况下当事人对造成相对人信赖损失的后果是存在过错的，只不过这种过错不是法律责任成立的必要条件而已。不能因为信赖责任不以过错为前提，就将其与缔约过失责任进行草率的区分，这在逻辑上混淆了必要条件与充分条

① 参见王泽鉴：《民法学说与判例研究》（第1册），中国政法大学出版社2009年版，第77页。

② 参见《民法典》第500~501条。

③ 参见朱广新：《信赖责任研究：以契约之缔结为分析对象》，法律出版社2007年版，第202-205页。

④ 参见［德］维尔纳·弗卢梅：《法律行为论》，迟颖译，法律出版社2013年版，第152页。

件的关系。

如果暂时排除对责任人过错与否的考虑，可以发现缔约过失责任与信赖责任有一项共通的思维重心，即相对人是否形成了合理信赖，以及这种信赖是否遭到损害。这一点才是缔约过失理论设立的初衷，责任人过错只是一项基于特殊情况的线索条件而已，不是缔约过失责任的本质。缔约过失制度的最终目的仍然是保护订立契约相对人之间的某种信赖利益，当事人为缔结契约而开始磋商之际，即形成一种“特殊的信赖关系”。[①] 这种信赖关系与典型的根据公示外观或有效合同等形成的信赖关系有所不同，并不以给付内容，也不保证契约之成立与有效性，故其可信性较低，因此对合理信赖的救济程度就应严格把握。责任评价标准的多元化是为了防止过度苛责缔约当事人，只要当事人不存在违反先契约义务之过错，即仍属于当事人契约自由之范畴。缔约过失责任以存在违反先契约义务之过错为要件，正是对双方信赖关系稳定性的一种响应，是对相对人在可信性较低时仍成立合理信赖的一种限制。因此，缔约过失责任在一定程度上属于信赖责任，[②] 是一种特殊信赖关系情况下以“当事人存在过错”作为限缩条件的信赖责任。

从缔约过失理论的发展过程中可以发现，其早期源于保护缔约磋商相对人信赖之目的，应属信赖保护规范体系之一员；但随后又在理论的发散应用、扩张解释中逐渐契合于更具开放性的诚实信用原则，同时也促进了诚实信用原则的客观化与具体化。当缔约过失理论在实践中进一步弹性化发展时，必然会更加倾向于以诚实信用原则作为法伦理基础；而当缔约过失理论需要规范化应用时，又会展现出更多的信赖保护规则属性。正如拉伦茨所说，缔约过失制度实际上结合了过失责任与信赖责任原则两种思想，[③] 这一理论其实也是诚实信用原则与信赖保护原则的分合交叉点与联结纽带。

---

① 参见王泽鉴：《民法学说与判例研究》（第 1 册），中国政法大学出版社 2009 年版，第 77 页。

② 参见［德］维尔纳·弗卢梅：《法律行为论》，迟颖译，法律出版社 2013 年版，第 152 页。

③ 参见［德］卡尔·拉伦茨：《德国法上损害赔偿之归责原则》，载王泽鉴：《民法学说与判例研究》（第 5 册），中国政法大学出版社 2009 年版，第 194 页。

第二节 商法中的面相——外观主义

一、民商法领域信赖保护的分野

（一）外观主义的形成及其在商法中的普遍性

民法与商法之分，一直是我国私法学界存在争议的论题。始自民国时期，及至21世纪的今日，“民商合一”与“民商分立”之争已经演变成一种相关领域的学者们对学术话语权与立法影响力的争夺。随着《民法典》总则编中加入大量商法性质规范，我国在立法形式层面的“民商合一”几乎已成定局，但这并不代表实质意义上的商法已被消灭。商法作为私法的特别法，始终依托其突出的实践性，紧跟商业社会的快速变化并往往领先于其他法律进行变革，是否编纂形式意义上的“商法典”并不构成商法是否存在的证据，有时一部成文法典反而会削弱商法应对商事实践变迁的灵活性。[①] 无法忽视的现实是，许多传统民法原则、法学理论、具体制度等在商法中均能展现出不同的面相。

私法上的信赖保护原则，在走进商法领域后所形成的“外观主义”，就是商法学界总结民商法实质差异性时经常引用的一个例证。在民法中，信赖保护仍作为真实权利状态的特例而存在；但是在商法中则化身为“外观主义”的普遍性原则，贯穿于商主体法、商行为法之中。质言之，从概念上看，商法外观主义与信赖保护原则有基本相同的逻辑，但是“外观”在传统民法领域仅体现为“制度”，而在商法领域方成其为“主义”。

以大陆法系权利外观理论之发展演变为例，Wellspacher、赫伯特·迈耶等德国法学家在权利外观理论建立之初均是以近代民法甚至是古代民法中个别制度为着眼点展开论述，信赖保护之意识其实缘起于对民法中动产善意取得制度、表见代理制度等的解释与拓展。但在以 Canaris 为代表的商法学者正

---

① 参见［德］C. W. 卡纳里斯：《德国商法》，杨继译，法律出版社2006年版，第6－10页。

式将权利外观理论系统性地引入商法之后，信赖保护理论却显示出更强的普遍性与解释力，逐渐发展壮大后成为外观主义的商法基本原则之一。

从法律层面上看，亦是如此。以德国民商事法律为例，在《德国民法典》之中，与信赖保护有关的条文散见于动产善意取得、意思表示的撤销、土地登记簿、继承证书等制度之中，[①] 甚至缺乏一条统领性法律规定，唯有依附于诚实信用原则之下进行解释适用，这也是在民法范畴之中信赖保护理论总是与诚实信用原则产生混同的原因之一。而随着近现代商事社会的快速发展，对交易信赖的保护需求日益提高，法律层面的信赖保护在摆脱传统民法的伦理因素后，在商法的规范技术下也具有更系统、更清晰的成立基础。首先体现于《德国商法典》第 15 条商事登记效力一般规定，确定未登记事项“消极公开”与登记事项“积极公开”之信赖，以及第 19 条商号登记产生的外观责任等登记公示性的信赖保护；此外，辅以《德国商法典》第 49、50 条有关经理权范围之效力强制、第 54 条表见代理全权（代办权）、第 362 条默示承诺之推定、第 366 条动产善意取得等非登记性的信赖责任，在商法总则的层面形成了“登记性 + 非登记性”的信赖保护大框架，并且在《德国有限责任公司法》《德国股份法》《德国公司变更法》《德国票据法》等各部商事单行法有关具体规则中得以展开，得以建构出总分结合、逻辑严谨的商事领域信赖保护规范体系。[②]

而从英美法系的禁反言原则来看，其在商事合同领域的扩张适用似乎也早已势不可挡，这种扩张适用正是前述之“禁反言原则外观化”的根本动因。以美国合同法经典判例为例，诸如公司雇佣合同（典型如 Feinberg v. Pfeiffer Co. 案）[③] 与建筑工程合同（典型如 Drennan v. Star Paving Co. 案）[④]、商业特许经营合同（典型如 Hoffman v. Red Owl Stores，Inc. 案）[⑤]、商业并购或商业租赁合同（典型如 Wheeler v. White 案）[⑥] 等领域，在进入 20

---

① 相关条文参见《德国民法典》第 122、892、932－936、2236－2237 条等。

② 参见［德］C. W. 卡纳里斯：《德国商法》，杨继译，法律出版社 2006 年版，第 69－155 页。

③ 322 S. W. 2d 162（Mo. Ct. App. 1959）.

④ 333 P. 2d 757（Cal. 1958）.

⑤ 133 N. W. 2d 267（Wis. 1965）.

⑥ 398 S. W. 2d 93（Tex. 1965）.

世纪以来均不断涌现出许多运用信赖作为合同可强制执行之依据的典型判例。受允诺人可能经历漫长而靡费巨大的磋商阶段、引起对方信赖支出费用后却又无法达成传统意义上的合同形式的商事合同纠纷，即使允诺存在对价，法官在许多案件中也会承认基于合理信赖而救济受允诺人具有更高的正当性，据此执行合同或使合同不可撤回。[1] 上述判例使原本局限于“对价赋予合同执行力”思维中的英美合同法产生了重大的变革，原本在民事交易中对禁反言原则的一些疑虑，在商事交易中已不复存在。商业环境下，即使相对人并没有付出明显的合同对价，保护相对人因对合同承诺之信赖而产生的利益也足以构成合同可强制执行的根据，这本质上就是法律为了适应商业社会的实践需要而作出的调整。禁反言原则本身也在逐渐实现“外观化”的转型，由体现公平正义价值与逻辑正当性的“在先事实信赖”，转向了体现交易安全与社会功利性的“外在事实信赖”。如果说两大法系在民事法律中的权利外观理论与禁反言原则方面仍存在一些差异的话，那么商事法律中的外观主义与外观化的禁反言原则就已经发生了趋同，商法正是两大法系有关信赖保护理论实现融通的土壤。

上述两大法系信赖保护理论同属于人类社会交往中共通的信赖保护理念的两种表现形态，虽在不同法系中产生发展，却有着相似的发展轨迹：起初均源于一般民事交易关系，囿于传统理念，只能居于固有法律原则或理论之例外或补充地位；但随着商业社会发展对交易中的信赖保护提出更高的要求，二者也获得了更大的适用空间和新的构成基础。信赖保护在商事领域具有比民事领域更高的原则性与优越性，商法中的信赖保护将会是整个私法信赖保护法律体系进一步发展完善的主要进路，由此可见一斑。

（二）外观主义与商法的特殊性

商法外观主义不仅具有更为突出的普遍性意义，而且在一定程度上充当了民法规则与商法规则的界碑。商组织法、商行为法相对于传统民法的特殊性，在此经常能得到充分体现。

---

① See Richard Craswell, *Offer*, *Acceptance*, *and Efficient Reliance*, 48 Stanford Law Review 481 (1996).

第一，外观主义削弱了民法信赖保护中包含的伦理性因素，展现了商法的技术性品质。民法信赖保护所针对的在日常生活中个别、偶发的民事交易关系，往往受风俗习惯、亲缘关系等民间伦理所支配，不以营利为目的，当事人也不具备商人的经验与判断力，需要探求内心真意，遵循诚信原则，保护不知情的交易相对人的信赖，故有“善意”之概念并推定第三人为“善意”。但外观主义所针对的商事交易，则为惯常的营业行为，具有营利性、定型化、证券化、快捷化等特质，正是“身份到契约”的极致体现，其交易规模、交易速度、当事人陌生程度等均远远超出与民事交易关系的范畴。民事信赖所依靠的“熟人身份”被削弱，而需要依靠“公示披露”等才能建立商事信赖，重在维持对外公开信息的可信性。而且商事交易主体的商人具有较高的辨识与表示能力，自身负有更高的审慎义务，故此对于当事人内心真意的照顾应当让位于外观表示，维护市场便捷与安全。可见，民事交易与商事交易中的信赖保护，虽然都能达到保护交易相对人信赖利益的效果，但实际上隐藏着不同的价值基础与地位。前者因为包含更多正当性伦理因素而经常被认为是诚实信用原则的一种制度表现，[①] 后者则是基于维护交易安全、促进交易公平的突出价值而具有更显著的技术特点。当然，也不能据此认为商法外观主义已经彻底排除了信赖保护中的伦理因素，其本身包含的多元法律价值仍需得到重视。对此，本书将在下一小节具体展开分析。

第二，外观主义贯彻于商法之中，充分体现了商法的私法强制性。商法学界一般认为，商法具有双重结构，不仅包含交易面，更兼具管制面，在侧重管制面时体现出与私法自治原则所不同的公法色彩。[②] 尤其是在商组织法领域包含更多的强制性规范，限缩了意思自治的空间。[③] 但是，商法强制性规范的属性不能一概而论，有些商法强制性规范以国家监管为中心，属于典型的公法性的强制性规范，例如《证券法》中有关证券行业规则、市场秩序与风险管控方面的规定；而有些规范虽然带有法律强制性，但本身不具备监

---

① 参见徐国栋：《诚实信用原则研究》，中国人民大学出版社2002年版，第41－44页。

② 参见王文宇：《从商法特色论民法典编纂——兼论台湾地区民商合一法制》，载《清华法学》2015年第6期。

③ 参见李建伟：《民法总则设置商法规范的限度及其理论解释》，载《中国法学》2016年第4期。

管功能，仍集中于解决私法领域中平等主体间的权利义务问题，应属于私法性的强制性规范，典型如公司法人人格否认等制度。① 外观主义及有关规则，同样也属于商法中的私法强制性规范，不体现国家监管的公法属性，但运用技术手段设定商主体的信赖保护义务、信赖损失赔偿责任，其法律后果并非当事人之法律行为设定产生的，而是由法律直接拟制决定的。在私法强制性这一点上，贯彻外观主义的商法，不仅能与注重意思自治性的民法作显著区分，又能与公法性强制规范的经济法相区别，充分展现出典型商法的特有品质。这种私法强制性，一方面是对私法自治原则的限制，另一方面却又是某种补充。例如，积极信赖保护所赋予当事人依外观确立权利义务的履行请求权，实际上可以正面维持意思自治法律行为的有效性；而消极信赖保护产生的信赖损害赔偿请求权，也是从救济层面维护意思自治原则，补充法律行为不成立或无效时存在的保护漏洞。

第三，外观主义与商法本位的特殊性紧密相关。我国民法学界的一般观点认为，以市民社会为基础的民法，其法律本位由近代民法的个人权利本位过渡到现代民法的社会本位，而中国民法继受的民法本位应当是权利本位与社会本位并重。② 民法的社会本位化发展，很大程度上是由传统市民社会基础的现代化、商业化推动的，要求民法更多引入交易安全、诚实信用、公平竞争等因素限制个人权利的滥用。但是社会本位之根基依然是现代市民社会的普遍要求，不能体现商法本位的特殊性，商法本位应当定位于市场经济配置资源这一更为专精的领域之中。有观点将商法本位视为“市场（交易）本位”，也有观点主张为“企业本位”等。③ 从制度经济学的角度看，市场交易与企业组织是两种相对应的资源配置方式，企业是市场价格机制的替代物，

---

① 参见张强：《商法强制性规范研究》，法律出版社 2014 年版，第 37－39 页。

② 参见梁慧星：《从近代民法到现代民法：20 世纪民法回顾》，载梁慧星主编：《民商法论丛（第 7 卷）》，法律出版社 1997 年版，第 233 页。

③ 相关观点参见周晖国：《商法市场本位论——兼论商法的独立性》，载《南京大学学报（哲学、人文科学、社会科学版）》2006 年第 5 期；周晖国：《商法本位论：商法作为独立法律部门的内在依据》，法律出版社 2010 年版，第 46－52 页；李春：《民商法本位区分与责任机制差异研究》，载《北京科技大学学报（社会科学版）》2010 年第 3 期；李春：《商事责任研究》，中国法制出版社 2013 年版，第 119－124 页。

目的即为降低外部交易成本。[①] 因此，“市场本位”和“企业本位”，实际上共同揭示了商法的本位，分别对应着商法中商行为法与商组织法两大部分。可以说，外观主义结合了商行为法与商组织法的本位特征，一方面依托于商组织的商事登记、章程、经理人与表见商人等组织规则建立外观的可信性；另一方面又在合同表示、票据、证券、代理等具体商事交易中实现对商法对外观信赖的保护，二者缺一不可。若缺乏商人组织作为外观信赖的主体，则只能回到一般民事主体信赖保护的范畴；而若缺乏商事市场交易作为信赖保护的基础，同样不成其为外观主义，而只是个别民事交易关系中的权利外观责任而已。可见，商法的市场本位与企业本位在外观主义之中实现联合，外观主义充分展示了商法本位的特殊性。

二、商法领域信赖保护价值的反思

信赖保护原则的内在认定逻辑可概括为“信者为真”，运用拟制思维，将民商事主体所信赖的外观事实拟制为真，并以此外观事实作为法律事实来认定当事人的权利义务。但是，外观事实与实际状态往往存在差距甚至相互对立，保护相对人之信赖时难免会对真实权利人造成损害，因此自然有不少观点认为信赖保护原则及有关制度其实是法律基于信赖保护之政策目的、违背客观事实而进行有意虚构的结果，甚至将其视为一种维护交易安全价值的法律技术手段。这种对信赖保护原则的工具性认知，既源于对信赖保护原则的认识论基础缺乏深入的了解，也源于对信赖保护原则所体现的法律价值的偏见。只有深入反思当前信赖保护原则的认识论基础，重新认识拟制思维的普遍性与本质性意义，才能突破“交易安全”之囿，建立信赖保护原则的多元法律价值，消除商事司法实践中适用信赖保护规则时的疑虑与困惑。

（一）外观主义认识论基础再认识——拟制思维

我国学术界更多在刑法学理论范畴内对法律拟制进行专门研究，但其实法律拟制是一种在各部门法中都十分常见的现象，其运用的范围不仅在于立法层面的规范设计——民商事立法领域的典例是拟制商人、拟制占有、拟制

① See Ronald H. Coase, *The Nature of The Firm*, 4 Economica 386 (1937).

血亲等——也在于法律解释与适用层面的“模拟性决断或决断性虚构”。[①] 法律拟制也是外观主义的关键所在，信赖保护规则所隐含的逻辑其实就是一种拟制思维，“以虚像替代实像，俾资保护权利之取得者”[②]，故将登记、公示或对外表示等外观信赖事实“拟制”为法律上的事实。

这种“拟制”与法律上的另一种现象——“推定”在表面上有一些相似之处，都是采用了某种虚构事实作为确定权利义务的法律事实，而且在适用上也都带有一定的价值选择性，可能依据诉讼公平、交易安全与效率等价值原则而有目的地作出特定安排，改变当事人原有的法律地位。但是，二者实则具有根本差异：首先，最明显也是最重要的本质区别是，“推定”所得的结果只是一种事实预设，可以借由相反事实、证据等加以反驳或推翻；而“拟制”的结果则是终局性、结论性的决断，一旦根据“拟制”确定了权利义务，即不可基于事实否定“拟制”结果。[③] 其次，从二者的属性上看，“推定”带有更多法律工具性，在适用上则具有后顺位的补充性，多数只在相关事实真伪不明时才能依据逻辑推断、预先假定可以被接受的法律事实；而“拟制”虽然也常常被视为服务于某种价值的法律工具，但其本身不以客观事实为转移，并非事实不明时的补充，反而经常以拟制结果突破甚至取代客观事实。若将信赖保护规则的“拟制”视同为某种“推定”，实质上是削弱了“拟制”结果不容置疑的高度确定性，降低了“拟制”在适用上的地位及其对客观事实的突破能力，将“拟制”矮化为一种纯技术手段，可能因为价值选择问题而被放弃。

1. 对法律拟制的纯工具性认识所导致的现实弊端

近代自然科学的快速发展，不仅破除了宗教神权的终极性依据，而且将理性主义的科学研究方法带到了整个人类智识领域，人类认识进入了一个“祛魅”与理性建构的重要阶段。[④] 以理性主义、国家建构主义、绝对可知主

① 参见卢鹏：《拟制问题研究》，上海人民出版社 2009 年版，第 39 页。

② 刘得宽：《民法诸问题与新展望》，中国政法大学出版社 2002 年版，第 284 页。

③ 参见卢鹏：《拟制问题研究》，上海人民出版社 2009 年版，第 65 页。

④ 参见舒国滢：《论近代自然科学对法学的影响——以 17、18 世纪理性主义法学作为考察重点》，载《法学评论》2014 年第 5 期。

义认识论为思想基础，形而上学领域肇始于笛卡尔、黑格尔，政治形态领域则在近代启蒙思想家的引领下群星闪耀，人类历史上出现了一股以无所不包的理性体系、智识结构来概括外部世界的伟大思潮。

但是，近乎机械式的唯理论也在这个时期从自然科学蔓延至人文科学领域。非此即彼、简单二元划分的绝对理性主义，主观认识必须与客观对象完全一致的真理符合论和绝对可知论，使人们对一些社会现象的认知和评价也因盲目自信而变得草率武断。在这种“真实—虚假”绝对对立的二分法观念体系下，拟制作为一种偏离实在的规范形式，必然被冠之以“牺牲真相、有意虚构”之名。在“实践理性至上”的法学领域，对拟制思维的理解更是被实用主义化解释，法律拟制似乎总被认为是为了提高效率而放弃事实真相的不得已之选择，拟制的正当性基础因此长期偏向于实用功利性价值，仿佛纯粹是一种服务于法律政策需要的技术手段，甚至是法律有意隐瞒真相的做法。

德国法学家古斯塔夫·德马留斯（Gustav Demelius）认为，不必从实质性层面对法律拟制进行考察，而仅仅在形式层面上将法律拟制定位为单纯的法律技术。这种思维进路极大地影响了后世德国法学家对法律拟制的认知。例如德国法学家约瑟夫·埃塞尔（Josef Esser）也倾向于将法律拟制视为一种“站不住脚的权宜之计与技术手段”，这种形式只是为了满足实践中的某种效用需求。[①] 著名法学家耶林也评论道，法律拟制虽为人类不可或缺之“思维的拐杖”，但终究仍是一种“善意的谎言”。英美法系对此有更为直接的批评，例如英国著名法学家梅因（Henry Summer Maine）在《古代法》中专章论述法律拟制，认为其与衡平法的功能类似，都是为了克服法律僵硬性、使法律内容跟上社会进步同时又维护法律形式稳定的一种工具，有意识地“遮盖”法律内涵已经发生改变的事实。[②] 英国著名学者边沁（Jeremy Bentham）则更直接地指出，法律拟制实质上就是一种服务于功利目的的谎言：“拟制的运用是为了正义？它只是一种促进商业的诈骗罢了。”[③]

---

① 参见谢潇：《法律拟制的哲学基础》，载《法制与社会发展》2018 年第 1 期。

② 参见［英］亨利·萨姆纳·梅因：《古代法：与社会远史及现代观念的联系》，郭亮译，法律出版社 2016 年版。

③ See Lon L. Fuller, *Legal Fictions*, Stanford University Press, 1967, p. 3.

由此可知，在理性主义独断论的传统观点下，“事实—拟制”即等同于“真实—虚假”之分。在这种非此即彼的二元结构中，拟制与所谓的“事实”相对立的地位，也使其长期被视为一种“善意的谎言”，即使拟制具有某些特定的目的性价值，也只能屈居“事实”之后的次要地位，并接受其所服务的目的是否正当的价值拷问，或者引入其他冲突目的而进行位阶衡量，“事实—拟制”之争几乎完全演化成价值判断上的争议。如果认为法律拟制本身无非是实现目的价值的一种技术工具，那么法律拟制的结果自然也会常常因各种模糊不清的价值论争而被弹性解释甚至被推翻。

对法律拟制的工具性认识、拟制结果不受尊重这一问题在商法领域的典型表现，常出现于公司股东资格认定与隐名投资人问题之中。通常而言，认定公司股东资格，应当以公司登记与股东名册记载之形式要件为准。例如，德国公司法遵守股东资格认定的“严格形式主义”，是否记载于经过登记公示的股东名册之上，是确定股东资格的唯一标准。依据《德国有限责任公司法》的规定，经工商登记的股东名册是证明股东身份的唯一凭据。[①] 德国法对于“第三者的隐性参股”问题的态度是决然的，即隐名出资人并非公司股东，不与公司直接建立任何关系，仅有权根据其内部出资协议参与分享公司利润。[②] 我国《公司法》第32条第2、3款也明确规定：“记载于股东名册的股东，可以依股东名册主张行使股东权利。公司应当将股东的姓名或者名称向公司登记机关登记；登记事项发生变更的，应当办理变更登记。未经登记或者变更登记的，不得对抗第三人。”不仅如此，从物权登记等民事登记法律及各类商事登记法律的一系列表述中均可知，公示登记内容是一种法律拟制，即使登记内容与实际出资状况不符，也应当根据登记内容确定权属。登记内容不属于可以相反证据推翻的假设性推定，而是法律特意将登记内容视为事实的拟制结果。

但在现实中，当事人出于规避法律或其他目的，有限责任公司中存在许多未进行登记、未被记载于股东名册的公司隐名投资人，这些隐名投资人的

---

① 参见高旭军、白江：《论德国〈有限责任公司法改革法〉》，载《环球法律评论》2009年第1期。

② 参见［德］托马斯·莱赛尔、吕迪阁·法伊尔：《德国资合公司法》（第3版），高旭军等译，法律出版社2005年版，第516页。

权利地位如何认定、名义股东与隐名投资人之间的公司权利义务关系、股权转让合同涉及隐名投资人时的合同效力等，都成为极具中国特色的公司法问题。理论界有不少观点出于保护投资安全考虑，认为不能囿于登记、股东名册等形式要件之缺失而忽视出资人权益、违背当事人意思自治原则，只要具备实际出资、真实合意之实质要件，即应当“实事求是”地认可出资人所取得的股东资格。[①] 鉴于此，最高人民法院为保护实际出资人权益，在2010年公布的《最高人民法院关于适用〈中华人民共和国公司法〉若干问题的规定（三）》（以下简称《公司法解释（三）》）第22、23条中一定程度上突破了《公司法》所规定的股东资格形式标准，转而采用实际出资人取得股东资格的实质标准，已经依法向公司出资、认缴出资或者受让或者以其他形式继受公司股权，即可认定实际出资人的股东权属，公司有义务配合“真实权利人”修改股东名册、变更登记、签发股东权利证明书。

自解释出台之后，理论界产生了关于我国法律究竟是采取实质标准还是采取形式标准的争议和困惑，经常陷入股东投资安全与市场交易安全之间孰轻孰重的价值之争。经登记的股东名册似乎不再是股东资格的重要依据，变成了一种违背真实权属状况而应该被修正的错误登记。登记内容本身似乎也不再是毋庸置疑的法律拟制，而降格为一种可以根据相反事实加以推翻的“推定”。司法实践中更是常有法院据此实质标准要求公司修改登记，甚至直接否定名义股东对外转让股权合同的效力，公司登记的公信力和确定性大为削弱，徒为工商行政管理性规定，基本难以实现公示性信赖保护的根本意义。

鉴于此，信赖保护所运用的法律拟制思维，不能仅仅被视为依附于特定目的之纯技术手段，而是根植于人类基本认识规律之中，更应该深入其深刻的哲学内涵与方法论上的普遍性意义。

2. 拟制思维在认识论与方法论上的普遍性与本质性

康德哲学的批判与划界，突破了唯理论绝对理性主义的独断观点，几乎重新建构了近代形而上学，实现了认识论上的转型。康德哲学认为，人类知

---

① 参见施天涛：《公司法论》，法律出版社2006年版，第285页。

识与物自体之间是有一定距离的，可认知的现象毕竟不是自在之物本身。[1]从这一角度看，人类的认识活动不可能完全还原实在，而无非是一种自我拟制的思维活动，在不断发现并认知客观实在的过程中，又用自己主观可以理解的概念现象取代了客观认知对象，从而建构经验体系，也即“发现的拟制”。拟制本身就是获得认知的必经之路。[2]

德国哲学家费英格（Hans Vaihinger）深受康德思想影响，正式提出“拟制哲学”概念（Die Philosophie des Als Ob，又译为“仿佛哲学”“虚构哲学”等），将拟制作为人类思维的一种普遍形式加以研究。以纯粹理性体系涵盖全世界的观点，终将因为理性无法解释各种问题而崩溃，人类为了在这个充斥着非理性、无序性的世界中得以生存，接受观念现象上的“虚构”“拟制”等就是必然的，也是普遍的认知策略。这并非反理性主义的，而恰恰是对理性主义局限性的修正，甚至是人们得以作出理性分析与决策的基础。拟制和虚构也不是主动追求某些特定目的时有意为之的矫揉造作，而是根源于人类意识本身的特性。[3]

据拟制哲学而言，在实践层面中，引领人之活动的从来就不是真理，而是一种具有积极目的的假设性标准。在面临非理性因素时不是有如极端怀疑论者那般放弃一切决断、裹足不前，而仍倾向于遵循逻辑功能进行假设性活动，主动排除无意义的矛盾部分，进而接受拟制的结果。[4]由此观之，正如一切科学规律都需要其假设前提的存在一般，拟制思维其实就是人类进行理性分析、得以安定地认识世界并作出决断的原点，使人在无法获知绝对真实的生活中仍有分析基础而不至于陷入混乱、焦虑。无论是自然科学还是社会科学，都必须忽略部分现实才能得出一定结论。典型如经济学中常以“理性人假设”作为分析原点，将所有市场主体均视作以利益最大化为目的、遵循理性分析来从事经济活动之人，显然就是一种抽象层面的拟制，可以大量现

① 参见张功耀：《从现象到知识客体》，载《中国社会科学》1996年第6期。

② 喜多了祐「外観優越の法理」（千倉書房，1976年）42頁参照。

③ 参见［德］沃尔夫冈·伊瑟尔：《虚构与想象：文学人类学疆界》，陈定家、汪正龙等译，吉林人民出版社2011年版，第148页。

④ 参见谢潇：《法律拟制的哲学基础》，载《法制与社会发展》2018年第1期。

实反例推翻这一假设，据此所得之一系列结论也并非所谓“真理”，但却对人们分析经济形势具有相当的理论指导意义。

在费英格看来，法律作为一种人造符号系统，本身就是一种对现实的拟制，法律拟制并非其中孤立的现象，只不过是法律中运用拟制思维最为突出的一部分，拟制思维其实贯彻在法律各个部分。例如，原《合同法》第45条规定：“……附生效条件的合同，自条件成就时生效。附解除条件的合同，自条件成就时失效。当事人为自己的利益不正当地阻止条件成就的，视为条件已成就；不正当地促成条件成就的，视为条件不成就。”此条参考运用了“视为”一词，改变了事实在法律世界中的存在状态，却与当事人故意促成或阻却的行为相挂钩，属于典型的法律拟制。

也有些法律规范并未直接运用拟制方法，但实际上仍然隐含着“拟制思维”的运用。例如，各国民法中关于自然人民事行为能力的规定，多以自然人的年龄作为基本分界线，我国原《民法总则》第17~20条就根据年龄将自然人的行为能力划分为三个档次，18周岁以上的成年人为完全民事行为能力人，不满18周岁的未成年人为限制民事行为能力人，不满8周岁的未成年人为无民事行为能力人。但是以年龄为形式标准的绝对划分是否一定符合当事人的行为、认知能力的实际状况呢？显然，人格差异、教育水平、个人经历等因素使人与人之间的认知能力差异巨大，并不是简单地根据年龄就能作出准确判断，硬性的年龄标准无疑会在个案中产生许多不合理的情况。以极端情况为例，试问几天前刚刚年满18周岁之人与过几天才满18周岁之人，二者在认知能力上有多大差别？但二者的民事行为效力、所承担的民事责任等都因此而完全不同；又试问，过几天就要年满18周岁之少年与前几天才满8周岁之儿童，二者在认知能力的高低也处在完全不同的层次上，但二者却同样被视为限制民事行为能力人。诸如此类的问题，是否能说明法律所采用的年龄分类法是一种不切实际的“虚构”呢？其实，正是因为现实存在法律无法穷尽的差异情况，才必须预先设定这类形式标准以维持基本的确定性与正当性，若采用灵活弹性的行为能力标准，甚至没有固定标准、完全交由个案裁量，则法律的适用将陷入更大的不确定性与不合理中。这是法律面对理性架构无法完全拟合现实差异时不得不采用“拟制思维”而作出的必然抉择，为获取总体适用的合理性必须在一定程度上放弃个案适用的精确性。

法律拟制与法学中的类推方法也具有共通性。德国法学家考夫曼（Kaufman）认为，“法原本即带有类推的性质”[①]，类推是法律思维中运用的最自然也是最基本的方法，而不仅仅局限于法律漏洞的填补者的地位。不同事物之间建立联系、进行类推适用的纽带，在考夫曼看来就是所谓的“事物本质”。在某方面具有相同的“事物本质”的事物，就能借此共同本质而获得比较意义上的统一性，进而具有在有关该方面的问题上作出共同处理的正当性基础。换言之，在特定领域的“事物本质”相同，即可忽视其他表象上的差异，这是类推方法的核心逻辑。而“拟制终究无非是类推”[②]，拟制与类推方法在哲学上又具有相同的特性，即以某个重要原则为标准，将不同事物作相同处理。以商事登记公示的法律拟制为例，登记外观事实之所以能超越实际状态，是因为其内在逻辑与类推相似，也就是登记外观与法律事实具有相同的“事物本质”。此时，登记外观事实所包含的公示效力就是认定权属的“事物本质”，登记事实与法律事实在商事交易中都具有相同的公示效力，故而足以将登记外观事实视为法律上的真实，从而忽略实际状态上存在的差异。

由此观之，法律拟制并非僭越事实、有意虚构的手段，而恰恰是穿透现象差异、把握事物本质共同点的方法。拟制不仅是维护特定价值的工具，也是把握本质事实的认识方法，拟制的“事实”才是在法律意义上穿透现象云雾的“事实本质”。对法律拟制结果的正当性认识，不能仅仅流于价值原则，拟制的结果原本就是根据其他“事实链”所重新组成的一种事实，正如法官认定案件中的法律事实需要根据诉讼证据链一样。不应将法律拟制完全等同于价值判断，而应更多回归其事实判断的本质。只有尊重法律拟制，认识到信赖保护规则所认定之结果的事实判断属性，才能避免司法实践中以各种价值冲突之借口，任意解释甚至推翻法律中作出拟制的事实。

---

① ［德］亚图·考夫曼：《类推与“事物本质”：兼论类型理论》，吴从周译，颜厥安校，台北，学林文化事业有限公司1999年版，第45页。

② ［德］亚图·考夫曼：《类推与“事物本质”：兼论类型理论》，吴从周译，颜厥安校，台北，学林文化事业有限公司1999年版，第57页。

（二）外观主义多元价值再认识——交易安全与公平正义

虽然拟制本质上仍属于事实判断，但不可避免地渗透了价值选择的色彩。商法上的外观主义实际上是综合了多元法律价值之后，才作出以“信者为真”的拟制决断，使其成为法律上的事实。但是，传统私法学界对信赖保护、外观主义的理解往往与“交易安全”简单挂钩，使其成为一种服务于商事交易便捷性、安全性的法律手段。交易安全价值的背后隐藏的其实更多是促进交易进行、减少交易成本等经济效率目的。外观主义也因此被视为商法迎合商事交易需要的体现，招致对其过于注重功利性而忽视正当性的质疑，其拟制结果也因此在司法实践中经常会基于所谓的“个案正义”之理由而被放弃。究其根本，即源于将外观主义法律价值单一化的偏颇理解。

法律生活中的安全价值，最早被法国法学家雷内·德莫克（René Demoque）分为“静的安全”和“动的安全”两种：“静的安全”系传统概念，意指个人既有财产权属之安全，非经权利人同意，不得剥夺其既得权利，以维持固有现状为目的；“动的安全”系革新概念，是平等主体间在交往中的安全，交易安全便是“动的安全”之体现，意指与具有权利外观者进行交易之第三人交易，其对外观之善意信赖应受保护，以促进交易活动为目的。①

交易安全与静态的财产权属安全，一般情况下是相辅相成、相互衔接的。正如古罗马法法谚所云：“任何人均不能将超越自己所有的权利让与他人。”②易言之，交易须依据当事人权属实际状况而为。在有权处分的情况下，交易安全应当是与静态安全保持一致并连贯的。以典型的买卖合同为例，卖方以其拥有货物权属作为交易之前提，买方支付价款即是对卖方静态安全的承认与维护；而卖方按期交付货物，权属依当事人意思而发生转移，交易活动得以实现，双方财产在流转中体现了动态安全，即使出现违约情形也能够得到法律救济，动态安全与静态安全不存在矛盾。

但这种常态其实并非彰显交易安全的典型场景。权利的静态安全彰显对个人意思自治的尊重，交易的动态安全则体现对人际交互信赖的维持，二者

---

① 参见高金松：《空白票据新论》，台北，五南图书出版公司1986年版，第52页。

② 刘得宽：《民法诸问题与新展望》，中国政法大学出版社2002年版，第283页。

在个人与社会两个法律评价场域中发生了价值冲突。为克服这一对立冲突，近代私法逐渐走向牺牲权利的静态安全以维护交易的动态安全之方向。[①] 在发生权利或意思的虚像与实像不相符合情形时，“以虚像替代实像，俾资保护权利之取得者”，[②] 即当在超出了静态安全的权限范围而使动静安全之间出现冲突、无法兼顾时，出于保护交易之目的而保护善意无过失者，[③] 维护交易安全的突出意义方得体现。

学界以往对交易安全的认识也是从交易安全与真实权利静态安全的对立之中得出的，针对交易安全理论的批判也大多殊途同归，多集中于交易安全理论可能对真实权利人产生的威胁与损害的问题，认为这种无视事实、强行剥夺原权利人之权利的做法几乎相当于一种国家征收行为，但征收行为只能出于公共政策、国民经济整体目的而为之，不能介入私人交易之间的权属纠纷问题。[④] 对此，一些辩护观点指出，法律介入私人纠纷、保护第三人权利是出于维护市场整体秩序与安全、促进交易发展的公共目的，市场整体之利益应高于个别真实权利人之权利，以使这种介入具有某种社会层面的正当性基础。

但是此类说辞难免有牵强附会之嫌。以善意取得制度为例，第三人与处分人之间存在交易关系，但其实原权利人与处分人之间也可能存在另一个交易关系（委托、保管、借用等），法律在维护第三人之交易安全时，却可能破坏了原权利人与处分人之间的交易安全。表面上看，似乎是为了交易安全而牺牲静态安全，实际上有可能只是在两个交易之间进行利益取舍而已。二者同样是平等交易，保护一方信赖的同时又在破坏另一方信赖，也就谈不上达到提高市场整体交易安全的效果。因此，如果简单地从促进交易、维护交易安全的功利性价值出发，似乎无法完全支撑外观主义的拟制决断，必须在法律正当性伦理之上寻找更坚实的基础。

正如外观主义所运用的拟制思维包含着人类认识的普遍规律一样，外观主义的价值取向中其实也体现着人类法律最朴素的追求——正义。法律作为

① 喜多了祐「外観優越の法理」（千倉書房，1976 年）80 頁参照。

② 刘得宽：《民法诸问题与新展望》，中国政法大学出版社 2002 年版，第 284 页。

③ 参见刘得宽：《民法诸问题与新展望》，中国政法大学出版社 2002 年版，第 284 页。

④ 喜多了祐「外観優越の法理」（千倉書房，1976 年）83 頁参照。

控制社会利益分配的手段，其目的应是达致正义。[①] 美国政治哲学家、伦理学家罗尔斯（John Bordley Rawls）在其名著《正义论》中将正义分为形式正义与实质正义，实质正义亦即社会的正义或公平的正义，并进一步提出了著名的“两个正义原则”：所有社会价值都要平等分配（第一原则“平等自由原则”），除非不平等分配合乎每个人的利益，不平等应当倾向于最少受惠者的最大利益，且即便存在上述不平等也应当保证机会公平条件下的社会地位向所有人开放（第二原则“差别原则与机会公平原则”）。[②] 简言之，即在机会公平前提下，使人与人的不平等安排只限于倾斜保护较弱势群体的利益上。从这一经典的正义观中，我们可以看出论者的平等主义倾向，正义实际上被视同为一种依据公平原则的社会合理安排，核心即为在平等自由、机会公平的前提下倾向保护弱者，恰如《正义论》的另一个书名所揭示的含义——“作为公平的正义原则”。

任何法律都不应为了纯粹满足效率、秩序等其他目的而彻底背弃这种正义价值，否则难以被称为良法。外观主义的法律设计也不例外，虽然在直观上看，其目的是服务于商事交易安全、交易便捷性，但是其得以成立的根基仍在于其符合公平正义原则的基本法律要求，在于外观主义目的其实是对双方当事人利益的公平与信赖关系中的利益失衡的矫正。外观主义所涉之法律关系即为信赖关系，信赖意味着信息的不完全，而且意味着信赖一方的相对弱势地位。信赖关系中双方当事人的利益一开始就处于不平衡状态，相对人一方实际上一直处于信息不完全的状态下，只能根据公示、表示之外观而决定交易行为，由此必然面临着外观不实所导致的一系列风险。借用信息经济学理论可知，信息不完全条件下相对人需要投入的风险成本包括：（1）所选择的方案并非收益最优者；（2）所选择的方案最终并不可行，由此产生机会成本大于实际收益的损失，[③] 使不知情的交易相对人处于天然不利局面，成

① 参见［美］罗斯科·庞德：《通过法律的社会控制》，沈宗灵译，商务印书馆2010年版，第39页。

② 参见［美］约翰·罗尔斯：《正义论》，何怀宏等译，中国社会科学出版社1988年版，第41－45、62页。

③ 参见张远：《信息与信息经济学的基本问题》，清华大学出版社1992年版，第202－205页。

为交易关系中相对的弱者。可以说，信息不完全就是造成相对人机会成本损失的根源，而信息不实则会使其进一步转化为交易成本的实际损失。

但是，这种信息不完全、信息不实的风险实际上正是源于造成相对人外观信赖的被信赖人，其掌控并负责外观的真实性与完整性。以商事法律关系中常见的定型化契约为例，其常见于证券、保险等行业，完全由一方当事人设计并提供，契约的接受方在缺乏专业经验的条件下只能信赖提供方的外观表示，为换取商事交易效率，而在一定程度上牺牲了双方的实质公平地位。当契约内容存在不实或歧义之时，作出对契约提供方不利的解释，由提供方承担内容不实的法律责任，就是重新实现交易双方实质公平的要求。因此，法律通过略偏向于保护信赖相对人的权利义务设计，对信赖关系中原本就失衡的地位进行矫正，最终目的仍是维护交易关系中双方当事人的利益平衡，促进市场交易公平，实现社会正义。

综上所述，动态交易安全与静态财产安全之冲突、交易安全与真实权利人之冲突乃至引发的“法律的功利性与正当性标准孰高孰低”之命题，其实都是陷入了非此即彼的虚妄争议。外观主义并非只为满足商事交易需求的法律功利性的代名词，其本身就包含着正义、公平、交易安全等多元价值基础。因此，在适用商法外观主义有关法律规则时，也就应当以外观主义的多元价值为综合衡量标准。既不能为了保护“真实权利”或探求“当事人真意”的“个案正义观念”或“诚实信用原则”，就简单地放弃商法外观主义法律规则的适用；也不能因为选择适用外观主义规则，就完全忽视了双方利益的公平与确定权利归属时的正当性依据。以典型的商事登记信赖保护规则为例，首要即应注重当事人双方利益的平衡，不能简单地偏向性保护相对人而彻底放弃对原权利人的保护，提高商事合理信赖成立标准，强调相对人在商事交易环境下、商主体所应尽的谨慎义务与审查义务，合理分配信赖损害责任的承担。从长远来看，这不仅是促进商业文明走向成熟、专业、审慎之良性化发展的必然要求，更是为商事法律之公信力建立正当性与功利性双重基础的必然要求。

第二章

原理论：公司法信赖保护的理论构成

私法上的信赖保护原则与商法外观主义，其调整对象均为平等民商事主体之间的交易关系，性质上属于交易规范，或者说属于商事行为法、契约法范畴。而传统理论一般认为公司法属于商主体法、组织法范畴，多数应为组织规范性质，针对团体人格、内部管理、成员利益分配等方面的权利义务关系。组织规范与交易规范是两种不同的私法规范基本类型，从这一角度来看，信赖保护与公司法似乎并无直接联系。但是，商事交易中的信赖保护，追根究底是建立在商事主体之间的信赖关系之上的，信赖保护表面上属于交易行为契约缔结过程中的问题，但根源却是交易主体的可信性问题。商主体的可信性，是公司法作为组织规范与信赖保护作为交易规范的连结点。公司是现代社会最为活跃的商事交易主体，实践中出现的损害交易相对人信赖的案例，许多情况下也不是在交易过程中才产生的问题，而是由在公司的登记、章程、决议、代表人、组织形式等方面早就存在的缺陷所导致的。因此，信赖保护的源头问题，其实重在解决公司组织在商事交易中的可信性，必须符合信赖保护在主体制度上的要求，承担一系列的信赖保护法律责任。本书即是从组织规范与交易规范的连结点的角度，展开对公司法信赖保护的规范性质、法律关系基础与要件构成结构等方面的分析。

第一节　公司法信赖保护之规范性质

公司法信赖保护是私法信赖保护原则在公司法规范中的具体落实，也是商法外观主义在商主体法层面的重要反映。这类规范在各国公司法中并不罕见，但常对其规范性质与地位产生争议。公司法信赖保护的规范性质主要存在下列问题：是否应该在公司法中规定相对人保护规则？这类规则是否还属于组织规范？是否会影响公司法的团体法属性或破坏契约法体系的整体性？这些问题实际上都集中于公司法、契约法的规范性质之上，源于组织规范与交易规范相区分的理论观点，并进一步延伸到立法技术层面。故本书从组织规范与交易规范之分出发，解决公司法信赖保护的体系定位中最主要的规范地位与法条安置问题。

一、组织规范与交易规范之分——公司法与契约法

（一）制度经济学对于企业组织与市场交易的划分

组织规范调整企业内部关系，其典型代表即公司法；而交易规范调整市场外部行为，以契约法为主。二者在规范层面上的区分，实则根源于二者在调整对象上是企业还是市场之本质区别。新制度经济学以企业与市场作为两种相对应的资源配置方式，故在此应首先以新制度经济学的有关理论作为分析基础。

美国著名经济学家科斯（Ronald H. Coase）1937 年的《企业的性质》（*The Nature of the Firm*）和 1960 年的《社会成本问题》（*The Problem of Social Cost*）两篇重要论文开创了新制度经济学，正式运用经济学方法研究制度现象，提出“交易成本”概念，认为企业的存在是为了节约市场的交易成本，企业的规模将稳定在内部边际费用与市场交易边际费用或其他企业内部边际费用的平衡点上，进一步深入揭示交易成本对社会制度形成的影响力。根据科斯的论述，在企业之外，价格决定生产，市场交易配置资源；在企业之内，企业家指挥生产，复杂的市场交易结构被企业组织所取代。因此，可以假定企业是市场价格机制的替代物，市场交易与企业内部组织作为两种资源配置模式，在不同经济场域采用何种方式进行调控，取决于交易成本的高低。[①] 市场无法彻底消除交易成本，例如调查交易对象的信息成本、反复磋

① See Ronald H. Coase, *The Nature of The Firm*, 4 Economica 386 (1937).

商产生的额外支出、磋商失败导致的机会损失等，都不是可以忽略不计的因素，有时甚至是决策的关键因素。“零交易成本的市场就如没有摩擦力的世界一样不切实际。”[①] 这就是企业之所以存在的现实根据，当市场交易成本过高时，则通过企业进行内部组织协调的方式更有效率，这实际上是将外部成本内部化。但是，企业在组织生产时同样会产生内部费用，也即理论上所称的“代理成本”。当企业代理成本高于外部市场交易成本时，企业就不再是一种经济的资源配置方式，也就无法避免企业组织的解散、再次回归公开市场。

这一革命性的理论使人们对企业与市场的关系有了更为透彻的认识，并衍生出大量后续研究，以全新的角度审视组织关系与契约关系。其中，以美国经济学家阿尔钦和德姆塞茨为代表。传统观点认为契约关系各方地位平等，而组织关系中则有命令、管理、指挥等较强的强制性因素，是二者的主要区别之一。这种观点实际上是将公权组织的权力支配性延伸到了企业组织之中，泛化为一种组织权力观。1972 年阿尔钦和德姆塞茨在其著名的《生产、信息成本与经济组织》(*Production*, *Information Costs*, *and Economic Organization*) 一文中提出，企业组织关系中存在命令与强制的观点只不过是一种幻觉。市场契约关系同样可以用解除契约、司法诉讼等手段对对方进行惩罚或强制，而企业组织关系可以采取的所谓强制手段也不过是解雇、依法请求赔偿等而已，一切同样都是建立在合同基础之上，二者没有本质区别。组织关系的特异性不在于内部强制性，而在于生产中的团队合作效应。通过企业组织的统一调配，人员、资料在生产过程中不再是外部市场中那种松散联系所达到的简单叠加之效果，而可以发挥出更多的附加优势，也即良好的组织管理可以实现“一加一大于二”的效果，这才是促成企业组织逐渐脱离一般契约而形成特殊生产方式的原因。公司企业之所以给人一种组织强制性的印象，正是服务于组织的团队合作之需要，发挥团队生产优势的关键即在于以一定之监督治理机制，合理地确定团队成员对生产的投入量，进而公平地决定其相应

① See George J. Stigler, *The Law and Economics of Public Policy*: *A Plea to the Scholars*, 1 Journal of Legal Studies 12 (1972).

的报酬，以防止成员出现懈怠行为并促进成员间的相互信任。[①]

（二）公司契约理论对公司法与契约法差异的解构

传统公司法人理论认为公司具有独立于其成员的团体人格，法人理论则根植于德国伦理上的人格主义哲学，一切交互行为皆以人为中心，以具备人格为行为基点，以高度抽象的理性主义、个人主义为思维模式。法人理论作为公司对外法律地位的基础制度，与公司内部的团体主义理论相配合，形成传统公司法的理论基础。但是，近现代经济学分析兴起之后，对经济学的工具性运用，促使人文社科领域广泛采用经济学方法分析社会组织、法律制度的市场内外部效应、资源配置效率等问题。“经济学之所以有别于其他社会科学而成为一门学科，关键所在不是它的研究对象，而是它的分析方法。”[②]

上述新制度经济学分析方法在理论界引起风潮同样波及法学领域，使法学界得以在一种更宏观的视角上审视企业组织规范与市场交易规范，“公司契约理论”即应运而生。虽然相对而言，理论研究体系尚不完备，仍限于对公司内部组织的局部分析，但已经突破了传统理论中个体主义的思维惯性，将研究视野拓展到个体之间的互动关系、组织与市场的价格机制和交易成本问题，评价标准也逐渐在组织个体效益中引进甚至转向了市场整体效益。

美国法学家伊斯特布鲁克与费希尔即明确反对将公司视为独立法人，认为这会掩盖公司交易的本质，回归公司本质的理解应该是将其视为一系列合同的聚合产物，[③] 公司可以被视为一种“合同束”（合同的纽结），一组明示或默示的合同，公司成员之间形成的复杂关系是契约性的、意思自治的。[④] 随着将公司视为某种契约的观点的兴起，公司法的组织规范性也越来越多地被契约性解释所侵蚀，使组织法与契约法在理论上的界限也日益模糊，甚至

---

① See Armen A. Alchian & Harold Demsetz, *Production, Information Costs, and Economic Organization*, 62 Am. Econ. Rev 777 (1972).

② ［美］加里·S. 贝克尔：《人类行为的经济分析》，王业宇、陈琪译，格致出版社、上海三联书店、上海人民出版社 2015 年版，第 4 页。

③ See Frank H. Easterbrook & Daniel R. Fischel, *Limited Liability and the Corporation*, 52 University of Chicago Law Review 89 (1985).

④ 参见［美］弗兰克·伊斯特布鲁克、丹尼尔·费希尔：《公司法的经济结构》，罗培新、张建伟译，北京大学出版社 2014 年版，第 12－14 页。

将公司法整体视为一种标准化的合同，认为公司法是合同法在公司领域的延伸，或者说是合同法的特殊形式。① 公司法是现成的法律条款，作为标准化的合同范式，目的是节省公司参与者签订合同时花费的成本。公司法补充了，但是并未取代真实的谈判。公司法提供的是这样一种规定：如果其得到统一适用，就是从整体上使组织公司的价值实现最大化，法律是对各种合同进行完善而已，但是没有必要把公司法视为强行性条款，而使现实谈判合意无效。② 反映在制定法层面，则体现在为公司法法典中加入了越来越多原本属于合同法性质的条文，或者运用合同法原则对公司法中的组织性条文进行解释。

归根结底，公司法的合同解释，无非是对组织规范法定强制性的一种缓和，更加体现契约自治精神，尊重当事人在组织设立、运行中的自主决定权。即便如此，公司法也不可避免地会比一般契约法带有更多强制性色彩，从许多角度看都是违反个人意思自治原则的。因此，公司契约理论对法人理论的颠覆也为其招致大量质疑，其中多数批评意见认为公司契约理论无法解释公司法的强制性、组织约束性等问题，其主要依据应是德国 19 世纪法学家奥托·冯·吉尔克的法人规范学说。该学说认为，公司法与法律行为中的合同无关，而是单纯的社会立宪行为。基于上述理论争议，法人组织理论与公司契约理论均作出折中解释。目前较为流行的是将公司有关合同（如公司章程等）视为一种“组织合同”，对这类契约既不能完全视同为法律来解释，也不能完全根据合同意思自治原则来解释，应当视情况而定。例如，当公司章程条款适用或涉及公司外部人员（未来股东或第三人）时，就应当如同对待法律一样，对条款作出客观严格的解释，防止其产生影响第三人利益的外部性；当公司章程条款仅对内部人员（设立发起人）适用时，就可以更多地根据一般合同法的意思自治原则进行解释修改。③

---

① 相关代表性观点参见罗培新：《公司法的合同解释》，北京大学出版社 2004 年版。

② 参见［美］弗兰克·伊斯特布鲁克、丹尼尔·费希尔：《公司法的经济结构》，罗培新、张建伟译，北京大学出版社 2014 年版，第 12－14 页。

③ 参见［德］托马斯·莱塞尔、吕迪阁·法伊尔：《德国资合公司法》，高旭军等译，法律出版社 2005 年版，第 405 页。

（三）公司法作为组织规范的基本定位

公司契约理论只是试图对组织规范作出契约化的解释，但企业内部关系与外部交易关系仍在许多方面有根本区别，实际上无法彻底消除组织规范与交易规范的异质性。

首先，组织规范具有对个人权利与意思自由的拘束性。如果说企业组织的存在是为了降低市场交易成本，那么企业组织内部关系必然具备一些比市场交易关系更高效的资源配置优势。该优势即体现于内部组织管理、统一调配的各环节中，免去了外部磋商过程之靡费，但必须以牺牲一些个人自主权利与平等地位为代价，服务于团体意志与团体利益之需要。在这一点上，组织规范就与契约关系具有显著差异。以公司股东会决议为例，形成有效的决议并不需要全体股东一致同意，而是遵循表决权多数决规则，所通过的决议虽然算是公司团体的意志，但实际上反映的主要是多数派、大股东的意思。决议内容往往与少数股东无关甚至是与其意见相左的，但是决议效力却在整个团体内部产生普遍约束力，这无疑是违背个人意思自治原则的，因此有学者将其称为“团体意思民主原则”。① 民主原则的多数决，意味着对少数派自由的拘束，也意味着公司决议不同于公司合同法律行为中的意思表示一致原则，不一致时依然可能产生有效决议并适用于团体中的所有成员，包括未表决或投反对票的少数股东。因此德国法学家梅迪库斯也将决议视为一种具有独立特质的法律行为形式，与单方行为、合同行为、多方行为相区别。②

其次，组织规范带有显著的权力规制色彩。对权利的限制即形成权力，既然公司基于团体利益而对个人权利作出拘束，则事实上形成了一种公司内部的权力关系，组织规范则是对这种权力进行的规制。传统观点将“权力”等同于“公权力”，因此权力关系也就只包含公权机关内部关系以及公权机关与私人之间的行政关系。但是“权力”一词实际上并非如此狭义，其探讨

① 参见陈醇：《商法原理重述》，法律出版社2010年版，第150－151页。

② 参见［德］迪特尔·梅迪库斯：《德国民法总论》，邵建东译，法律出版社2000年版，第165页。

的是整个社会的一种普遍存在形式，表达的是一种带有支配性质的关系。①有一些民商法学界学者提出“公司权力”的概念，并作出公司“权力－权利”的二元划分，将股权、公司债权、财产权等视为主体平等分配的对称性“权利”，而将股东表决权、董事经理人等公司管理职权视为非对称的支配性“权力”。② 这种权力关系，主要体现为公司治理结构问题，即表决权、剩余利润分享权以及二者的匹配关系等。实际上，公司组织规范对组织权力的规制模式，与公法对国家公权力作出的制衡模式高度相似。最为明显的例证是，大陆法系公司治理模式中股东会、董事会、监事会的分置也是遵循着分权制衡原则，几乎可以完全对应国家政治制度中权力分立的架构。在现实法律例证方面，如美国《标准公司法》第二章与《特拉华州普通公司法》第三章，在有关公司治理的规定之中大量使用的是“Power”（权力）一词而非“Right”（权利），与公权机关的组织运行规范用语并无二致。可见，企业组织规范不同于平等主体行使权利的法律行为规则，其更具有权力规制的属性。

最后，组织规范具有严格的程序性与显著的强制性。如前所述，组织内部权力关系足以决定团体其他成员的法律地位及利益，因此必须以正当程序来限制、规范组织权力的行使。正当程序是结果具有正当性的一大保障，以“看得见的公正”和形式理性来交涉对立意见与吸收不满情绪，以程序的正当性间接支持结果的妥当性，③ 这是程序作为工具的价值所在；而正当程序作为目的本身，也具有其独立的程序正义价值，以促进公平正义、平等参与、人格尊严与和平理性等社会目标的实现。④ 同样以公司决议为例，由于决议对团体成员地位与利益具有决定性作用，因此决议必须遵循严格的法定程序或既定的章程程序才能作出，包括会议召集、议事、表决、利害关系回避、异议股东保护、决议瑕疵处理等一系列程序规则，这些都是契约法等一般法

① 参见［英］史蒂文·卢克斯：《权力：一种激进的观点》，彭斌译，江苏人民出版社2012年版，第3页。

② 参见郭富青：《公司权利与权力二元配置论》，法律出版社2010年版，第94页。

③ 参见［日］谷口安平：《程序的正义与诉讼》，王亚新、刘荣军译，中国政法大学出版社1996年版，第5页。

④ See Robert S. Summers, *Evaluating and Improving Legal Processes: A Plea for "Process Values"*, 60 Cornell Law Review 1 (1974－1975).

律行为规范所不具备的。程序规则也使公司法组织规范带有了明显的私法强制性色彩，这种强制性既不同于公法管制性规范之强制，也不同于某些交易规范中的强制性。交易规范中的强制性规范，目的是禁止当事人滥用权利，但仍以尊重当事人意思自治为主要原则，多数出于违反意思自治之契约或侵害他人权利的法律救济与责任承担之考虑；而组织规范的强制性规范，目的则是禁止公司滥用组织权力，防止对成员个人权利造成过度限制。

综上所述，公司法作为调整商主体组织形式的法律，仍应以组织规范为主，体现更多团体法的拘束性、权力性、程序性与强制性；而公司对外建立的交易关系则主要由契约法调整，仍然遵循以地位平等、意思自治为原则的交易规范。

二、公司法信赖保护的规范地位界定——交易规范的本质属性与组织规范的牵连性

大陆法系的权利外观责任产生于表见的权利外观，英美法系的禁反言原则则适用于在先作出的承诺，二者虽然在起因上有所差异，但最终都必然落实于被信赖人与信赖人在交易过程中形成的信赖关系。这种信赖关系隐含的前提为双方地位独立而平等，并存在利益不一致、信息不对称的局面，显然与企业内部的组织关系有所不同。从新制度经济学角度看，信赖损失其实也是一种交易成本问题，组织关系存在的目的，正是借助统一指挥、利益协调、资源共享、规模生产等优势，破除独立市场主体间的资源信息壁垒，从而降低交易成本。因此，本书所指称的信赖关系与信赖保护义务，与公司董事、高级管理人员等所负的“信义义务”不同，其义务主体是独立的商事团体或组织成员，保护对象是企业外部的相对人，不存在于企业组织内部关系之中，而存在于市场交易关系之中。而信赖保护规范建立于信赖关系之上，保护交易相对人之信赖，并对被信赖人课以保护义务，本质上应属于交易规范。公司法信赖保护规范是信赖保护原则在公司法层面的落实，故主要仍属于交易规范，但是由于其公司法属性，部分带有组织规范的属性，交易规范与组织规范在公司法信赖保护中出现了牵连。

组织规范与交易规范之所以出现牵连，是由于组织关系有时会存在一定

的“外部性”。经济学理论中企业外部性，意指企业的内部决策对企业外部当事人产生的关联影响。企业组织并非隔绝于市场，而是时刻发生着利益交换，因此组织关系的变化往往会产生溢出效应，随之影响到企业外部的相对人。但这对于未参与决策的外部相对人而言是不公平的，尤其是产生了不利影响的“负外部性”。由英国著名经济学家庇古提出的、被后世称为“庇古税”的理论，就主张应当通过政府征税等强制干预手段消除企业对外部产生的负外部性，从而实现外部效应的内部化，将这种不利影响转化到企业本身的成本之中。例如，公司法禁止股东通过协议方式约定抽逃出资，禁止股东以协议方式约定不经法定程序分配利润、减资、随意回购资本等，[①] 实际上都是强制规范对企业外部性进行的控制。又如前文所述的公司决议问题，如果公司在决议过程中存在程序瑕疵导致决议最终被撤销，则公司依据决议与外部相对人建立的交易关系也可能面临无效的风险，在此情况下，许多国家法律均禁止公司内部决议的效力影响对外交易关系的效力，我国《民法典》第 85 条即作出相应规定，虽然法条安置于民法总则中，但性质上属于公司法人的信赖保护强制规范。这类强制规范以公司内部组织关系作为基础，又以解决交易关系中的问题为导向，同一规范中具备组织规范与交易规范两方面内容。因此，如果从经济学的角度分析法律规范问题，组织规范与交易规范出现的牵连现象，正是由于组织外部性效应以及对外部性的控制而产生的。

因此，公司法虽然以组织规范为主，但是由于企业组织的外部性效应，组织规范在一些情况下会与交易规范产生牵连，因此公司法中也必然加入越来越多的交易规范内容，对那些与组织关系有关的对外行为进行控制约束。公司法的发展历史也体现出这种趋势。以英国 1837 年《特许公司法》为代表的早期公司立法，多为政府特许设立制，故以确立公司的法律地位为目标，以公司如何设立、如何构造、内部权力运行等纯粹组织规范为主体内容；但是自 19 世纪末美国“谢尔曼法”出台以来，世界各国公司法中均出现了许多对公司行为进行规制的法律，诸如反垄断法、证券法、消费者权益保护法、产品质量法、环境法、劳动法、社会保障法等，公司法也开始了由组织法发

① 参见蒋大兴：《公司法中的合同空间——从契约法到组织法的逻辑》，载《法学》2017 年第 4 期。

展为行为法的转向。[①] 在上述各领域延伸的公司法制，虽然在体系上仍应被视为公司法的一部分，但在性质上其已经不再是典型的组织规范，转而关注公司与社会公众、公司与其他市场主体的关系；规则中心也由对公司内部权力运行的规制，转向了对公司对外行为的规制。根本原因在于，法律针对公司组织对市场、对社会的外部性进行约束控制，对公司组织本身提出相关义务要求。

经济学领域的企业“外部性”，在信赖保护的法学理论层面具体表现为公司法人组织形式在对外交易中的“可信性”问题。组织规范与交易规范在公司法中的连结点，正是公司法对于组织可信性的规范要求。公司的治理结构、设立变更、代表职权等组织关系看似是法人团体的内部事宜，实际上可能在对外交易过程中对相对人产生重大影响。除了前述公司决议效力影响对外交易关系有效性之外，公司商事登记缺陷也可能造成相对人信赖登记外观而产生损失。典例如涉及隐名股东的股权转让纠纷等，还有当前我国公司法领域最新推行的“认缴制”改革造成公司登记状况与实际信用能力不一致、造成债权人损失等问题。另外，公司章程、公司代表人制度、公司对外意思表示规则等，也经常产生相应的信赖保护问题。这些现实例证，虽然均直接表现于公司与外部相对人的契约交易环节之中，但实际上根源于公司在登记公示、团体规则、团体意思形成等组织关系环节就存在违反信赖保护义务的问题，也即主体可信性方面存在的缺陷。组织规范中对于公司的可信性建设，目的也即解决交易规范中的信赖保护问题。若欲从根本上解决商事交易领域中的信赖保护问题，即须于可信性之源头着手，建立系统的公司法信赖保护法律规范体系，明确公司组织在各方面的信赖保护义务与责任，并营造良好的商事信赖保护与救济之法律环境，以此进一步构建专业、高效、公平、互信之商业文明社会。

三、公司法信赖保护的法条安置选择——公司法典中的合同规则

规范类型界定与法条安置是两个层面的问题，前者是对法律规范内容、

① 参见张瑞萍：《从公司组织法到公司行为法——从公司权力的演变看公司法规制重心的转变》，载《清华大学学报（哲学社会科学版）》2005 年第 2 期。

结构与属性的理论分析，后者则是选择将这些法律规范安置在哪一部制定法中的立法技术。法条安置通常以规范类型作为首要参考，但并非总能如此。

以公司法为例，公司法组织规范与公司法典的关系就反映出理论类型与现实立法技术之间的差异。一方面，公司法组织规范并非只存在于一部公司法典之中，同样可能出现在商事登记法、保险法、证券法、银行法、劳动法等单行法之中，根据公司组织在这些领域中表现出的特殊性而作出特别规定。实践中不同部门法之间的这种交叉现象实属寻常，也是法典化过程中不可避免的立法选择，其根本原因在于公司组织形式在不同的商事领域均普遍存在。因此，公司法典应被视为公司法中的一般法，而上述各领域单行法中有关公司法的规范则成了公司法中的特别法。

另一方面，公司法典中也不一定只能容纳公司法组织规范，必然也有其他类型规范的存在空间，例如行政管理性规范、契约法规范等。之所以作出与规范类型不同的法条安置选择，将公司法规范与契约法规范在一部法典中相结合，即出于法典制定中的系统性、连贯性之技术考虑，根据法条的实质内容相关性，而将一些不同类型的规范进行集中安置，防止其放置在契约法中有突兀、混乱之虞。因此，合同法典应被视为契约法之一般法，而这类安置在公司法典中的契约法规范，就成了契约法中的特别法。

事实上，也不可能把所有的契约规范全部放在一部合同法典中。有些契约与特殊社会关系领域高度相关，理应排除在传统合同法典之外，而加入相应部门法的体系中。从发展趋势来看，不仅是公司法，其他各种特别法，例如消费者权益保护法、劳动法、保险法、证券法等，将原本属于抽象合同法范畴的许多交易和境况归入自己的调整范围，而合同法典作为一般法则只能适用于越来越少的具体交易环境。①

总之，不能单纯以理论上的规范类型作为立法中的唯一依据，没必要固守非此即彼的传统分类界限，须要从商事实践出发，根据现实问题域，而将有关规范进行统一集中规定。“公司法只能包含组织规范，交易规范应置于

① 参见［美］弗里德里奇·凯斯勒等：《合同法：案例与材料》（上），屈广清等译，中国政法大学出版社2005年版，第12页。

合同法”的做法，实际上是割裂了公司组织关系与对外交易关系的联系，忽视了涉及组织关系的契约特殊性，立法成果也将丧失现实问题的针对性。

公司法信赖保护规范的法条安置选择即为上述问题的典型例证。如前所述，就规范类型而言，其仍属于交易规范，调整公司与外部相对人之间的契约关系。但公司法信赖保护所涉及的契约具有组织关系牵连性，例如股权转让合同、依据公司决议而对外签订的交易合同或担保合同、公司代表人签订的合同、公司并购合同等，虽然仍属于交易性质的契约，但是无论是在标的、主体还是在合同效力等方方面面，都深受公司组织关系因素的影响。以股权转让合同为例，合同的标的物是公司股权，而股权除了具备财产权利属性之外，显然难以排除其固有的参与公司治理的团体成员权利等身份性权利，也就无法与其他一般交易合同的标的财产相提并论，必然会受到来自公司团体组织规则、其他股东权利义务的各种影响和限制。

这类契约其实是介于契约与组织之间的综合事物，是跨立于公司与市场二者内外部法律关系的桥梁，本质立足于契约法，却不可避免地混杂着组织法的因素。作为交易行为的合同，理应主要由合同法调整，注重市场外部交易安全和相对人信赖保护；但是作为受组织因素影响的契约，又必须考虑公司内部团体性和股东权利保护。一般法与特别法的规范定位可解决上述矛盾，在规定组织规范的同时，将公司法各部分所涉信赖保护问题进行集中规定，只是突破了部门法法条安置上的形式划分，并不影响组织规范与交易规范的本质属性之分；公司法信赖保护作为调整具有组织关系牵连性契约的交易规范，实质上应当被视为合同法的特别法，遵循合同法一般法律原则，并根据公司法组织关系因素作出特殊规则安排。

那么，既然公司法信赖保护规范属于合同特别规则，是否能将其安置于合同法典或《民法典》合同编之中呢？鉴于我国目前民商合一的整体局面，带有较强综合性的《民法典》合同编本身也难以在一般法与特别法之间、民事合同规范与商事合同规范之间进行清晰区分。从法律编纂、规范条文安置的技术层面上看，如果把有关公司合同的特别规范直接安排在《民法典》合同编等民事一般法的法典之中，不仅会削弱此类规范的特别法属性，而且会增加一般法法典的体系混乱、规范交叉之虞，更是挤压了公司法等商事法律对此进行特别规定的空间。

因此，公司法信赖保护的这类合同特别法规范，似乎更适合配置于商法性质的专门条文体系中，例如商法总则、公司法等，形成连贯的规范体系，有利于理顺法律条文内容的衔接关系，使同一问题域内的有关法律规则形成群集效应，也便利于司法实践中的统一理解、解释与适用。其他一些国家的民商事立法，也有不少采用这样的立法例。例如《德国商法典》与《日本商法典》都在总则部分对企业商事登记的公示效力、表见商人、经理代表权限等事项作出总规定，并在其分离出去的公司法典、公司组织变更法等专门法律的有关部分中作出配套的细节规定。《日本公司法》即在第二编第四章第十一节集中规定了公司负责人等的损害赔偿责任，既包含第423条负责人对公司的内部赔偿责任，也包含第429条负责人对外部第三人的赔偿责任。[①]而《韩国商法典》尚未分离出独立的公司法单行法律，故有关公司登记、代表人制度、公司对外表示、公司决议撤销对外效力等问题的规定全部被收录于商法典之中。这些特别规定无法被一般的合同法、侵权法等法典容纳，只有安置于商法、公司法中才能形成合理的规范体系结构。

但我国当前不具备制订“商法典”或“商法总则”的现实条件，故而将有关条文引进《公司法》及其司法解释就是相对较优的选择，《公司法解释（三）》《公司法解释（四）》中的许多条文，均是对涉及公司组织的契约关系适用问题的解释，而并非公司法组织规范本身的解释，也正是出于这种规范条文安置便利性、群集性以及现实问题针对性的考虑。[②]随着我国商业社会及商事法律的进一步发展，未来考虑在制定“商事登记法”“营业行为法”等单行法时再加入具有总则统合性质的信赖保护规范，即可将商事主体领域的公司法信赖保护规范与具有原理地位的商法外观主义相对接，实现整个商事信赖保护规范体系立法的协调性。

---

① 参见《新订日本公司法典》，王作全译，北京大学出版社2016年版，第183－187页。

② 相关条文参见《公司法解释（三）》第2～4、18、25～28条等，以及《公司法解释（四）》第6、17～22条等。

第二节　公司法信赖保护之关系基础

法律规范对社会关系的调整形成法律关系，法律关系的性质、主体、内容等构成法律规范的调整基础。公司法信赖保护规范属于具有组织规范牵连性的交易规范，是公司法中的合同特别法，其调整对象应是商事交易中形成的信赖关系。本节针对信赖关系的内涵与外延、基本特性、关系主体、涉及公司法时的特殊问题等展开分析。

一、信赖关系及其特性

（一）信赖关系的内涵与外延

相较于契约关系与侵权关系，法学界对信赖关系鲜有深入研究。非因信赖保护理论不受重视，而是由于信赖保护研究重点多集中于法律原则规范层面的分析，或是外观责任、信赖损害赔偿责任等法律后果层面的分析，却忽视了对法律规范、法律后果之关系基础本身的分析。另外，这一局面也是信赖关系本身的依附性、过渡性等特征造成的。信赖关系总是依附、隐藏于一定的契约关系身后，在契约关系面临瓦解之风险时才发挥辅助性、保护性作用，并且处于契约关系与侵权关系的中间过渡地带，其存在形式本身较为模糊而复杂，因此不易引发理论界关注。在我国学界曾有学者将信赖关系定义为“法律调整交易过程中一般的相互保护关系与合同关系之间转化的过程中的利益关系而形成的法律关系”①，这一宏观抽象的定义虽然涵盖了信赖关系的一些特性，但更像是将道德义务与社会利益关系直接嫁接到法律关系中的结果，实际上未能清晰揭示信赖主体之间的权责结构，而且容易导致信赖保护义务与合同附随义务（告知、保密、协助、注意、保护等义务）等的混淆。

本书所指的信赖关系，是指在民商事交易过程中，信赖人基于对被信赖

① 余立力：《信赖利益新论》，武汉大学出版社2009年版，第40页。

人的特定外观或表示行为之合理信赖，而损失一定的应得利益或固有利益时，法律规定被信赖人应对信赖人承担相应保护义务与赔偿责任的法律关系。首先需要明确的前提是，此处的信赖关系，在性质上是一种法律关系，是法律对信赖人与被信赖人之间的权责进行调整的结果，是构成信赖人合理信赖的基础，是被信赖人承担信赖保护责任的前提，而非一般用语之“信赖”“信任”所泛指的社会利益关系或道德伦理关系。一旦在当事人之间成立信赖关系，信赖人即依法享有特定的履行请求权或信赖损失赔偿请求权，而被信赖人则负有依外观或表示内容确定权属、履行承诺之义务与保护合理信赖之责任。

从外延上看，信赖关系包含两种基本形态，参照近年来我国学理上的一般称谓，分别将其概括为外观责任关系与信赖责任关系。外观责任关系源于德国法学家 Wellspacher 在权利外观理论中提出“A·B·C 型”的“外观法律关系”，包含原权利人、外观权利人、第三人三方法律关系，第三人对外观权利人的权利外观产生信赖而遭受损失，原权利人由于其对外观形成有“协助”（或“与因”）而应向第三人承担信赖保护责任。[①] 在进入公司法领域后，这种外观责任的民事权利属性削弱，而公示性、组织性增强，已具有不同于权利外观责任的特殊性，故本书所探讨的外观责任关系中的外观也仅指公司登记公示或披露等法律外观，不包含权利外观。涉及法律外观是信赖关系的典型形态，其基础为对登记公示等外观之信赖。

但信赖关系不一定都涉及商事登记等公示外观，合同双方当事人之间的表示行为也可能产生特定的信赖关系，即属于双方主体之间的信赖责任关系。这类双方信赖关系常在缔约阶段或契约效力出现瑕疵时产生，以所谓的“合同上的信赖利益损失”为责任基础。

外观责任关系与信赖责任关系具有不同的“信赖之源”，前者为“外在事实信赖”，后者为“在先事实信赖”，因此二者的内在拟制逻辑也有方向性差异。[②] 但二者都是构成信赖保护规范的关系基础，就信赖基础的外观化趋

① 喜多了祐「外観優越の法理」（千倉書房，1976 年）202 頁参照。

② 详见本书第一章第一节分节中的“信赖保护理论的差异与融通——两大‘信赖之源’与‘外观化’趋势”。

势而言是统一的，而且也具有相同的信赖关系特性。

（二）信赖关系的依附性与保护性

在一般社会生活中，人们之间的信任可能由于亲缘、友谊、人格等因素而建立，可能不存在任何实际的交易背景，但这属于情感道德层面的概念，不是本书信赖关系的调整范围。法律上的信赖关系不会凭空产生、成立，必须依附于特定的合同交易过程。这种依附性是信赖关系最直观的一个特性。信赖关系虽然不同于契约关系本身，却总是围绕着契约关系的各阶段而存在，不仅存在于未缔约之前的磋商阶段，而且存在于契约关系已成立但效力存疑的争议阶段，契约无效或被撤销时正是信赖关系发挥作用的活跃期。不能脱离对一项具体契约关系效力的评价，而孤立地评价当事人之间的信赖。信赖关系依附并隐藏于契约关系背后，贯穿于交易过程之中；伴随交易过程的推进与交易主体相互了解的加深，当事人间的信赖程度也会发生变化：

1. 若尚处于磋商的前契约阶段，当事人并未最终确定唯一的交易对象，但随着接触、洽谈、考察、谈判等工作增加，交易主体的信赖程度渐渐由弱转强，① 信赖关系开始建立。

2. 当双方成立有效的契约时，特定当事人之间建立的信赖程度是最强的，但法律通过合同责任体系即可保障当事人权益，无须诉诸信赖保护规范，② 故此时隐性的信赖关系实际上已经转化为显性的契约关系。

3. 当双方契约出现无效或被撤销之瑕疵时，契约关系的基础瓦解，但交易过程中建立的信任及投入的成本不能就此被抹杀，正如耶林所指出的："契约无效者，仅指不发生履行效力，非谓不发生任何效力。简言之，当事人因自己过失致使契约不成立者，对信其契约为有效成立的相对人，应赔偿基于此项信赖而生的损害。"③ 该理念不仅适用于前述的缔约未成立阶段，也适用于此处虽成立却无效的情形。此时，法律需要寻找合同责任之外的途径保护当事人权利，此时信赖关系再次走向台前，充当法律保护信赖之关系

① 参见韩世远：《违约损害赔偿研究》，法律出版社1999年版，第166页。

② 参见韩世远：《违约损害赔偿研究》，法律出版社1999年版，第166页。

③ 王泽鉴：《民法学说与判例研究》（第1册），中国政法大学出版社2009年版，第72页。

基础。

信赖关系与契约关系的一项重要区别在于，契约关系属于一种调整性法律关系或第一性法律关系，基于当事人意思自治的合法行为而产生，内容为设定契约主体相互间的权利义务。而信赖关系并非依当事人意思而自愿建立，而是由法律直接规定形成的，其内容具有法定性，是法律为了救济一方当事人受损的权利、恢复社会秩序与利益平衡而设定的，重点不是调整当事人之间的民事权利义务，而是产生特定的民事请求权、承担相应的民事责任。按照法理学上对法律关系的基本分类，信赖关系应当属于保护性法律关系或第二性法律关系，其在保护性、法定性上与侵权损害赔偿法律关系更为接近。

而且，信赖关系的这种保护通常居于辅助地位，即合同责任与侵权责任均因某些原因确实难以成立、无法充分救济相对人时，才需要通过信赖关系保护信赖人之权益。在合同尚未成立、无效或被撤销时无法适用合同责任保护相对人，而传统侵权责任在赔偿范围、因果关系认定等方面往往又难以涵盖相对人遭受的所有纯经济损失，此时相对人受损的利益处于契约法与侵权法中间的尴尬地带，实际上反映出法学理论中“契约 - 侵权”二元责任体系之局限性无法完全适应交易实践的发展，信赖保护规范就在此种情况下应运而生。之所以认定信赖关系的成立，也是出于弥补传统法律关系、法律责任体系不足的考虑。但是，随着商事交易实践的进一步发展，对信赖关系重要性的认识也不断提高，信赖保护责任逐渐获得较为独立的地位，在一些场合中甚至成为首选的救济手段，如美国第二次《合同法重述》第 90 条已基本承认允诺禁反言原则的独立地位，并且也出现了将允诺禁反言作为独立诉因的判例。[①] 这些都在一定程度上体现了信赖关系与信赖保护责任独立化的趋势。

（三）信赖关系的过渡性与因果关系替代性

信赖关系介于契约关系与侵权关系之间的中间地带，具有一定的过渡性质，既可以将其视为契约关系扩大化的成果，也可以将其视为契约关系向侵

① 参见［美］杰弗里、费里尔、迈克尔·纳文：《美国合同法精解》，陈彦明译，北京大学出版社 2009 年版，第 121 页。

权关系转化的过渡阶段，二者只是理论视角不同而已。

如果以契约法为视角，则信赖保护规范的出现即反映了传统契约关系概念的扩张。例如，有观点认为缔约过失理论突破了实证主义契约法的束缚，使契约责任不再以有效契约成立为前提，而是以诚信义务作为基础，扩大了契约义务的存在范围，甚至将一些原来适用侵权法的情形也改为适用缔约过失责任，契约责任扩大化。① 再如，美国法学家富勒（Lon L. Fuller）提出的信赖利益理论，在期待利益、返还利益之外，将信赖利益也作为一项独立的合同损害赔偿利益基础，② 不仅扩大了契约责任范围，而且模糊了合同损害赔偿与侵权损害赔偿二元区分的界限。③ 富勒的弟子、美国法学家麦克尼尔（Ian R. Macneil）所建立的"关系契约理论"更进一步，突破了传统契约法在法律上的契约与现实社会关系之间设置的藩篱，主张契约效力的根源在于社会关系之中，力求使契约回归社会关系的本质，当事人所负义务不仅限于契约本身设定的义务，更包含那些源于社会共同体信赖关系而产生的信赖义务，扩张了契约关系的范围。④

但如果以侵权法为视角，则信赖保护责任不仅更类似于侵权责任，而且信赖关系理论的出现也反映出契约责任的消亡及其向侵权责任的"复归"。美国法学家吉尔莫（Grant Gilmore）在《契约的死亡》一书中指出，由于允诺禁反言理论的兴起以及契约法绝对责任体系逐渐瓦解，契约责任有与侵权责任趋同、融合的倾向，传统的二元责任体系正在变得模糊；契约责任在 19 世纪晚期才从侵权责任中分离出来，现在又回归、融合到侵权责任之中，但已经不是传统的侵权责任理论，而是统一的民事责任理论。⑤ 允诺禁反言理论本身就带有赔偿相对人因信赖产生的损失的色彩，有时也被用来弥补非契

---

① 参见傅静坤：《二十世纪契约法》，法律出版社 1997 年版，第 24 - 37 页。

② See Lon L. Fuller & William R. Perdue, *The Reliance Interest in Contract Damages* (*Pts* Ⅰ &Ⅱ), 46 Yale Law Journal 52, (1936 - 1937); Lon L. Fuller, *Consideration and Form*, 41 Columbia Law Review 799 (1941).

③ 参见［日］内田贵：《契约的再生》，胡宝海译，中国法制出版社 2005 年版，第 92 - 95 页。

④ 参见季卫东：《关系契约论的启示（代译序）》，载［美］麦克尼尔：《新社会契约论》，雷喜宁、潘勤译，中国政法大学出版社 2004 年版。

⑤ 参见［美］格兰特·吉尔莫：《契约的死亡》，曹士兵等译，中国法制出版社 2005 年版，第 117 页。

约性的陈述给他人造成的损失，或者防止一些不当受益的情况出现，对违约造成的间接损失进行补偿甚至惩罚性赔偿的做法也开始通行。再加上前述富勒的理论使信赖利益成为合同利益基础，信赖关系实际上正在取代契约关系，成为合同义务的根基。这都使契约法在一定意义上出现了向侵权法“复归”的趋势。

综观上述观点，是对传统“契约－侵权”体系在现实中具有的不周延缺陷所作出的理论修正，试图将新产生的信赖关系纳入原有的二元责任框架内。信赖保护责任确实可以被视为是对这种二元体系的辅助与补充，但信赖保护责任的独特性也不容否认，信赖关系的独立性获得了越来越多的认可，正在逐渐形成所谓的“契约与侵权之间的第三条道路”①。

尤其是在商法领域，信赖关系走出了与传统契约关系及侵权关系均不同的发展进路，独立的信赖保护责任逐渐成为一些商事交易赔偿的一体化责任基础。以证券市场虚假陈述的民事责任为例，上市公司违反我国《证券法》第69条规定的信息披露义务，作出虚假陈述行为例如不按规定披露重要信息或作出不实披露等，致使投资者遭受损失，应承担损害赔偿责任。但是，现实中投资者的损失与上市公司违反信息披露义务的行为之间的因果关系极难证明，尤其是虚假陈述涉及众多公众投资者时，因果关系的举证、认定变得更为困难。美国证券法的经验值得引起重视，最突出的一点是，将证券虚假陈述的侵权因果关系证明转化为一种对信赖关系合理性的证明：无须直接证明投资者损失与虚假陈述行为之间的因果关系，只要证明投资者存在合理信赖，即认定投资者的损失与虚假陈述具有因果关系。根据美国证券交易委员会（United States Securities and Exchange Commission，SEC）配合《证券交易法》第10b条所制定的《10b－5规则》，投资者起诉时只需证明其对被告的瑕疵公告产生了信赖即可，在著名的利斯特（List v. Fashion Park，Inc.）一案中形成的“List规则”对这种信赖的成立标准进行了界定：如果被告作出真实陈述，原告一定会作出相应投资措施，则说明二者存在信赖关系；如果即使被告作出真实陈述，原告也不会有任何行为，则说明信赖关系不

① ［德］海因·克茨：《欧洲合同法》（上卷），周忠海等译，法律出版社2001年版，第12－13页。

存在。[1] 可见，此处信赖关系的认定事实上已经取代了因果关系的地位。1972年美国联邦最高法院在（犹他附属公民诉美国）Affiliate Ute Citizens v. United States 案中，针对未披露重大信息案件作出例外规定，如果被告不是披露虚假、不实信息，而是隐瞒、未披露重大信息，则原告无须证明合理信赖的存在，只要证明被告存在负有披露义务却未披露的事实，即可成立投资损失与未披露信息行为的信赖关系。[2] 在美国证券损害赔偿责任体系内，信赖关系替代了侵权行为与损害后果间的因果关系，不仅使证券投资领域中模糊、易变的因果关系具有了可操作性标准，而且使这类商事侵权损害赔偿责任变得更接近于信赖损害赔偿责任。

2003年《最高人民法院关于审理证券市场因虚假陈述引发的民事赔偿案件的若干规定》第18条是以时间节点作为标准，只要是在虚假陈述实施期间买入、在虚假陈述被揭露后受损的都认定为有因果关系。本规定第19条则要求被告举证证明一些不存在因果关系的情形，属于举证责任倒置，实质上也是借鉴了国外证券法的"欺诈市场理论"与"信赖关系推定"的做法。[3] 但上述规定仍存在一定缺憾，其并未解决投资者损失与虚假陈述行为之间的因果关系问题，而只是根据时间节点进行某种预设。纯粹以时间为标准作出推定也难免有武断之嫌，无法为这种因果推定找到正当性基础，而且只把因虚假陈述而买入的情形纳入赔偿范围，在实践中会忽略一些因虚假陈述而卖出、进而受损的情况。这对一般公众而言可能仅仅是某种可得利益的损失，但可能对期货市场的利空交易带来极为严重的现实打击。究其原因，是这些解释规定未依据商法思维，尚未真正在证券市场因果关系与商事信赖关系之间建立联系，仍然固守传统侵权责任因果关系推定的基本观念。如果我们拨开证券市场交易中复杂的云雾，会发现上市公司的披露公告是一种商事公示行为，与商事登记一样能产生公示公信效力，因此虚假陈述损害赔偿责任本质上也就是一种商事登记公示不实的外观信赖保护责任。如果明确了信赖关系在证

---

① List v. Fashion Park. Inc. , 340 F. 2d 457.

② Affiliated Ute Citizens v. United States, 406 U. S. 128 (1972).

③ 参见翁晓健：《证券市场虚假陈述民事责任研究：美国证券法经验的反思与借鉴》，上海社会科学院出版社2011年版，第131页。

券虚假陈述责任中的基础地位，则虚假陈述损害赔偿责任将形成一种类似于商事登记不实责任，也即信赖保护责任，由此相对独立于合同责任与侵权责任，实现商法领域责任与救济的一体化，在一定程度上可以解决虚假陈述损害因果关系与归责原则上的难题。

（四）信赖关系的具体相对性与抽象相对性

契约关系具有主体相对性，而基于对契约关系的依附性，商法中的信赖关系也具有主体相对性。只在特定当事人之间才能产生具有法律保护意义的商事外观或表示信赖，该信赖的成立与契约之缔结、效力瑕疵问题等密不可分，不能脱离具体契约关系来评价信赖关系。即使是涉及三方主体与登记公示的商事信赖关系，也不同于物权登记公示之绝对性。民法中的不动产物权登记公示属于行政确权手段，初衷在于确认并保护权利人的财产权属安全，其义务主体是不特定的多数人，社会公众都须尊重并保护权利人所享有的物权；其衍生目的才是保护相对人的动态交易安全，形成善意取得等维护公示公信力的制度。但是，商事登记应为行政机关对商主体的经营授权，一开始就是以规范商主体行为、建立社会公信力体系为首要目标，主要侧重点不在于登记主体，而是信赖登记之相对人。例如，公司法人资格、注册资本、经营范围等的登记，保护重点均不在于注册公司，反而是要求相关公司应遵循“资本三原则”、维持公司实际运作与登记内容的一致性，目的就是为社会上的潜在交易相对人提供准确的公示信息，维护商事登记内容的公信力。因此，基于商事登记外观而形成的信赖关系之义务主体总是作出登记公示的特定商主体。

但是，前述两种不同形态的信赖关系，在主体相对性的含义上略有区别。其中，信赖责任关系产生于契约双方当事人之间，自建立之初，其主体即信赖人与被信赖人均是具体而特定的；而外观责任关系并非如此，由于商事登记公示的公信力问题，被信赖人的信赖保护义务实际上溢出了契约中的特定相对人，而可能涉及不特定的社会公众。换句话说，信赖责任关系中的被信赖人仅须对单个契约中作出的表示负责，而外观责任关系中的被信赖人则须要对所有向社会公众公示披露的信息真实性负责，保证所有潜在的交易相对人不会因信赖有关外观而受损。后者的这种信赖保护义务的义务主体虽然也是特定的，但是保护对象一开始却具有不特定性，因此只能算是抽象层面上的相对性义务，尚不具有具体责任基础。唯有在不特定相对人基于外观信赖而进入交易、与被信赖人建立起具体的契约关系，不特定相对人完成特定化之后，抽象的信赖保护义务才能具体化，被信赖人此时必须承担依据外观状态履行的责任，或者赔偿特定相对人因信赖外观而遭受的损失。因此，外观责任关系之中的相对性应从两个层面加以理解：在被信赖人依外观承担信赖保护责任的层面上体现为具体相对性，而在依法履行登记公示义务、保证信息真实性、维护公示效力等信赖保护义务的层面上则体现为抽象相对性。

二、信赖关系主体及公司法特殊问题

（一）信赖关系的主体与利益失衡的矫正

信赖关系具有相对性，故其主体可分为权利义务相对应的两方，即信赖人与被信赖人。信赖人，是指基于对特定外观或表示行为之合理信赖而遭受利益损失之人，是信赖关系建立的直接原因，也是法律保护与救济的一方。具体就公司商事交易领域而言，信赖人应为公司组织外部之第三人，也即公司进行磋商、缔约之相对人。

值得注意的是，“相对人”“第三人”实际上具有不同的内涵。参考《布莱克法律词典》对二者的基本释义，“相对人”（counterpart 或 offeree）即本交易中接受要约、作出回应的对应一方；“第三人”（third party）则不属于一项诉讼、协议或交易中的一方，但却以某种形式受到利益牵连之人。① 此释义清晰揭示了二者的区别，即“相对人”以本人存在为前提，是契约关系的一方。而“第三人”则以本权关系为前提，首先需要有一个契约关系作为基础存在，在本权关系当事人之外却又受其外部性影响的人方能被称为第三人。例如，我国原《合同法》第64条（《民法典》第522条）规定的第三人履行债务之合同，第三人并非合同的债权人或债务人，但却被约定了由其履

① See Bryan A. Garner, editor in chief. *Black's Law Dictionary*, 8th ed., Thomson West, 2004, p. 377, 1114, 1518.

行债务，产生了利益牵连。因此，从严格意义上讲，“相对人”概念通常只在双方法律关系中使用，而“第三人”则通常意味着存在三方主体法律关系。

但是，二者在信赖保护之意旨上具有共通性，因此这两个概念在信赖保护原则的语境下经常被混用。例如，《德国商法典》第15条商业登记对抗效力的不同情形，此处并不涉及本权关系，但是依然使用“第三人”概念，[①]目的即在于说明该主体不属于商事组织的成员。“第三人”因此具有了另一层含义，即不属于组织成员的外部相对人。类似的用法，还存在于我国《公司法》第32条，公司未经登记或者变更登记的事项不得对抗第三人。这里的“第三人”就与物权法中的善意取得、无权代理中的第三人具有明显区别，许多情况下可能不存在本权关系，只是公司与外部相对人之间的双方法律关系。从这一点上看，“第三人”似乎更接近于“相对人”。这一问题在我国《民法典》中也得到调整，例如第65条规定关于法人登记不实的不得对抗效力，使用的就是“善意相对人”一词。

总之，由于“第三人”是一个建立于内外区分观念、效力外部性理论之上的概念，因此“第三人”的含义往往不仅限于本权关系之外的第三人，而且还可以泛指内部组织关系之外的相对人，故两概念的混用一般而言也无伤大雅。但是，如果从用语严谨的角度看，“相对人”意指只有双方主体时的信赖人，而“第三人”则指涉及三方主体时的信赖人。

被信赖人，是指造成特定外观或作出特定表示行为，进而需要根据外观或表示来承担信赖保护责任之人。在商事交易领域，被信赖人通常以公司法人或企业组织作为商主体的形态出现。如前所述，这些企业组织一方面需要在具体相对性的信赖关系层面上承担外观责任或信赖损失赔偿责任；另一方面还需要在抽象相对性的信赖关系层面上履行信赖保护义务，确保自身运营状态与公示披露内容一致，维护并担保外观的真实性。因此，虽然信赖人是建立信赖关系的直接原因，但是被信赖人才是信赖关系的源头与基础，也是作为交易规范的信赖保护能够在组织规范中得到体现与落实的连结点与关键

---

① 参见《德国商法典》，杜景林、卢谌译，中国政法大学出版社2000年版，第15页。

所在。信赖保护的源头问题正在于商主体在商事交易行为中的可信性问题，即作为被信赖人的公司企业必须遵循一系列的信赖保护法律制度，承担信赖保护法律责任。

在一些特殊情况下，被信赖人也可能是与公司登记外观事项有关并对其组织权利进行处分的股东。在股权转让、设立股权质押、股权信托等交易过程中，享有股权的股东才是交易主体，公司并非上述契约关系的当事人，自然也无法成为被信赖人。但是股东对股权的处分不同于单纯的财产权处分契约关系，股权本身即具有公司法人团体成员权的属性，其必然涉及公司登记事项、公司法特别规定、公司章程约定、公司决议文件等组织性因素，在有些情况下组织性因素甚至是起决定性作用的。因此，在这些交易过程中的信赖保护，也须由组织规范方面进行协助，不是只依靠交易规范对股东方面的要求就能解决的。鉴于此，本书将股东作为被信赖人的信赖关系也纳入公司法信赖保护的范围。

信赖人与被信赖人在商事交易过程中的利益关系一开始就是失衡的，主要原因即在于二者的信息不对称，给相对人一方增加了额外的信息成本与机会成本。这种信息不对称的利益失衡贯穿于整个市场活动之中，从产品定价角度看，信息不对称、不完全的局面迫使交易相对人只能以较低的平均预期来定价，从而使劣质产品凭借其价格成本优势逐渐将优质产品驱逐出市场，最终将导致市场交易出现某种逆向选择的结果，进一步导致研究与试验发展投入的减少，影响社会知识增长与经济增长水平。[①] 这种逆向选择规律在企业经济领域同样适用，市场信息不完全的局面越严重，资信不良的企业就越有可乘之机，而交易相对人则面临越大的损失风险。

民商事法律对此的规制措施主要有二：一是信息工具的制度化。例如公司企业信息登记公示制度、上市公司信息披露制度、票据流转背书制度、国际贸易中的信用证与海运提单制度等。这些制度化的信息工具通过将商事主体重要的交易信息转化为固定化的公共信息，实现市场信息充分性，降低相对人信息成本与风险。此为相对柔性的规制方法，并非直接以法律强制手段对企业外部性进行规制，

---

① 参见林毅夫、潘士远：《信息不对称、逆向选择与经济发展》，载《世界经济》2006年第1期。

只是在交易前提条件中对主体提出了信息披露公示、使用规范信息工具等可信性要求，具体交易过程仍然遵循市场竞争规律，由市场手段解决成本与定价问题。①

二是法律责任制度的适用。例如格式条款解释规则与不公平格式条款的无效规则、不动产登记公信力规则与动产占有推定规则所建立的物权善意取得制度、产品瑕疵担保责任、合同无效与撤销后的赔偿责任等。此即相对刚性的规制方法，遵循公平原则，规制企业外部性，直接以强制手段介入市场交易，通过对失信者、造成他人误信者课以保护义务与赔偿责任，防止企业转嫁信息成本与风险或利用信息不对称的漏洞损害相对人利益。

信赖保护规范与信赖关系架构包含了上述两层含义：一层是从源头层面上要求公司企业通过登记、披露等信息工具满足可信性义务标准，使被信赖人一方负担外观信息真实性的成本，将外部性效应转化为组织内部成本，间接地实现信息不对称时双方的利益平衡；另一层则是在具体成立的信赖关系范围内，对违反可信性义务的被信赖人课以信赖保护责任，从结果层面上重新分配损失，直接矫正信赖人与被信赖人之间已经失衡的利益关系。因此，对交易过程中双方信息不对称、利益失衡等进行矫正，是信赖保护规范与信赖关系架构的核心理念。维护信赖的信息工具与信赖保护责任虽然处在不同层面，但本质上都是法律公平原则与矫正正义的体现。

（二）公司信赖保护责任主体的扩张

在信赖关系之中，通常由作为被信赖人的公司组织承担信赖保护法律责任。但在一些特殊情况下，组织成员如股东、董事、经理人等个人也可能直接成为信赖保护的责任承担者。这种责任主体的扩张现象在法学理论上尚存有一定争议，但在现实中却屡见不鲜。概括而言，主要包含以下几种情况：

1. 董事、经理人的“第三人责任”

依据传统的公司机关理论，董事、经理人等作为公司机关成员，其执行职务之行为应当由公司负责，个人不需要直接对公司债权人承担责任。但是若以此为由，一律由公司承担责任而完全赦免董事、经理人的法律责任，有

---

① 参见［美］史蒂芬·布雷耶：《规制及其改革》，李洪雷等译，北京大学出版社2008年版，第238页。

时就会出现对公司债权人利益保护不周以及对董事、经理人非法行为惩处不力等问题。[①] 尤其是公司处在破产清算等不正常状态时，遭到董事、经理人不当表示之损害的信赖人之利益往往已经难以通过公司清偿得到救济，此时董事、经理人承担间接责任的传统做法——债权人向公司主张赔偿，公司再向其机关成员主张赔偿——已经基本失效，就需要突破既有的责任理论框架，寻求新的保护途径，“第三人责任”制度就此在一些国家的公司破产法律中产生。随着实践的进一步发展，董事、经理人的对外直接责任制度又逐渐超越了破产法的局限，正式进入公司法领域。在公司正常状态下也可能基于某些理由使董事、经理人对外直接承担信赖保护责任。

例如，《日本公司法》第 429 条规定了公司负责人对第三人的赔偿责任情形，包括董事或执行官在公司股份、债券等发行认购过程中作出了虚假通知、虚假记录，或在公司财会报表中作出虚假记载，或实施虚假登记与虚假公告等行为。[②] 上述行为均会造成公司外部第三人对公司经营情况的误信，故上述赔偿责任应属于信赖保护法律责任，是特殊的法定赔偿责任。但是，公司负责人个人责任的前提是上述负责人在履行职务时“存在恶意或重大过失”，这一主观上的过错要件显然与公司信赖保护责任的构成要件不同。就公司作为被信赖人而言，其承担外观责任与信赖损害赔偿责任均不需要主观上存在过错，通常采用的是无过错主义的外观与因或风险归责原则。[③] 因此，也有少数观点认为其应当被视为一种过错归责的侵权行为责任，责任程度甚至还要低于民法中一般侵权行为，因为还须要排除只具有一般过失的情形。[④]

但是，本条规定毕竟是一种突破传统法人责任理论的特殊做法，不能以一般的归责原则来解释。所谓“存在恶意或重大过失”的主观过错要件，实际上不应被理解为信赖保护责任本身的构成要件，而是该责任直接由公司负责人个人承担的附加要件。信赖保护责任在第三人因虚假陈述、公告之影响而受损时已经产生了，本应由公司承担严格责任，但是由于公司负责人在该

① 参见张民安：《董事对公司债权人承担的侵权责任》，载《法制与社会发展》2000 年第 4 期。

② 参见《新订日本公司法典》，王作全译，北京大学出版社 2016 年版，第 187 页。

③ 有关信赖保护法律责任的归责原则将在本章第三节详述。

④ 弥永真生「リーガルマインド会社法」（有斐閣，2002）191 頁参照。

虚假陈述、公告中具有故意或重大过失，因此特别赋予第三人选择权，可以直接向公司负责人请求赔偿。从这一角度看，董事、经理人的“第三人责任”除了需要具备公司信赖保护法律责任的一般构成要件之外，还需要一些额外的个人行为要件才能成立，即董事、经理人在造成第三人信赖损失方面具有个人过错，这也是其直接对外承担责任的正当性基础所在。

德国公司法中董事、经理人的第三人责任范围更广，可能在以下几种情况下直接对公司的相对人承担个人赔偿责任：（1）公司与相对人签订的合同已经明确约定董事负有共同清偿义务或承担担保义务。（2）董事的行为符合法律表象责任的构成要件。（3）董事在签订合同时有个人过错。（4）董事应承担公开信息的虚假陈述赔偿责任的情形。① 其中，除了第一种情形实际上是董事自愿承担的契约义务之外，其余几种则均为董事个人承担信赖保护法律责任的结果。以缔约过失责任为例，德国联邦最高法院确认了两种须由有限公司经理人个人向公司债权人承担责任的具体情形：（1）利用个人特殊信任的情形。经理人在缔约过程中利用了本人的状态或信誉来施加影响，增加一些公司信任之外的个人行为，使人相信这是一种相当于承诺的保证。（2）经理人在公司交易中拥有巨大的个人利益并从中获利，但这种情形引起了学术界的争议而在后来的审判实践中被放弃了。②

我国有关“第三人责任”的法律规定，早在2003年《最高人民法院关于审理证券市场因虚假陈述引发的民事赔偿案件的若干规定》第21条中已有涉及，董事等高级管理人员应当向因虚假陈述受到损失的投资人承担连带赔偿责任。目前最新规定为现行《证券法》第85条，该条延续了证券市场虚假陈述中“董监高”的连带赔偿责任，而且作出两点重要突破：一是将责任主体进一步扩张，“其他直接责任人员”、“保荐人、承销的证券公司”甚至是“控股股东、实际控制人”都可能对证券发行人、上市公司虚假陈述行为承担个人连带责任。二是区别、细化了虚假陈述责任的两种不同的归责原则，

---

① 参见［德］托马斯·莱塞尔、吕迪阁·法伊尔：《德国资合公司法》，高旭军等译，法律出版社2005年版，第172页。

② 参见［德］托马斯·莱塞尔、吕迪阁·法伊尔：《德国资合公司法》，高旭军等译，法律出版社2005年版，第557－558页。

信息披露义务人对虚假陈述行为承担责任不要求具备过错要件，“董监高”等公司直接责任人以及保荐人、承销人等，则采取过错推定，能证明个人无过错的才不需要承担责任。上述规定即可明显反映出公司信赖保护责任与公司负责人的“第三人责任”在归责原则上的不同：虽然公司组织在信赖保护法律责任上通常不以过错为责任前提，但是组织成员个人的“第三人责任”，作为商主体责任的一种例外和突破，无论是过错推定还是一般过错原则，都需要具备额外的个人过错条件才能成立，这一点与前述《日本公司法》的理解相一致。

2. 对股东的“直索责任”

基于公司人格、财产混同或有限责任制度被滥用等原因，司法机关在个案中否定公司人格独立性，判令由股东直接对债权人承担责任。这在德国法上被称为“直索责任”或“穿透责任”，也即法人人格否认制度。这一制度也会导致特殊情形下公司责任主体的扩张，由公司股东直接向信赖人承担信赖保护法律责任。

综观各国公司法，法人人格否认制度罕有被写入成文法典的，而多数是在审判实践中通过个别判例逐步形成。在判例中首创“揭开公司面纱”制度的英美法系国家自不必言，即使是以法典著称的大陆法系国家，也极少将这一制度成文化。例如，德国也是在判例中才发展出法人人格否认制度，法院对公司股东适用穿透责任采取极其慎重的态度，只作为符合特别严格的前提条件才能适用的个例，而且只能适用于有限公司，几乎不存在股份公司适用的判例。[①] 再如，前述《日本公司法》虽然在第429条明确规定了公司负责人的“第三人责任”，但却没有规定法人人格否认制度。因为在日本控股股东及其代表兼任董事、经理人的情形较多，通常适用“第三人责任”之规定即可解决债权人信赖保护问题，只有在第429条无法适用时，才会例外地采用所谓的“透视理论”，在个案中追究股东的直索责任。[②] 各国对法人人格否认制度的态度之所以如此谨慎，主要原因在于该制度的实质是对公司有限责

① 参见高旭军：《我国公司人格否认制度适用研究：以与德国比较为视角》，法律出版社2014年版，第103－105页。

② 葉玉匡美「新会社法100問」（ダイヤモンド社，2005年）301頁参照。

任这一根本原理的颠覆，如果上溯至价值层面，则是根据个案实质正义之理由、突破法律形式正义之框架，带有极强的裁量性、不确定性。因此，除非公司人格明显已是“死而不僵”且严重阻碍裁判公正，否则不允许滥用这一制度破坏公司法基本原则。

但我国法律一向以结果公正与实质正义为主要导向，以“立法论”为主要法律发展进路，缺乏司法判例制度，因此采取了与国外不同的做法，是少数将法人人格否认制度载入成文法的代表。现行《公司法》第 20 条第 3 款与《民法典》第 83 条均是有关股东承担直索责任的成文法规定。成文化带来的影响具有两面性：一方面，使法院有明确的法律依据和条件，防止主观随意地否认公司法人人格；另一方面，由于有关法条内容抽象、模糊以及缺乏适用标准方面的具体解释规定，因此反而会扩大其适用范围与不确定性。实践中，法院会因为有了成文化依据而消除了否认公司人格的疑虑，更加频繁地在公司无法清偿个别债务时考虑由股东直接承担责任，这无疑过度限制了股东投资自由与公司经营活跃性，也走向了将法律成文化以限制裁量权之初衷的反面。因此，相比于在我国少有成文法规定的“第三人责任”，股东承担直索责任这种信赖保护主体扩张化现象，在我国实际上存在更加显著的问题，尤其是当法人人格否认制度与《公司法》认缴制改革发生交叉时，这种法律适用上的冲突与抉择问题更成为当前司法实践中的一大难题。对此，本书将在第三章展开详细讨论。

3. 瑕疵出资股东的补充赔偿责任

股东未出资、未全面履行出资义务、抽逃出资等行为将导致公司资本存在瑕疵，可能造成公司无法承担相应的信赖保护责任，不利于公司债权人债权的实现，本质上是股东将股权投资风险转化为债务风险并转嫁给外部债权人的行为。在此种情况下，股东也可能因其瑕疵出资行为而直接向公司的债权人承担相应责任。

我国早在 2006 年《企业破产法》中就对此问题有所涉及，第 35 条规定了未完全出资股东的“出资义务加速到期”规则，即使股东约定的出资期限未到，在破产程序中也应当立即全面履行出资义务，以便充分清偿破产债权。2008 年《最高人民法院关于适用〈中华人民共和国公司法〉若干问题的规定

(二)》(以下简称《公司法解释(二)》)第22条则规定了在公司解散且财产不足以清偿债务时，债权人可以主张股东在未缴出资的范围内承担连带清偿责任。上述规定中，瑕疵出资股东的赔偿责任仅限于公司破产、解散等阶段，股东的责任仍是履行向公司出资的义务，只是在破产阶段加速该义务的期限到来而已，严格意义上讲并非要求股东直接向债权人清偿。但是在2014年修改后的《公司法解释(三)》之中，情况发生了一些变化。《公司法解释(三)》正式规定了债权人可以请求未履行、未全面履行出资义务或抽逃出资等瑕疵出资股东承担“补充赔偿责任”。[①] 这一请求权实际上已不受公司破产、解散等阶段之限，在一般的公司债务诉讼中皆可提出，因此，从字面上看，瑕疵出资股东的补充赔偿责任已经更接近于前述的股东直索责任。

但是，补充赔偿责任与直索责任的不同之处在于其仍具有几项重要的限制条件：(1)股东必须具备出资瑕疵的情形。(2)公司财产已不足以清偿债务。(3)该股东应在未出资或抽逃出资的范围内承担赔偿责任。因此，这种补充赔偿责任具有责任顺位上的补充性，以及责任范围的有限性。[②] 这种补充责任实际上还是没有突破公司法人责任独立性、股东责任有限性的基本原则，其内在逻辑依然是公司股东只应当在出资范围内承担有限责任，只是在股东存在出资瑕疵、公司财产不足时对债权实现的一种补救措施。债权人不能在公司瑕疵出资纠纷之诉中行使所谓的“直索权”，只有在法人人格否认之诉中，在公司人格被否认的前提下，才能依法对股东进行直接追索。[③] 而一旦成立直索责任，就不再限于出资瑕疵范围或有限责任范围，更不限于后顺位上的补充性。因此，股东补充赔偿责任和法人人格否认前提下的股东直索责任，虽然表面上都是由股东向债权人直接承担债务，但具有根本性的区别，补充责任的后顺位属性、有限责任属性就是二者之间的隔离墙。

瑕疵出资股东的补充赔偿责任是对公司债权人的一种有效的保护措施，但是2013年修订的《公司法》对公司资本制度作出重大调整，认缴制改革导致在股东瑕疵出资行为的界定方面又产生了一些新的问题，不可避免地使

---

① 参见《公司法解释(三)》第13条第2款、第14条。

② 参见梁上上：《未出资股东对公司债权人的补充赔偿责任》，载《中外法学》2015年第3期。

③ 参见蒋建湘：《公司诉讼研究》，法律出版社2008年版，第121页。

补充赔偿责任对公司债权人的保护力度有所削弱。如何合理界定认缴制公司中股东的瑕疵出资行为，是否可以适用股东出资义务加速到期规则与补充赔偿责任制度等问题，本书将在第三章展开讨论。

由上述几种有关法律制度可知，公司信赖保护法律责任主体的扩张，原因一方面在于公司在一些特殊情况下无法承担信赖保护责任，使第三人权利难以得到充分救济；另一方面更在于这些扩张责任主体在信赖损失的产生方面具有相当程度的个人过错，需要对此直接负责。责任主体扩张正是基于充分救济第三人之功利性与行为人过错归责之正当性的双重考虑，同样体现着外观主义理论中的交易安全与公平正义等多元法律价值，也是公司法信赖关系中的主体特殊性所在。

（三）信赖关系与信义关系在公司法上的区别

前述公司责任主体的扩张现象，虽然信赖关系中承担责任的主体延伸为董监高等一些公司内部成员，但责任对象还是公司外部相对人，从责任范畴的角度看，其仍属于外部交易关系中的信赖保护法律责任。然而，公司董监高等人员在另一种“信义关系”之中所负有的“信义义务”则是全然不同的概念，属于公司内部组织关系中的义务与责任。大抵由于翻译与用语方面的问题，“信赖”“信赖关系”“信义义务”“信义关系”等概念在我国以往一些文献中混用的现象时有出现，导致对信赖关系、信赖保护法律责任、信义义务等问题的理解较为混乱。但实际上二者的区别是十分明显的，从英文用语的角度可发现，信赖关系之基础在于契约相对人之合理信赖（Reliance），而信义关系之核心则在于受托人之信义义务（Fiduciary Duty），二者在世界各大法系中均有不同的成立基础、规范内涵与法律效果，对此应作清晰界定。

英美法系的信义义务源于早期衡平法院关于信托案件的裁决，在信托关系中，双方能力与地位不平等，为了保护授信人的利益而使受托人对授信人产生“受托义务”，包括注意义务和忠实义务等，即信义义务的原型。① 在1888年波士顿深海渔业公司（Deep Sea v. Ansell）案中，法官解释认为，信

---

① See Cheryl Goss Weiss, *A Review of The Historic Foundations of Broker - Dealer Liability For Breach of Fiduciary Duty*, 23 The Journal of Corporation Law 65 (1997).

义关系是一种默示契约或衡平权利，信义关系产生的根源是受托人承诺为他人利益行事。[①] 在英美法系中，信义义务被认为是一种比合同诚信义务要求标准更高的义务，义务主体应为他人利益行事，避免利益冲突，不得谋求私利。许多国家除了要求信托关系中的受托人承担信义义务之外，对银行等金融机构也施加信义义务，但在不同的法律体系中，义务主体在执行信义义务方面则有一些显著的区别，可以大致归纳为三种模式：一种是英国、美国、加拿大等普通法系国家，法院对于信义义务的适用是十分谨慎的，信义义务的范围也比较狭窄，只在有法律特殊规定的情况下适用，而且规定了许多例外规则，使银行可以豁免信义义务；另一种是大陆法系国家，与第一种模式相反，对许多方面的银行活动，法院都积极采用信义义务规则加以规制，而且具体规定了忠实义务、真实义务、警示与说明义务、谨慎勤勉义务、信息保密义务等构成，并根据客户的信赖程度来判断银行承担信义义务的标准；还有一种模式以以色列为代表，信义义务范围最为广泛，作为银行法中的一项基本原则，自动适用于所有银行活动。[②]

这种产生于信托法的理论不仅延伸到其他金融交易关系规范之中，而且也逐渐进入公司法组织规范领域。近现代以来，公司由股东会中心主义转向董事会中心主义，董事会及其他公司高级管理人员的控制权逐渐占据主导地位，在公司治理过程中需要一些对应的约束制衡手段以限制其权力滥用，保护公司及股东的权利。此时即有不少判例与法学理论运用类比思维，将董事、高级管理人员与公司、股东的关系视为一种类似于信托受托人与授信人之间的关系，故其亦应承担类似于受托人的信义义务，包括忠实义务、勤勉义务、谨慎注意义务等。如今，公司董事及其他高级管理人员的信义义务理论已经为世界各国法律所普遍接受，我国有关法律也作出了一系列规定：《公司法》第六章以第 147 条规定为中心的有关条文规定了公司高级管理人员的信义义务，主要包括忠实义务和勤勉义务等，并列举了一些违反忠实义

---

① See F. W. Maitlanda, H. Chaytor, W. J. *Whittaker*, *Equity also the Forms of Action at Common Law*: *Two Course of Lectures*, Cambridge University Press, 1909, p. 44.

② See Ruth Plato - Shinar&Rolf H. Weber, *Three models of the Bank's Fiduciary Duty*, 2 Law and Financial Markets Review 422 (2008).

务的情形与勤勉义务的具体要求等，以及违反信义义务者应当对公司和股东承担的赔偿责任。[①] 其他具体规定，例如《公司法》第 112 条规定股份公司董事应当出席董事会会议并对决议承担责任，2014 年修订的《上市公司章程指引》第 97、98 条则较为详尽地列举了董事对公司负有的忠实义务与勤勉义务，《上市公司收购管理办法》第 32 条规定了被收购公司董事会的谨慎义务等。

公司法中的信义关系与信赖关系确有一些相似之处，均不以明示契约的存在为基础，并非约定义务而属于法定义务，而且在这两种关系中均有一方处于相对弱势地位，而须要法律予以某种程度的倾向性保护。但是，结合上述有关信义义务的理论源流与法律规范可知，信赖关系与公司法中的信义关系主要区别体现为以下几个方面：

首先，信赖关系中的双方基本仍处于平等主体之间的市场交易关系中，在磋商缔约或履约过程中产生合理信赖与利益失衡，因此才需要被信赖人承担信赖保护责任。而信义义务强调的不是一种平等关系，是一种组织团体内部的委任授权关系。一旦构成信义关系，即不讲究权利义务之对等性，受托人只负有单方面的义务而授信人享有完全利益，不能够与大陆法系的诚信义务等同。[②] 信义关系的核心问题是“支配权力的滥用与控制”。所谓支配权力，是指改变或影响委托人决策的力量，所有信义义务的违反及责任都建立在受托人取得财产支配权、滥用支配权的基础之上；之所以需要信义义务规则，是因为委托人、受益人无法干预受托人行为，缺乏其他法律手段限制这种权力滥用。[③] 公司董事及高级管理人员对公司经营决策与资产处置往往具有较高的影响力甚至是控制权，已近乎信托关系中受托人的支配力量，此为信赖关系中的被信赖人所远远不及的。

其次，信赖关系中的被信赖人需要承担的责任只限于外观状态或表示中包含的承诺范围，而且以信赖人实际产生信赖损失为责任前提。而信义关系

---

① 参见《公司法》第 147、148～152 条。

② See Alastair Hudson, *Law of Finance*, Thomson Reuters Limited, 2010, p. 97 – 98.

③ See D. Gordon Smith, *The Critical Resource Theory of Fiduciary Duty*, 55 Vanderbilt Law Review 1399 (2002).

中的公司董事信义义务要求之高则远超前者，原因即如前述，在信义义务中其支配控制地位较高，故所负义务与责任也相应更重。例如，忠实义务要求其必须为受益人的最佳利益服务，避免与自己或第三人发生利益冲突，除非得到受益人的知情同意或法律授权，否则不能与第三方有任何关联关系或自我交易行为；而注意义务则要求其具有基本的专业技能，像对待自己的利益一样谨慎、勤勉地处理受托事项。① 可见，在信义关系中要求董事牺牲自身利益，必须以公司、股东之利益为最高行为准则。而在信赖关系中不存在这种为他人利益服务的高度要求，仍限于对可归因于自身的外观或表示负责而已。

最后，基于上述主体地位与义务范围的区别，二者在规则与理论的指导原则与核心价值方面也存在差异。公司法中的信义关系及董事、高级管理人员之信义义务属于公司内部关系及其组织规范，重在保护公司与股东的权利，完善公司治理结构，因此有对董事课加高度义务与责任的偏向性。而信赖关系与信赖保护规范本质则属于交易关系及其准则，以商事交易中的公平、安全、高效等原则为指导，旨在维持双方利益均衡，继而促进市场交易。当其进入公司法领域时，虽然也提出了许多对于被信赖人公司的可信性建设要求以及信赖保护责任，但不可忽视的是交易关系中双方地位的平等，如果完全偏向于保护相对人、加重被信赖人公司的责任，有违交易公平之根本准则，看似在维护交易安全，实则不利于培育审慎专业之商业文化，不利于商事交易之长远发展。

第三节　公司法信赖保护之构成逻辑

由各国相关法律规定中可以抽象出公司法信赖保护规范内在的构成要件。以《德国商法典》第 15 条第 1 款为例，应记入商事登记簿的法律事实，只要尚未登记和公告，登记义务人就不得以之对抗第三人，除非此事实已为第

① See Alastair Hudson, *Law of Finance*, Thomson Reuters Limited, 2010, p. 101 - 102.

三人所知悉。此条文实际是从反向规则的角度赋予商事登记公信力，故亦被称为“消极公开规则”。卡纳里斯结合信赖保护理论，将该规范的构成要件分解为几点：① （1）存在登记义务为前提。消极公开规则仅适用于法定应当登记之事项，对于可以登记、无须登记等事项不适用。第三人只有在商事主体应登记而未登记时，才有理由相信未登记事实不存在，有关事实即产生不得对抗效力。（2）相关事实未登记和未公告，是成立消极公开的事实基础，构成了一种“不存在相关事实”的法律外观。（3）第三人不知悉真实状态，是信赖方的主观善意要件。（4）第三人已经根据信赖作出了法律行为或诉讼行为，即信赖投资或信赖处分，是对第三人的另一个事实要求。（5）第三人明知自己的信赖，而且第三人信赖与其行为具有因果性。（6）不涉及登记义务人的主观条件，亦即在可归责性上不关注过错与否，在归责原则上体现信赖保护的原因主义与风险承担主义。卡纳里斯据此从登记性与非登记性信赖保护中抽象总结出外观责任的一般要件，即外观存在、外观具有可归责性、第三人主观善意且已知悉外观、作出信赖处分或投资、知悉与信赖投资具有因果关系等。②

通过进一步概括，可将有关构成要件简化归类为两大方面要件：一是“原因要件”，指信赖产生之原因层面，重点考察被信赖人一方，包括法律外观的存在，以及对造成外观的被信赖人的归责原则。二是“信赖要件”，指信赖本身的构成层面，重点考察信赖相对人一方，包括合理信赖的存在，以及对产生信赖之相对人在主观善意与客观行为上的要求。

如果借用三段论推导逻辑分析，则原因要件是信赖保护规范的大前提，是被信赖人承担信赖保护法律责任的基础条件；信赖要件则是信赖保护规范的小前提，是信赖人之信赖损失能够进入法律保护范围的直接原因；而该规范命题之结论，即为原因要件与信赖要件相结合而得出的信赖保护法律效果。以下对此展开具体分析。

---

① 参见［德］C. W. 卡纳里斯：《德国商法》，杨继译，法律出版社2006年版，第84－90页。

② 参见［德］C. W. 卡纳里斯：《德国商法》，杨继译，法律出版社2006年版，第147－149页。

一、大前提——信赖保护的原因要件

（一）信赖事实——外观事实或表示行为

一切信赖保护的前提，都是在信赖关系中存在一个足以引起相对人信赖的信赖事实。信赖事实与实际状态的不一致是相对人产生误信与损失的源头，也是法律拟制的事实基础。依据拉伦茨的理论概括可知，信赖事实主要包含两种形式，分别对应两种不同情境下的信赖保护法律责任：其一为外观事实，非由意思表示产生，而且存在某种对应权利状态的表象，亦即权利状态的外部表见形式；其二则是基于相对的意思表示而形成信赖，导致信赖损失之表示行为，此亦应被视为一种信赖事实。前者是超出法律行为责任之外的信赖责任，不同于后者是法律行为引起的信赖责任。[①] 结合前文所述的两种信赖关系，前者是外观责任关系中的外观事实，而后者则是信赖责任关系中的表示行为，二者虽然在性质上有所差异，但同样足以引起相对人的信赖，作为不同类型信赖关系的前提。

1. 外观事实

外观事实在我国通常被称为“权利外观”，该词源于德语“Rechtsschein”的传统翻译。但是已有不少观点指出，德国法中的这种“外观”其实与“权利”关系不大，并非特指某种“权利”而是代表具有法律意义的事实，而且“Recht”在德语中有“法”和“权利”两种含义，就其核心意旨而言似乎更宜译为“法外观”或“外观主义”。[②] 这种法律外观在公司法领域的典型形态为公司登记，借助行政行为而将公司经营资格、资本状况、组织成员等事项记载于登记簿并向社会公示，相关内容具有较强的公信力保障，可形成最高程度的合理信赖。此处的公司登记之外观也与“权利”关系不大。如前所述，民法领域中的物权登记等还能算是一种紧密围绕物权权利状态的登记确认，但是公司法领域的登记则是对公司整体状况的登记确认，重点不在于公司权利有关内容，

---

① 参见［德］卡尔·拉伦茨：《德国民法通论》（下册），王晓晔等译，法律出版社2013年版，第885－887页。

② 喜多了祐「外観優越の法理」（千倉書房，1976年）190頁参照。

而更倾向于一种对公司提出的经营行为规范，目的就是为社会提供准确的公司信息，要求公司维持登记事项真实性，实际运营状况不能偏离登记范围，否则不具备对外对抗效力。因此，相比于民法，在商法领域将公司登记称为“法律外观”“外观事实”而不是“权利外观”，具有更突出的现实基础。

但法律外观不仅限于公司登记之事项，大陆法系早期的权利外观理论，就已经将外观的含义拓展到相当大的范围。例如，1909 年德国法学家赫伯特·迈耶在《德国民法之公示原则》中，就已经从日耳曼法有关动产占有的“Gewere”制度延伸出法律外观的公示效力，该语境下的法律外观不仅限于占有及登记，凡是相对人得以认识权利的一切表现形式，均应被视作权利推定之外观基础，能够产生对外公示效力。[①] 卡纳里斯在《德国商法》中专章讨论商事登记与外观责任，据其论述也可总结出明示登记之外的两种外观事实：

一是消极外观。如前述《德国商法典》第 15 条第 1 款之规定，应登记而未登记之事项，同样构成一种具有公信力的公开事实，即能引起第三人相信“不存在相关事实”的外观状态，公司不能以有关事实对抗第三人。消极外观本质上是在对明示登记外观作出反面理解的基础上产生的，其实没有现实存在的公示内容，但依托于法律对有关事项必须公示的规定而产生公信力。与其说这是第三人对消极外观本身的信赖，不如说是对法律规定的信赖，推定公司会遵守法定公告义务。因此，虽然没有实际的公告内容，但是却能产生与明示登记相同的“拟制其为真实”的公信力。

二是非登记性外观。例如表见商人、表见非商人、表见商事组织成员、内容有瑕疵的商号、多名法律主体合一、当前法律状态的延续等。[②] 这些外观均为公司主体或相关成员的某种事实状态，与登记外观有所不同，虽然同样为第三人所了解，但是由于其不具备公权力介入后产生的国家行政性公信力保障，可信性较低，第三人对此形成合理信赖的标准也应当相应提高。因此，此种事实状态或自然状态的外观只作为推定因素之一，信赖合理与否还

---

① 参见高金松：《空白票据新论》，台北，五南图书出版公司 1986 年版，第 61 页。

② 参见［德］C. W. 卡纳里斯：《德国商法》，杨继译，法律出版社 2006 年版，第 69 – 154 页。

须结合其他因素综合判断。[①] 按照信赖产生的一般规律，事实状态相互印证的一致性越强，而且持续时间越长，则信赖事实越具有客观性与可信性；但如果事实存在矛盾或模糊不清，则难以成立对此产生信赖的合理性。[②]

以往观点认为，法律外观具有虚假性，是一种错误、不实的外部表现，传达虚假的权利信息、资格信息等。[③] 对法律外观的这种看法，其实是从民法物权公示理论中得出的成见，在进入商法领域后则宜对此进行反思。在物权公示理论范畴内，善意取得等信赖保护制度适用的情形，即为不动产登记或动产占有公示存在错误之时，意味着外观与真实权属状态不一致，此时将这种外观定性为"虚假""不实"等亦无可厚非。但是商事登记在制度性质、保护目标、适用主体等方面均与物权公示有所不同，商事登记、公示等所形成的法律外观不能被纯粹地视为一种"虚假表象"。商事登记并非民事权利的确认与表象，而是商主体组织信息的社会公示，以及法律对商主体经营活动进行规范化的手段，其所形成的法律外观比一般权利外观具有更强的公示效力与行为约束效力，在商事交易活动中本身就构成一种重要的、客观的基本事实存在，而不仅仅是某种表象而已。因此，商事登记形成的法律外观，首先应被视为法律上的真实，即使其与商主体实际状态存在不一致，发生错误的也不是商事登记本身，而是商主体未经登记、偏离登记的组织经营活动行为。商事法律外观的真实性、客观性观念必须首先得到重视，否则商法外观主义、信赖保护的做法就无法得到充分的正当性支持，可能永远被视为一种"法律有意遮盖事实"以"促进贸易的诈骗"。[④]

2. 表示行为与沉默

除外观事实之外的另一种信赖事实，为引起相对人信赖之意思表示行为。有不少观点将表示行为也归为一种法律外观，但鉴于二者在性质上的重要区

---

① 参见侯巍：《民事权利外观的信赖保护：以财产权继受取得为视角》，人民出版社2012年版，第172页。

② 参见［法］雅克·盖斯旦、吉勒·古博：《法国民法总论》，陈鹏等译，法律出版社2004年版，第797页。

③ 参见全先银：《商法上的外观主义》，人民法院出版社2007年版，第53页；王焜：《积极的信赖保护：权利外观责任研究》，法律出版社2010年版，第100页。

④ See Lon L. Fuller, *Legal Fictions*, Stanford University Press, 1967, p. 3.

别，本书将表示行为作为一种不同于外观的信赖事实。前述外观事实具有显著的公示性，不特定对象均可能接受外观公示之信息；而此处表示行为则是面向特定相对人作出的意思表示，已经具备缔约之“显然的意图”[①] 的行为，其虽然也是一种根据表露在外的形式来确定内容的表示，但是这种外在的表示基本仅限于缔约相对人之间，尚不构成对社会不特定公众产生公示效力的外观事实。

表示行为同样可以引起特定相对人对契约关系的合理信赖，而且在契约因过错而未缔结、意思表示不一致、契约被撤销或无效等情形下，也会产生相对人的信赖利益损失。表示行为的形式多样，例如缔约过程中借助谈判记录、文书往来或其他有关证据表现出来的允诺、陈述、预约、担保甚至是意向书等，只要具备内容清晰、外在可感知的契约意思，对未来交易事项的安排足以引起相对人合理期待其履行，则应视为此处的表示行为，应当纳入信赖保护规范的适用范围。如前文所述，英美契约法中的“允诺”（promise）正在逐渐取代传统的“对价”（consideration）而成为契约可执行性的依据，信赖利益也被美国第二次《合同法重述》第 90 条确立为一种强制执行合同的独立诉因。[②] 但这种信赖利益不同于合同履行的期待利益，对信赖利益的保护也应采取不同的方式。如果“允诺”作为对价的替代形式而强制执行契约，则救济范围是合同期待利益；如果“允诺”作为类似侵权法式的独立诉因，则救济范围限于信赖利益损失，[③] 目的一般不是使相对人获得如合同完全履行时的“可得利益”，而是使相对人恢复到缔约之前的状态，消除表示行为对相对人“固有利益”的损害影响。

表示的内容应当足以引起信赖，并且应与现存事实状态相关，与一定的法律效果相关。如果表示仅是有关未来事实的推测或不确定意向，或者仅表达某种思想观念或内心意见，又或者表示不具有引起法律效果之目的，均不构成可信赖的表示内容。但如果这些意向、观念等之中包含有直接相关于现

① 朱广新：《信赖责任研究：以契约之缔结为分析对象》，法律出版社 2007 年版，第 143 – 145 页。

② See Restatement (Second) of Contract § 90 (1981).

③ 参见［美］杰弗里·费里尔、迈克尔·纳文：《美国合同法精解》，陈彦明译，北京大学出版社 2009 年版，第 126 页。

实客观状态的内容，则仍可能引起相对人对有关事实的信赖，尤其在提供专业咨询意见等场合。例如，投资理财、市场调研、法律会计等咨询服务，在双方认知水平存在差距时，也足以使相对人因为信赖专业建议而作出行为、改变自身法律地位，此时这种意见也可以视为一种特殊的表示。①

表示形式既可以是言辞或行为，也可以是一定条件下的不作为或缄默。一般而言，不作为构成一种表示，前提条件在于违反了某些特定的作为义务。可以是法定义务、约定义务或某种交易习惯上的义务，特殊情况下也可能因为“先行行为”产生排除风险的作为义务。不作为表示，在我国也被称为“沉默表示”。例如，《民法典》第140条即在明示与默示之外，又区分出沉默表示的形态。此处“沉默”不完全等同于“默示”，默示是以作出特定的行为实质上构成的意思表示；而沉默的含义则专指不作为，当事人没有任何明示或默示的作为行为，既不同意也不拒绝。在大多数情况下，沉默本身不具有意思表示的基本构成要素。例如，合同要约方在要约中声明，如果受要约方在一定期限内不作任何拒绝表示，则视为承诺。这种声明显然对受要约人不具有法律约束力，即使是在最注重有效性、便捷性的商事交易、国际商事合同领域，也不可能把这种单纯沉默视为一种接受的意思表示。② 但是，如果双方当事人已经事先约定拒绝必须以明确的特定方式作出，此时的沉默就具有了意思表示的效力，不作出特定行为表示拒绝的即视为承诺。对比可见，主张沉默视为接受的单方面声明行为不得约束他人，不能在未经他人同意的情况下为其设定负担，而若是双方已有类似上述内容的事先约定，则相当于自己承担了约定的作为义务，拒绝必须以明确的作为行为来表示，违反这一义务则自然承担不作为的法律后果。商事领域，尤其是具备相对更高注意义务之商人主体的不作为，更容易构成信赖事实，从而使其必须承担对不作为表示行为的信赖保护责任。例如，在1932年格林沃德诉马丁银行案（Greenwood v. Martin's Bank Ltd.）③ 的判例中，银行在接受客户的一张本行

---

① 伊泽孝平「表示行為の公信力：商事における禁反言」（有斐阁，1986年）61－64頁参照。

② 相关国际商事合同法规定，参见《联合国国际货物销售合同公约》第18条第1款、《国际商事合同原则》第2.1.6条、《欧洲合同法原则》第2：204条第2款等。

③ See Greenwood v. Martin's Bank Ltd.，C. A.（1932），1 K. B. 371（L. R.）.

支票时已经发现其系伪造，但当时未作任何表示，没有及时履行通知拒付义务，故银行的沉默已构成一种引起他人信赖的表象，此时伪造的支票应视为与真实支票具有同等效力，银行应基于其沉默承担赔偿责任。

这是从违反作为义务的角度来看不作为表示的效力，但仅是从第一个层次解释了不作为表示的效力前提，而没有深层揭示不作为表示的效力之源。这种不存在任何意思表示构成要素的不作为，之所以能产生表示的效力，本质上源于当事人的不作为产生了一种类似于法律外观、具有一定对外效力的表象，也即构成一种信赖事实，并足以引起相对人的合理信赖。出于信赖保护原则之要求，不作为之当事人对其导致的外观表象应承担信赖保护责任。①

总之，从信赖关系的角度看，登记、公示等法律外观所对应建立的是外观责任关系，而表示行为所对应建立的则是信赖责任关系，两种信赖关系在主体相对性上存在的区别，源于其信赖事实的基础不同。外观责任关系基于法律外观，面向社会不特定对象都产生公信力问题，被信赖人的信赖保护义务实际上溢出了契约中的特定相对人，可能产生抽象的信赖保护义务，须要对所有向社会公众公示披露的信息真实性负责，保证所有潜在的交易相对人不会因信赖有关外观事实而受损；而信赖责任关系产生于契约双方当事人之间的表示行为，其信赖保护义务始终是具体的，仅须要对单个契约中作出的表示负责，赔偿因其表示行为所产生的信赖利益损失。二者由于在公示性上存在区别，在信赖保护方式上也可能存在积极信赖保护为主与消极信赖保护为主的不同。②

公司对外作出的表示行为，具有团体组织特殊性，与自然人意思表示有诸多不同，因此公司表示行为所致信赖保护法律责任也相应产生一些特殊问题。首先是在意思形成阶段产生的问题。自然人意思形成的过程几乎不具有法律考察意义，仅为个人内心活动，直接与意思表达相联结；但是公司意思形成于公司组织机关内部，具体而言即公司机关的决议活动，需要遵循一系列组织规范与团体内部程序，才能形成独立于组织成员个人意志的公司意志。

① 参见杜景林：《民商事往来中沉默的法律责任》，载《法学》2014 年第 2 期。

② 有关信赖保护方式将在本节第三小节详述。

这种决议行为属于公司内部意思形成过程，而非直接对外表示活动，在原则、性质、程序各方面均与法律行为有所差异，法律行为规则多数不能适用于决议行为。[①] 决议行为存在各种瑕疵时涉及相对人信赖的表示行为效力如何处理的问题，决议被撤销或无效时结果又有何不同等，均需要有不同于一般意思表示法律行为的效力规则。其次是在意思表达阶段产生的问题。自然人意思表达主要考虑外在意思与内心意思是否一致的问题，而公司意思表达仍须借助公司机关，因此将涉及更多方面的特殊问题，包括公司代表权行使，意思机关与代表机关的分离，公司控制权争夺时期的对外表示，公司处于分立合并、设立或清算等特殊状态时的对外表示等，都可能对表示行为的效力与解释问题产生各种影响。以上公司表示行为的特殊性，既不同于自然人等一般民事主体的意思表示，亦不同于具有社会公示性之法律外观，须根据组织因素与诸现实情况对信赖保护理论作出调整，目的并非一味倾向于保护外部相对人，而须要综合风险与因程度与信赖合理性程度等因素平衡各方利益，促进形成公平、守信的商事交易环境。

（二）可归责性——风险归责与过错归责的交错

1. 与因主义的传统归责原则

根据可归责性形成的归责原则，是确定法律责任的核心问题。除了信赖事实，被信赖人承担信赖保护法律责任还需要可归责性的要件，也即信赖保护法律责任基于某些原因可以归责于被信赖人，方能证成主体与责任间的逻辑联系。但事实上却有不少观点对信赖保护责任的归责原则采取否定态度，理所当然地将信赖保护制度视为一种维护交易安全的技术手段，服务于社会团体利益的功利性目标，被信赖人承担的责任是一种个人利益让位于社会利益的牺牲，因此这种牺牲与侵权责任的正当性评价因素不同，不问归责之有无，而重在整体效益之高低。[②] 然而，如本书前文所述，外观主义与信赖保护理论不仅仅具有维护交易安全的工具性价值，其所运用的拟制思维包含着

① 参见柯芳枝：《公司法论》（上），台北，三民书局2002年版，第239页。

② 多田利隆「信頼保護における帰責の理論」（信山社，2004年）69頁参照。

人类认识普遍规律的本体性价值，也包含着公平正义的正当性价值。[①] 仅仅将信赖保护责任视为某种法定的“个人牺牲”，其结果必然是在司法实践中轻率而武断地适用信赖保护规范，陷入非此即彼的两难抉择之中。因此，准确定位信赖保护法律责任的归责原则，不仅是理解信赖保护理论多元价值属性的重点，更是实践中审慎而合理地运用信赖保护规范之关键。

大陆法系权利外观理论建立了早期信赖保护规范的基本归责原则，即“与因主义”——由于本人的原因，才导致了外观事实的存在，故此本人应当承担因外观产生的信赖损失。例如 Moritz Wellspacher 在《对民法上外部要件事实的信赖》一文中，认为外观事实其实源于真实权利人的协助（Zutun）才得以存在，故应当溯源至真实权利人使其承担信赖保护责任。此处的“协助”就是本人对外观具有“与因”的雏形。Herbert Meyer 在《德国民法之公示原则》中正式提出了“与因主义”思想，只要本人对外观事实的形成赋予了原因，就要承担相应的法律后果，“有与因，即有归责”。与因主义的根源是相对正义的思想，实质是通过公平分配损害结果来平衡交易双方的利益。[②]

但是，仔细分析后可以发现，如果依据这一思想，信赖保护法律责任的可归责性，实际上被等同于信赖事实的可归责性——只要信赖事实的产生是被信赖人导致的，则信赖责任也归责于被信赖人。这实际上是用信赖事实产生的因果关系，取代了信赖损失产生的因果关系，只是一种因果关系的替代选择和概念转换。如果纯粹以存在因果关系即确定权利人应当承担赔偿责任，则结果就是不考虑权利人是否存在主观过错，那么其实质上相当于一种无过错主义。但是该论说并没有给出不以过错为归责条件的理由，严格来说没有真正解决责任归属的核心问题，与现代意义上的归责原则在概念体系、论证思路等方面均有显著不同。因此，如果想在现代法律语境下解决信赖保护法律责任的归责原则问题，还是应当首先参照现代民事责任归责体系为基础展开分析。

---

① 详见本书第一章第二节第二小节内容。

② 喜多了祐「外観優越の法理」（千倉書房，1976 年）23－24，202，227 頁参照。

2. 风险归责与过错归责的交错与结合

我国民事责任二元体系即侵权责任与违约责任。在一般的民事侵权责任法领域中，我国多数学者主张以过错原则为主，以无过错归责为辅，特殊情况下还存在所谓的公平责任。① 而在民事违约责任领域，则是以严格责任为原则，以过错责任为特例。② 但也有观点认为，过错原则是贯穿整个民法的核心归责原则，即使是契约法也应当以当事人过错为首要考虑；③ 过错是归责最确切的原因，即使是在一些法定无过错归责的情形下，凡能以过错归责解决的，仍应优先适用过错归责，只有难以认定过错时才适用无过错责任。④ 这样的观点根源于德国先哲康德所创立的“伦理学上的人格主义”，人应可以自主决定并对自己的行为或不行为承担责任，方得彰显人之所以为人的主体性尊严；⑤ 而这种责任必须以个人自身的过错为归责前提，而不是以客观结果归责，是近代民法得以脱离于古代法律并体现人文关怀的核心原则。近代民法上的意思自治、个人权利与过错责任等主要基石原则，在伦理学上的人格主义这一点上是一以贯之的，逐渐形成民法中个人权利本位思想。

但仅凭个人伦理的人格主义尚不足以构建私法法律制度，还需要加入社会伦理因素，而相互尊重、自我约束原则与信赖保护原则等就是这种人际伦理的体现。⑥ 现代社会交易关系的深度与广度已远超近代市民社会的理解，私法中的社会伦理因素也随之不断增加，各大法系中所谓无过错责任、严格责任、危险责任等提法更是层出不穷，本质上都是对近代民法过错归责的现代民法修正，民法本位也逐渐由纯粹的个人权利本位过渡到所谓的社会本

① 参见王利明：《侵权行为法研究》（上册），中国人民大学出版社2004年版，第209页。

② 参见梁慧星主编：《民商法论丛》（第8卷），法律出版社1997年版，第1－3页；王利明：《违约责任论》，中国政法大学2003年版，第64页。

③ See Geoffrey Samuel, *Law of Obligations and Legal Remedies*, Cavendish Publishing Limited, 2001, p. 153－155.

④ 参见刘士国等：《侵权责任法重大疑难问题研究》，中国法制出版社2009年版，第34页。

⑤ 参见［德］卡尔·拉伦茨：《德国民法通论》（上册），王晓晔等译，法律出版社2013年版，第45－52页。

⑥ 参见［德］卡尔·拉伦茨：《德国民法通论》（上册），王晓晔等译，法律出版社2013年版，第58页。

位。[①] 而在以市场交易与商人企业为本位的商法领域，这种现象就不仅仅是一种修正，而是作为核心而存在，亦是其归责原则之独立性、特殊性的表现。

对比上述两种归责原则，流于客观归责的与因主义并未揭示信赖保护责任分配的本质，而过错责任又无法适用于许多无过错致损的情形，此时即需要更深一步探究被信赖人、信赖事实与法律责任之间的内在联系。风险原则就是通过对与因主义、过错原则的批判、修正，在商法中建立起相对独立的信赖保护归责体系。卡纳里斯在分析商法中的权利外观责任一般要件时，首次主张以风险原则取代与因主义和过错原则，作为信赖保护法律责任的首要归责原则：虽然德国以往的通说认为对于积极行为采用“外观发生原则”（外观的“与因主义”），对于不作为采用“过错原则”，但是在这两种情况下都应当优先适用风险原则。[②] 该原则是以被信赖人对风险的支配状态以及支配能力作为其承担信赖保护责任的归责基础的，控制风险者应当承担风险，无论被信赖人是否存在过错。

可以看出，信赖保护责任的风险归责原则，核心理念实则源于侵权法中的危险责任。危险责任是近现代社会生产机械化、交易行为企业化后，在侵权法上的新发展。企业生产行为有时具有高度危险性，凡对社会或他人产生危险，必须对于其行为负责，责任之基础并不在于有无过失，而在于其是危险的源头与控制者。使企业承担损失责任，可促进其实施预防措施，减少生产经营中的危险性；而如果使无法控制危险的受害人承担损失，则对减少社会危险而言毫无意义，从法律政策角度看是不当的。[③] 危险责任分配的核心目的是促使行为人减少危险的产生与现实化。相比之下，风险归责原则对于危险责任的改造，无非是将侵权不法行为意义上的“损害危险”，转化为商事交易意义上的“交易风险”。具体就信赖关系中的外观责任关系而言，就是外观不实之风险；而就信赖责任关系而言，则是被撤销、无效或缔约过失

① 参见梁慧星：《从近代民法到现代民法——20世纪民法回顾》，载梁慧星主编：《民商法论丛（第7卷）》，法律出版社1997年版，第233页。

② 参见［德］C. W. 卡纳里斯：《德国商法》，杨继译，法律出版社2006年版，第147页。

③ 多田利隆「信頼保護における帰責の理論」（信山社，2004年）150－151頁参照。

之风险。

可以从两种角度看待信赖保护风险归责原则的核心理念：

一是基于社会成本控制的法经济学的角度。这是对风险归责、危险责任的通常理解。依此看来，信赖保护与其说是正当性归责问题，不如说是社会成本最优化选择问题。法律在信赖人与被信赖人之间进行选择性保护的依据，应当是保护何者更能促进社会整体的便利。[①] 如果将风险分配于本身难以控制风险之人，则无疑是加重了整个社会的交易成本；只有将风险分配给那些能以最低成本控制风险之人，才能促使其为了降低成本而实施风险控制措施，谋求最大化的社会整体效益。

二是基于公平正义价值的法伦理角度。控制风险之人应负责，虽然是一种排除了行为人主观过错、倾向于相对客观主义的归责标准，但仍不失为一种建立于个人责任的正当性基础之上的归责原则。这实际上是将对“不法行为造成损失”的直接考察，转化为对“行为造成风险、风险造成损失”的间接考察。虽然扩大了企业责任范围，以适应、约束企业从事的一些容易引起社会风险、危害他人权利或信赖的行为，但未改变“行为者自主决定并自担其责”的人格主义正义观。

从这一角度看，风险归责其实可以理解为只是扩张了“过错”的外延，不再限于传统侵权法上不法行为本身的故意与过失，使“造成危险并使这种危险持续影响他人”也被纳入主观上存在故意或过失的范畴。风险归责并不意味着彻底摒弃过错原则，反而是拒绝在狭义上理解“过错”，从而在更高层次上重新定义“过错”，[②] 是在现代社会工业化、企业化条件下对传统过错观念的革新。因此，风险原则、危险责任等责任成立不以过错为要件，不代表完全不考虑当事人过错情况，更不代表当事人没有过错。将无过错责任与过错责任完全对立的观点，其实陷入了法律理解中的理论误区，无过错责任毕竟是为了实现赔偿责任的公平分担而对过错责任进行部分修正，二者本来不存在不可逾越的鸿沟。[③] 事实上，二者也经常存在交错适用的情形，例如

① 多田利隆「信頼保護における帰責の理論」（信山社，2004 年）150－151 頁参照。

② 石本雅男「民事責任の基礎理論」（有斐閣，1979 年）225 頁以下参照。

③ 参见刘士国等：《侵权责任法重大疑难问题研究》，中国法制出版社2009 年版，第242－243 页。

我国《道路交通安全法》第76条规定，就在机动车交通事故侵权责任中根据情况分别采用了过错原则与无过错原则两种归责原则，而且在机动车与行人之间发生的事故适用无过错归责原则的同时，又采用了双方过错相抵、行人故意可以免除机动车责任的规定。

总之，商法领域的信赖保护法律责任理应优先适用风险归责原则，被信赖人对外观与表示不实所隐含的交易风险损失承担相应的责任，不以被信赖人主观过错为责任成立要件。这不仅是社会成本与风险控制的需要，更是商事交易风险之公平分配、行为者自担其责之正当性观念的体现。该原则不以过错为归责要件，只是在一定程度上扩张了商主体的信赖保护责任范围，但不意味着彻底摒弃对交易双方过错因素的考察。被信赖人在信赖关系的形成、存续过程中存在的故意或过失程度，依然是衡量其承担责任程度的重要标尺。在司法实践中，应当根据被信赖人的故意、过失或无任何过错的几种差异情形，而加重或减轻其法律责任，达致交易风险损失的公平分配。有一些理论观点在谈及商事领域的公司企业责任时，将其与严格责任或加重责任等概念画上等号，完全不考虑信赖关系双方的过错因素，美其名曰保护交易安全的商事审判思维，实则未脱离大陆法系传统民法理论中过分注重相对人利益之窠臼，极容易在适用中过分加重一方责任甚至完全偏向相对人一方，使原本为了实现商事交易公平的司法矫正行为却导致交易双方利益均衡进一步遭到破坏。

因此，为了避免责任适用中的草率、笼统，需要相应的责任限制条件，需要结合双方过错程度公平分担损失。这种责任限制条件，就被信赖人一方而言，是在以风险原则作为信赖保护首要归责原则的同时，引入过错因素作为责任程度标准；而就信赖人一方而言，则是以下所论述的信赖合理性成立标准。

二、小前提——信赖保护的信赖要件

被信赖人方面具备的信赖事实与可归责性等原因要件仅仅构成了信赖保护产生的必要基础，相对人方面具备的信赖要件才是真正构成信赖保护的核心条件。根据卡纳里斯的有关分析，相对人应具备的条件包括主观上的善意

（不知悉真实状况，该善意可以推定）、作出了相应的处分或信赖投资、知悉外观构成、知悉外观与信赖处分具有因果关系等几项。① 故此，信赖保护法律规范中的信赖，可概括为善意相对人在知悉信赖事实后，据以作出相应的处分或投资，从而产生可得利益与固有利益的损失。可见，此处的信赖并非一般意义上所指的纯粹主观的内心信赖，而是由主观与客观两方面要素共同构成的：主观方面是相对人的善意与信赖合理性，客观方面则是相对人实际作出的处分与投资。

（一）合理信赖——商事信赖合理性标准的客观化

1. 从“善意无过失”到信赖合理性标准

信赖要件之主观方面，即善意相对人在主观上产生了合理信赖，有合理理由相信外观或表示的真实性。关于“善意”的含义，结合《德国民法典》第122、276、932条之规定，应理解为“非因过失而不知情”②。其基本原理为，排除在“应当知道”范围外的不知情，方能成为“善意”的不知情。而所谓“应当知道”，则为“只要不存在交易上疏于注意的过失，即可知道”。换言之，只有尽到一定的注意义务之后依然无法知晓的情形，才能不被纳入相对人“应当知道”的范围，从而认定其符合善意标准。在真实法律状况明显时，相对人理应负有进一步审查之义务，否则应视为存在过失。“善意其实是对信赖的品质考量，意味着合理信赖，即排除重大过失的存在。”③

因此，所谓“善意的不知情”、“相对人的无过失”与“合理的信赖”这几个概念，实属一体多面之问题，是同一内容的不同表述形态。有观点对此进行区分，认为“善意”属于主观上的要求；而“合理信赖”则是客观上的要求，应当结合一些客观情况加以分析。④ 但是，这种区分实无必要，二者本质上都是对相对人主观状态的一种描述与评价，无非是信赖合理性加入了更多客观评价因素而已，仍然可以整合为一个统一主观认定标准。

---

① 参见［德］C. W. 卡纳里斯：《德国商法》，杨继译，法律出版社2006年版，第148－151页。

② 《德国民法典》，陈卫佐译注，法律出版社2015年版，第42、93、347页。

③ 吴国喆：《权利表象及其私法处置规则：以善意取得和表见代理制度为中心考察》，商务印书馆2007年版，第148页。

④ 参见刘晓华：《私法上的信赖保护原则研究》，法律出版社2015年版，第141页。

具体而言，善意无过失只是对相对人的主观条件的最低要求和抽象概括，信赖合理性则是在善意之上提出的一个更高要求以及具体标准。“善意”在各国法律中常用于界定相对人主观条件，包括我国《民法典》、《公司法》及相关司法解释等，均采用“善意相对人”的概念，因此“善意”似乎更宜作为主观标准的大原则，加之现有法律规定粗疏，有关相对人主观条件的法律规定往往也仅限于善意，对信赖合理性的具体标准则缺乏明文规定，多数情况下只能交由法官自由裁量。但是，如果只有相对人的善意这一底线要求，在商事信赖保护领域是远远不够的，交易主体的信赖合理性才是此时真正发挥鉴别作用的主观标准。

因此，在多数商事交易信赖关系纠纷的场合，对相对人善意与否的评价，实际上转化成了对相对人的信赖是否具有合理性的评价，从而使这种主观标准具有更多的可操作性。“善意无过失”转化为“信赖合理性标准”，其隐含的取向是一种基于民事主体的个体化评价，转化为基于商事主体的一般化、社会化评价。既然称之为“标准”，就意味着其对某行业、某领域的多数交易主体均能产生判断效力，而不仅仅是对个案当事人内心状态的甄别，其普遍适用性、客观性、稳定可预期性等均应得到提升。因此，从某种程度上看，标准的客观化问题，也是标准的一般化问题，所谓“主观”与“客观”之别，实际上应是个体特殊标准与共同体一般标准之别。

2. 信赖合理性标准的客观化程度问题

信赖合理性标准在法律上的发展过程，一直围绕着“客观化程度”这一条主线。对外观与表示的信赖，实际上无非是一种“误信”，但并非所有的“误信”均能构成受法律保护的“信赖”。相对人内心的信赖以及信赖之上所附着的利益，究竟达到何种客观化、社会化的程度才具有法律保护的价值，就是信赖合理性标准需要解决的问题。罗马法注释法学派创造出一句曾为表见理论所信奉的格言：“共同错误产生权利”（error communis facit jus）。[①] 意即这种误信并非个别现象，多数人均已为该表见所迷惑，甚至是在一般情况

① ［法］雅克·盖斯旦、吉勒·古博：《法国民法总论》，陈鹏等译，法律出版社2004年版，第785页。

下每个人均不可避免地会信以为真，此时这种误信则被视为附有公共利益，而足以产生事实的权利。但是，这一源于中世纪的观点对权利来源的表见作出了过于严格的限制，已经无法适应近现代民商事交易的发展，因此又逐渐产生一个较为宽松的概念——“合理错误”，即与共同错误论相比，合理错误论将表见理论从客观主义与公共利益的桎梏中解脱出来，正式成为一种可适用于私人交易的规范。其不再要求客观上有多少人产生误信、是否达到公共利益的程度，转而关注个体所产生的误信在主观上是否具有合理理由，裁量标准由抽象过渡到具体。[①] 这种合理错误即为相对人合理信赖的原型。历史上“共同错误论”与“合理错误论”的演变，正是反映了信赖合理性标准中的两大倾向性选择，即偏客观主义的信赖基础与偏主观主义的信赖基础，直到今日二者依然是司法审判中的裁量难题。是综合考虑相对人判断能力之高低以及个案不同情势，采用个别化的主观标准，还是追求建立相对统一的一般化客观标准？认定主观条件时的客观化程度，其实可以反映出不同部门法之间的价值取向差异，民法信赖保护规范与商法信赖保护规范在此出现分野。

民事交易具有偶发性、个体行为性，一般民事主体作为相对人在认识能力、交易经验、行为倾向等方面均可能存在巨大差异，因此，在个案中必须结合案件具体情境、当事人个体差异等因素，对相对人的信赖合理性作出详尽的分析与考察，才能确保民事信赖保护案件决断之公正。但是，商事交易的惯常性与营业性，注定其脱离了个别民事交易的差异化特质，而必须遵守许多商业社会共通的守则与习惯，才能有效地指导带有更强的社会性、时效性与规模化特征的商事活动。

因此，以商人的判断能力为基础，建立相对统一的信赖合理性标准，应该是商法信赖保护中的首选。如果是偏向性保护个别相对人，采取因人而异的信赖合理性标准，或许有利于民事领域的交易安全；但是，对于商事领域的交易安全而言，这反而具有某种潜在的破坏力，意味着相对人可以凭借交

① 参见［法］雅克·盖斯旦、吉勒·古博：《法国民法总论》，陈鹏等译，法律出版社2004年版，第786页。

易对手的某些缺陷，自身就可以不再履行该行业所普遍要求的谨慎注意义务，转嫁交易风险并放任风险的现实化与扩大化，实则助长了商事交易中的侥幸投机心理与滥权滥诉行为。就短期而言，确实保护了个别相对人的交易利益，但长远来看不利于提高全行业的交易水平与诚信审慎的商业文化。但若主张回到类似中世纪的“共同错误论”等完全客观化的标准体系，也显属矫枉过正，过于严格的信赖标准同样会降低交易中的相互信任和减弱信赖保护的救济能力。因此，应当在建立商主体统一标准的基础之上，结合公司在商事交易中的主体特殊性、交易情景特殊性、行业特殊性等因素，甄别相对人是否存在一定过失、过失影响信赖合理性的程度等，形成相对客观化的商事信赖合理性标准。

3. 商事信赖合理性标准的相对客观化建构——理性人、商人、行业

商事信赖是否合理成立的一大关键，在于相对人是否已经在交易中履行相应的审慎义务之后仍然无法知悉真实情况，已经尽到审慎义务的，即可排除相对人自身具有过失的情形。换言之，相对人审慎义务的履行程度其实就是决定其信赖是否合理的核心因素。所谓履行审慎义务，包含在交易过程中对于交易对象的经营资质、注册资本、代理处分权限、法定代表权限等方面的审查核实，有时甚至延伸到对于交易对象公司内部组织章程、决议的审查核实等。这种审慎义务只限于文件、签章上的形式审查，若要求外部相对人介入公司内部组织行为或对涉及商业秘密的文件真实性作出有效的实质审查，则已超出了审慎义务的范围。但是，相对人是否在交易中负有审慎义务，本身就存在一定争议。囿于大陆法系传统民法观念之限，倾向性保护交易相对人是不少理论学说的出发点，因此不少观点认为公司内部行为不应当影响外部相对人，相对人根本不需要承担所谓的审慎义务。我国法院在公司法案件审判中对此也有许多不一致的做法，典型代表即为公司担保问题，公司对外担保时的相对人是否对公司章程、决议等规定其担保权限的文件负有审查义务。[①] 出现上述问题的原因，在于对相对人主观条件的判断仍停留于民法信

① 参见高圣平：《公司担保中相对人的审查义务——基于最高人民法院裁判分歧的分析和展开》，载《政法论坛》2017 年第 5 期。

赖保护中抽象笼统的“善意”标准，未针对商事信赖的特殊性对信赖合理性标准作出相对客观化的调整。

已有学者提出，私法中的信赖合理性之判断可以采用“理性人标准”，根据当事人群体之别进行标准的具体化与类型化，并构建理性人所置身的个案场景，综合考虑当事人的信赖是否具有合理性。[①]“理性人标准”一定程度上借用了经济学中“理性人假设”的方法，将交易中的主体抽象为原子化的、具有通常水平的谨慎和理性判断能力之人，并以此推断其在特定场景下的行为与心理状态，从而尝试在司法过程中将共同体标准、个案情形与法律规则等相联系。[②] 以一种相对客观化的共同体标准来衡量主观信赖，已经比抽象的善意无过失之判定具有了更高的确定性。

但是，这种一般理性人认识程度的信赖标准或可适用于民事交易，而在商事交易中仍失之于笼统抽象，应根据商主体的特殊性而具体化为一种“商人标准”。如果交易双方均为商主体，则应当将相对人之信赖定性为具有相当专业水平之商人所产生的信赖。信赖关系中的相对人同为商人时，其不同于民事主体之处主要体现在三方面：

第一，在主体性质上，民事交易中的相对人以自然人为主，而商事交易中的相对人则通常以营利法人或组织等形态出现。因此，一般化的理性人标准对此应作出相应调整，不再以个人行为的理性水平为基准，而适用组织行为的理性水平。公司法人的组织行为一般需要经过团体成员的决策、监督、执行等程序才能最终形成，本质上应是多方意见与利益的妥协、交换之产物，对个体的冲动、武断行为可以起到相当程度的制约。一般条件下，其团体理性水平应当高于自然人，因此在产生信赖时的谨慎程度理应更高。

第二，在专业能力上，民事主体并非以营利为目的从事营业行为，故不能推定其具备专业的交易经验和专业知识。这也是民法中专家责任的由来，正是为了保护相对弱势的、不具备专业能力的一般公众、消费者对专业人士之信赖，才要求那些提供专业服务、具备专业能力的“专家”承担更高的注

① 参见叶金强：《信赖原理的私法结构》，北京大学出版社2014年版，第118－132页。

② See Larry A. DiMatteo, *The Counterpoise of Contracts: The Reasonable Person Standard and the Subjectivity of Judgment*, 48 South Carolina Law Review 293, 347 (1996－1997).

意义务与保护义务。但如果双方均是专家，则偏向性保护的正当性就不可避免地被弱化了。相对人也是商人时，则应假定其同样具有相应的专业能力，其对交易过程中需要调查对手的资信能力、往来文件、行业惯例、交易风险等事项本身应具有充分的了解。具有较高专业能力之商人相应负担更高的审慎调查义务，且不因对方行为缺陷而免除这种审慎义务。虽然商业文明首先鼓励相互信赖，但是如果被信赖人外观或表示行为已存在明显可疑的情况，相对人即应当对此质疑与审核要求，否则就应当自担疏忽之责。

第三，从信息成本角度看，民事交易中的相对人往往不具备获悉被信赖人真实状况的直接途径，有时甚至无法获得相关信息，若要求其承担相关审核查验费用，则无疑将产生巨大的社会成本。分配信赖损失的一大考虑因素，即为由谁承担信息成本与交易风险才更有利于节约总体交易成本，提高社会的整体效益。因此，民法中偏向性保护相对人不仅是出于双方利益公平的考虑，也包含节约社会交易成本的考虑，由那些可以用最低成本获取信息的一方来承担信息成本。但信息成本的高低在很大程度上取决于双方的能力、地位之差异，在许多商事交易中，均为专业商人的交易双方在信息成本上也就不存在多少实质差异。尤其是当被信赖人的外观不实或表示行为存在缺陷等问题只要通过表面的形式审查即可验证发现之时，相对人掌握对手真实信息的成本近乎于零，此时信息成本问题就不应再被视为责任分配的影响因素。

总结以上几点，信赖相对人同为商人时，应当相应提高其信赖合理性标准，也即不能再适用一般民事主体的“理性人标准”而应当适用“商人标准”，尽到专业商人所必需的审慎义务后仍无法获悉真实情况，才能排除自身过失，形成合理信赖。但是商事交易类型繁多，不同行业的专业差异性极大，统一的“商人标准”在个案中仍有僵化、抽象之嫌。此时，即应当根据各商事行业特殊性，对不同行业的商人适用合理信赖的“行业标准”。

“行业标准”首先要求对不同商人群体作出大致的类型化划分，根据交易关系所涉及的行业领域，以该行业中一个理性的商人所必需的专业调查技能和商业伦理观念为审慎义务的基础，适用与行业相对应的信赖合理性标准。从事不同行业的商人可能在有关交易的专业水平、交易经验和辨识能力上均有显著差距。因此，当不同行业的商人处在同一交易关系中时，还需要因人而异地适用不同的行业标准。

以公司融资、担保纠纷为例，在一些典型的融资借贷案件中，商业银行往往作为债权人兼担保权人出现，而作为其交易对手的债务人与担保人则时常是不具备专业金融行业背景的一般商业公司。商业银行作为金融行业中的专业贷款人，必须具备专业的资信调查团队，制定严格的资金放贷对象审核流程，并符合既定的资本充足率指标，防止资信不良企业取得过度授信而导致坏账。换言之，银行本身需要承担较高的金融风险，必须提高金融行业的审慎投资义务标准，因此其合理信赖标准也相应提高。如果商业银行为了扩大信贷规模，未经必要的谨慎核查，就向资信不良企业提供贷款或接受担保，则其本身在交易过程中就具有不可推卸的过失，不应被视为符合信赖合理性的行业标准，应当自担投机行为遭受损失之风险。而在另一些非典型的公司企业间借贷或担保案件中，可能双方均无金融行业专业背景，信赖人公司在金融风险的认知能力、资信水平的调查能力与组织机构人员的专业能力等方面均与商业银行有较大差距，故不宜要求其承担与银行相当水平的金融行业审慎义务，信赖合理性标准也应当相应降低，只需尽到一般商人对于交易文件的形式审查义务仍无法知悉被信赖人之真实状况，即可成立合理信赖。

“行业标准”有时还需要确证该行业中某些交易习惯的存在，亦即“行业惯例”的证明。《美国统一商法典》第 1－205 条第 2 项对“行业惯例”作出定义和解释，是指在某地区、行业或一类交易中已得到惯常性遵守的做法，足以使人合理相信其仍会继续通行。此惯例的存在及其适用范围应作为一种事实而在诉讼中进行证明，若有成文文件记载此惯例，则应由法院对其加以解释。① 同条第 3 项指出，当事人明知或应知的行业惯例，能赋予交易文件条款以特定含义，对文义具有补充或限定作用。② 可见，在一些情况下，被信赖人的外观或表示只是形成信赖的表面原因，其深层原因实是信赖人对相关惯例的知悉与信赖，相信在某次具体交易中仍会遵循通行的行业惯例而行事。合理信赖是否成立，实则取决于行业惯例是否存在和适用范围的大小。

① Revised U. C. C. § 1－205 (2) (2003).

② Revised U. C. C. § 1－205 (3) (2003).

在此种情况下，信赖合理性的行业标准即必须以有关的行业惯例为基础进行判定，诉讼时应当由信赖人举证其据以产生信赖的行业惯例之存在，据行业惯例而产生的特定理解与信赖程度，即相当于信赖人形成信赖的合理性范围。相反，行业惯例有时也会对合理信赖的成立起到限制作用。若依据行业惯例，当事人不应当对有关外观或表示行为产生信赖，即否定了其信赖的合理性，此时则应当由被信赖人一方举证相关行业惯例的存在与限制作用，相当于证明相对人自身具有违反行业惯例之过失的存在，足以削减或抵消被信赖人的信赖保护法律责任。

我国目前的信赖保护法律规范正处于逐步构建完善之中，关于信赖人主观方面的条件，《民法典》《公司法》等有关法律条文仍停留于笼统的“善意相对人”阶段，而将信赖合理性的具体标准交由法官裁量。少数司法解释承担了减少裁量差异性的重任，例如《最高人民法院关于适用〈中华人民共和国物权法〉若干问题的解释（一）》（以下简称《物权法解释（一）》）第15条第1款，将物权善意取得制度中的“善意”进一步解释为不知情且无重大过失，并且适用善意推定原则。但这样的解释在商事交易领域中实是难堪其用，仍相当于完全交由司法裁量权处理，继而产生许多个案差异与实践困惑。

由民法上的“善意相对人”的个别判断，到一般化的“理性人标准”，再到具体的“商人标准”乃至更为专业的“行业标准”，反映出信赖合理性标准在商事交易中走向相对客观化的发展过程。既非绝对适用一般化的统一标准，也非完全根据个案情境进行差异化的裁量，而是结合商人群体、行业群体与个案当事人三个层面的因素，建立一个具有相对确定性和一定灵活性的中和标准，在司法中对法官裁量起到一定的指引与约束作用。无论是何种客观化的标准，最终仍必须经过法官内心的“主观过滤”，自由裁量权是其中必不可少的成分，但也受到法官职业共同体的解释规则的约束，而不是纯粹法官个人的判断。[①] 上述商事信赖合理性标准的建构过程，实质也是信赖

① See Larry A. DiMatteo, *The Counterpoise of Contracts: The Reasonable Person Standard and the Subjectivity of Judgment*, 48 South Carolina Law Review 293, 316, 348 (1996 – 1997).

保护的法定化与司法裁量权界限的调整过程，同时也意味着信赖保护责任的范围限缩与扩张界限的调整过程。责任的法定化，在很大程度上意味着责任限缩，划定被信赖人的责任边界，排除相对人自身存在过失、不成立合理信赖的情形，防止在司法裁量过程中出现扩大解释的现象。

归根结底，信赖人的信赖合理性标准与被信赖人的可归责性等，无非都是从公平原则出发，对二者在信赖关系中地位失衡进行矫正，是一种利益再平衡。如果在信赖保护法律责任的大前提方面，被信赖人可归责性采取风险原则是一种责任扩张，那么小前提方面的信赖人商事合理信赖标准则相应地应作为一种责任限缩，以此加以制衡，防止在对信赖关系失衡进行矫正的过程中矫枉过正，过度倾向于对相对人一方的权利保护而忽视了公司组织团体的权利，对商事交易公平造成二次伤害。

（二）信赖处分或投资

信赖要件的客观方面是信赖人已经基于上述合理信赖而作出了相应的信赖处分与投资，这是信赖人主观信赖的外在表现形态，也是法律对信赖人进行救济的现实法益所在。唯有主观之合理信赖与客观之损失以因果关系相结合，信赖人方得获得信赖赔偿。

1. 信赖处分与信赖损失

信赖处分与投资所产生的信赖损失数额，往往大于信赖处分与投资本身的数额。信赖处分与投资的行为只是信赖损失的前提，后者才是确定被信赖人赔偿范围的客观基础。信赖损失不仅包含固有利益的损失，亦在一定程度上包含可得利益的损失，不一定需要信赖人实际承担多少额外支出或准备行为，作出订立合同等法律行为就已经足够被视为一种处分或投资，甚至特定条件下的不作为也可以起到关键作用。[①] 具体而言，当事人相信要约或合同，而进行准备签订合同或实际签订合同、准备履行合同或实际履行合同的行为（包括作为或不作为），导致财产减少和订约机会的丧失，都应纳入客观信赖损失的范围。[②] 事实上，信赖处分或投资直接导致的固有利益损失，例如支

① ［德］C. W. 卡纳里斯：《德国商法》，杨继译，法律出版社2006年版，第148－149页。
② 参见马新彦：《信赖与信赖利益考》，载《法律科学》2000年第3期。

出额外的磋商与准备缔约的费用等，往往只是信赖损失的一小部分，更严重的部分其实在于信赖处分或投资后间接产生某种类似“纯经济损失”的可得利益损失。

对“纯经济损失”这一概念的理论研究多集中于侵权损害赔偿领域，尤其是国际法上关于船舶油污致损的纯经济损失赔偿制度，盖因该领域已具有一些现成的国际公约和国内法可作为研究素材，[①] 而其他领域的纯经济损失则少有成文法作出明确规定。根据欧洲各国法律的定义，“纯经济损失”概念可分为两大流派：其一是指那些不依赖于物的损害或者身体健康损害而发生的损失；其二是指非作为权利或受保护权益侵害结果存在的损失。[②] 二者均采用某种排除法式的定义，而并未划定“纯经济损失”概念的核心范畴，只能结合个案案情综合裁量。可见“纯经济损失”本身的内涵、外延在法学理论上较难确定，各国法律也对此持谨慎或回避态度，原因在于这一概念本质上延长了侵权行为的因果链条，极大地扩张了损害赔偿范围，将一些不属于受害人人身或财产直接损失的间接经济利益也视为侵权行为的损害结果，可能导致大量经济利益索赔诉讼涌现。但在许多案件中，受害人遭受的“纯经济损失”所体现出的紧迫性、直接性、确定可预见性等已经达到了不容忽视的程度，排除这类损失即相当于忽视了受害人绝大部分的损失内容。即使其并非受害人现存利益的减损、略带有一定程度的未来性或间接性，也理应被纳入损害赔偿的范围。

2. 信赖损失的两大基础——可预期性与信赖合理性

侵权法上的“纯经济损失”之所以具有法律救济之意义，实在于其所附之经济利益已具有确定的可预期性，并且该经济利益之损失与损害人之行为之间的因果关系也具有高度现实性。从信赖保护与契约法的角度来看，信赖人基于对外观或表示之合理信赖而作出信赖处分或投资，但却因合同未成立、撤销、无效等原因而导致其未能获得依合同有效履行时的可得利益，而且有

---

① 相关国际公约和国内法包括《1992 国际油污损害民事责任公约》《1992 年设立国际油污损害赔偿基金公约》《美国 1990 年油污法》等。

② 参见［德］克雷斯蒂安·冯·巴尔：《欧洲比较侵权行为法》，张新宝、焦美华译，法律出版社 2001 年版，第 33－34 页。

时还需要考虑其他缔约机会丧失的可得利益。这部分利益是否能得到赔偿救济，其实也应结合上述两个主要因素加以判断，即是否具有确定的可预期性和因果关系的高度现实性，这也正是对信赖损害赔偿范围的两项重要限制。但是，在合同法领域，因果关系通常只居于次要地位，可预期性才是确定损失的主要标准。许多不可预见的间接损害，虽然是违约“近因”造成的，也不属于赔偿范围。我国原《合同法》第 113 条关于违约损害赔偿数额的规定也已经确立了以可预期性为前提的履行利益赔偿原则。《民法典》第 584 条也作出相同的规定。

美国契约法上的违约损失可预期性理论发端于哈德利诉巴森代尔案（Hadley v. Baxendale）①，该案中作为原告的磨坊主与铁路公司签订磨杆运输合同，但最终铁路公司未能按期运达，导致迟延期间磨坊未能生产经营，故原告起诉要求赔偿磨杆按期运达的情况下可以获得的经营收入。多年之后的维多利亚洗衣店诉纽曼工业案［Victoria Laundry（Windsor），Ltd v. Newman Indus.，Ltd］②，总结并重申了该理论：如果根据一般情况，依约履行行为后通常会产生的可得利益，则由于其可预期性而可归责于每一个作为理性人的违约者；而通常不产生由于特定情势和特定因果才产生的利益损失，不可归入损害赔偿范围，除非在缔约时已经事先告知过对方。《美国统一商法典》第 2－715 条③以及《联合国国际货物销售合同公约》第 74 条对于间接损害赔偿的规定，就基本采用了类似的可预期性标准。④

信赖损失赔偿与违约损失赔偿在损失的可预期性理论上具有相通性，但信赖损失赔偿不同于违约损失赔偿，前者多是在合同尚未成立、被撤销或自始无效等情况下产生的，而违约损失赔偿则多以已成立或部分履行之合同为基础，具有更高的信赖程度。故此，如果要将信赖损失中的可得利益部分纳

---

① See Hadley v. Baxendale，156 Eng. Rep. 145（Ct. Exch. 1854）.

② See Victoria Laundry（Windsor），Ltd v. Newman Indus.，Ltd，1 All E. R. 997（K. B. 1949）.

③ See Revised U. C. C. § 2－715（2003）.

④ 《联合国国际货物销售合同公约》第 74 条规定：“一方当事人违反合同应负的损害赔偿额，应与另一方当事人因他违反合同而遭受的包括利润在内的损失额相等。这种损害赔偿不得超过违反合同一方在订立合同时，依照他当时已知道或理应知道的事实和情况，对违反合同预料到或理应预料到的可能损失。”

入赔偿范围，除了具备违约损失可预期性标准之外，还需符合额外的主观标准，亦即前文所述的信赖合理性标准。可预期性标准通常是针对契约双方的，要求信赖损失中的可得利益部分不能超出合同当事人订立、履行合同过程中已明知或可以预期的利益范围；而信赖合理性标准则是只针对信赖人的，要求信赖人具有合理原因相信有关交易合同可以依外观或表示而有效成立。对合同有效性的信赖合理性是合同损失可预期性前置条件，只有相信合同有效成立，才能产生依合同充分履行后可预期的履行利益。总之，虽然信赖人的信赖损失有时远大于其信赖处分或投资直接产生的固有利益支出，但是只有符合可预期性与信赖合理性两项标准的信赖损失，才可进入信赖保护法律救济的赔偿范围。

3. 公司信赖处分或投资中的特殊问题——成员处分行为之过失

如果是信赖人公司中的机关或成员个人违反法定或公司章程、决议等公司意思形成程序，擅自决定交易或处分公司资产，进而导致损失，则该情况下信赖人之信赖损失是否应完全归责于被信赖人，尚有待商榷。本书认为，可以从损失填补论与过错相抵论两个角度分析这一问题。

首先，依据各国损害赔偿法理论的通行观点，损害赔偿的最高指导原则仍在于填补受害人实际损失，以恢复至损害未发生时的状态。[①] 除非是法定惩罚性赔偿的场合，否则不应使受害人因赔偿而获得超出损失范围的利益。根据我国现行《公司法》第 20 条、第 21 条、第 94 条第 3 项、第 112 条第 3 款等规定，信赖人公司的股东、实际控制人、发起人、董监高等组织或个人对公司造成的损失，适用组织内部责任追究程序，应当向公司进行赔偿。因此，信赖人公司的实际损失已经有一部分可以由此得到填补，如果仍要求被信赖人公司全面承担信赖损失赔偿责任，则将出现救济范围重叠的现象，最终所得救济可能超出信赖人的实际损失。

其次，受害人自身对于损失的发生或扩大亦有过失时，得减免赔偿数额，此系公平、诚信原则之要求，若仍使赔偿义务人负全部损害赔偿无异于将受

① 参见曾世雄：《损害赔偿法原理》，中国政法大学出版社 2001 年版，第 15－16 页。

害人自己过失转嫁于他人。[①] 信赖人公司的成员一方在交易中存在违反法律、章程、决议之过失，该过失具有两个层面的意义，不仅作用于成员个人与信赖人公司之间的内部组织关系，也作用于信赖人与被信赖人之间的外部交易关系。信赖人公司成员之过失应由信赖人自己承担，由于内部组织管理缺陷而使其未能依法依规交易或违背审慎义务等所致损失不能转嫁于交易对手。在此情况下，如果全部由被信赖人承担赔偿责任，很大程度上意味着减轻或免除信赖人公司成员之责任，这一方面违反责任自负与交易公平等私法基本原则，另一方面亦不利于完善公司治理与内部追责制度的法政策目标。

三、结论——信赖保护的法律效果

在双方当事人符合上述原因要件和信赖要件、建立对应的信赖关系时，即可适用信赖保护法律规范，导出相应的信赖保护的法律效果。本书导论对信赖保护原则的总体概括，也可以被视为一种对信赖保护法律效果的概括，即“信者为真，得其所信，偿其所失，信其所见”。“信者为真”是信赖保护法律效果的最高原则，将民商事主体所信赖的外观事实或表示拟制为真，并以此信赖事实作为法律事实来认定当事人的权利义务。“外观状态取得真实状态的地位，第三人将被置于如其所设想的法律状态为真实存在时同样的地位。”[②] 这是产生其他后续效果的逻辑前提。“得其所信，偿其所失”对应两种信赖保护方式类型，即积极信赖保护与消极信赖保护。“信其所见”则更多地体现信赖保护规范实施后所追求的社会效果，通过对商事交易信赖的制度性保护，交易主体可以建立稳定的互信，维护民商事交易活动高效与安全。

积极信赖保护与消极信赖保护的区分是根据保护程度进行抽象概括与类型化的结果。若由具体实证层面观之，则信赖保护的法律效果实际上主要体现为两种请求权的产生，即履行请求权与赔偿请求权。积极信赖保护通常需要借助于履行请求权实现，而消极信赖保护只能依靠赔偿请求权。但是两组概念也并非完全对应关系，积极保护与消极保护是对应信赖人损失利益的性

① 参见曾世雄：《损害赔偿法原理》，中国政法大学出版社2001年版，第259页。

② ［德］C. W. 卡纳里斯：《德国商法》，杨继译，法律出版社2006年版，第151页。

质作出的区分，而履行与赔偿只是这些利益保护在法律上的具体实现途径，对行为无效所导致的不履行的损害（积极利益或履行利益损失），也可由不履行的损害赔偿来抵偿,① 而不一定必须通过履行请求权。以往不少理论观点未对此进行区分，将积极信赖保护与履行请求权进行简单对应，相当于排除了以损害赔偿方式保护外观责任关系中的履行利益的可能性，一旦现实中无法继续履行，就会导致信赖保护损害赔偿范围被大幅限缩，甚至在许多情况下被理解为只限于额外支出、准备费用等的消极利益损失范围，不利于对信赖人合理信赖权利的充分救济。故以下有必要分别阐述。

（一）两种请求权——履行请求权与赔偿请求权

信赖保护法律规范使外观状态取得真实状态的地位，即意味着相关法律行为效力不受外观不实瑕疵的影响，信赖人可获得其所预期行为有效之履行利益，得请求被信赖人继续履行交易契约。从法律制度的角度看，在民法中的善意取得、表见代理等制度中，信赖人均可依外观状态向权利人行使履行请求权。依据德国司法判例和通说，法律通常还会赋予信赖人选择权，允许其选择是否按照信赖规则行事,② 目的是更充分地考虑信赖人在各种情况下的权利保护，防止在某些特殊情况下真实状态对信赖人更有利但法律反而迫使其接受外观状态的吊诡局面。因此，信赖规则只是赋予信赖人请求权，由信赖人决定是否依据外观状态履行交易关系，而非一律使法律行为有效。法律行为是否有效不取决于相对人是否对其产生了信赖，信赖规则只是在必要时消除了外观不实瑕疵对于行为效力的影响而已；赋予法律行为效力的并不是信赖规则，效力仍源于当事人之意思表示。

由此可看出，信赖保护理论与法律行为理论具有明显的界线。法律行为的意义即创设当事人之间的“法律”，其效力源于人们希望引起法律效果的意思表示，是私人之间意思自治的体现，而非源于法律的直接规定，法律规

① 参见［德］迪特尔·梅迪库斯：《德国债法总论》，杜景林、卢谌译，法律出版社2004年版，第507页。

② 参见［德］C. W. 卡纳里斯：《德国商法》，杨继译，法律出版社2006年版，第151－152页。

定的作用只是对其进行认可并在法律世界中加以实现。[①] 而在信赖保护规则下，则是由法律进行价值衡量并直接决定法律效果。二者的区别，正是私法中意思自治性与法律强制性的分野。恰如卡纳里斯在《德国私法中的信赖责任》（Die Vertrauenshaftung im Deutschen Privatrecht）中提出的一个重要论断："信赖理论在每一个方面皆不能解决法律行为有效性的疑难问题。"[②]

但是，法律行为理论在许多情况下不足以完整描述行为的后果，而必须进入信赖保护的评价范围。试举两例说明二者在许多问题上的衔接关系：其一，意思表示的无效、撤销之责任问题。对外进行意思表示行为的效果，基于意思自治原则下的法律行为理论即可作出判断，成立何种法律关系、法律效果的内容等，均由当事人自主决定。但是意思表示存在瑕疵而无效或撤销时的效果，就不能完全取决于当事人的意愿，应当进入信赖保护的范畴加以评价。例如《德国民法典》第 118 ~ 120、122 条分别规定了意思表示无效、可撤销的几种情形以及对信赖意思表示之相对人的信赖损失的赔偿，如果有瑕疵的意思表示被撤销，撤销人应当赔偿合理信赖人的信赖损失，不以撤销人的主观过错为条件，是一种纯粹的信赖责任。[③] 此时，意思表示的无效、撤销之损害赔偿后果，已经与当事人的意志无关，而是法律对信赖保护进行价值衡量的结果。此时，法律行为理论之功用仅限于决定行为有效与否，而行为存在瑕疵而无效之后的后果，则只能交由信赖保护理论来解决。其二，缔约过失责任问题。当事人进行磋商而尚未缔约之际，一方违反先契约义务而造成对方损失，应承担缔约过失责任，该责任以客观损害加主观过失为建构逻辑，其法律后果同样与当事人意思表示的法律行为无关，而与信赖保护具有相同的价值衡量因素，在一定程度上属于信赖责任，[④] 是一种特殊信赖

---

① 参见［德］卡尔·拉伦茨：《德国民法通论》（下册），王晓晔等译，法律出版社 2013 年版，第 426 页；［德］维尔纳·弗卢梅：《法律行为论》，迟颖译，法律出版社 2013 年版，第 26 页。

② Claus - Wilhelm Canaris, Die Vertrauenshaftung im Deutschen Privatrecht, C. H. Beck'sche Verlagsbuchhandlung München, 1971, S. 418. 转引自朱广新：《信赖保护原则及其在民法中的构造》，中国人民大学出版社 2013 年版，第 109 页。

③ 参见［德］卡尔·拉伦茨：《德国民法通论》（下册），王晓晔等译，法律出版社 2013 年版，第 527 页。

④ 参见［德］维尔纳·弗卢梅：《法律行为论》，法律出版社 2013 年版，第 152 页。

关系情况下以“当事人存在过错”作为限缩条件的信赖责任。由于法律行为本身尚未有效成立，故法律行为规则在一开始就未能适用，而只能进入损害赔偿法理论的范围。但此时究竟是侵权损害赔偿，还是独立的缔约过失责任，还是纳入信赖损害赔偿的范围，在理论上不无争议。但归根结底无非是对当事人信赖投资等固有利益损失的一种补充救济而已，冠以何种名义，对于赔偿范围等影响不大。

因此，履行请求权虽然是信赖保护的最佳选择，但是仍以法律行为有效性为前提。在上述意思表示瑕疵、缔约过失责任等情形下，即使通过信赖规则消除部分瑕疵影响仍无法使法律行为取得有效性，此时履行请求权即无法适用，只能退而求其次，赋予信赖人向被信赖人主张损害赔偿的权利，即以赔偿请求权作为无法行使履行请求权时的替代。

以缔约过失责任为例，赔偿请求权的求偿范围主要包含两种损失：① 一是因磋商失败而导致此前支出的磋商费用、履约准备费用变成一种无益的额外支出损失，该损失具有较高的现实性与可计算性，也是多数案件中进行信赖利益损失赔偿的最低标准；二是因信赖缔约会成功而放弃其他缔约机会所导致的机会损失，这种损失赔偿请求相对来说较难成立，因为损失的仅仅是某种可能性机会而非现实的财产减损。有理论观点主张，如果被信赖人能够举证证明信赖人即使没有该缔约过程，也不会与其他人订立契约，才能将这种机会损失排除于赔偿范围之外，② 相当于由被信赖人承担证明该机会损失不存在的举证责任。

但这种观点显然违反了“谁主张，谁举证”的诉讼法基本原则，而且不具备举证责任倒置的正当性，意味着被信赖人需要排除一切虚无缥缈的缔约可能性，才能完成这种“不可能的证明”，无端加重了被信赖人的举证负担，要求其承担不属于其可控范围内的责任。合理的做法应当是，如果信赖人认为其确实存在缔约机会的损失，则应当举证证明缔约过程中其他具体缔约对象的现实存在，并且举证因为被信赖人过失导致缔约失败、信赖人必须重新

① 参见［德］迪特尔·梅迪库斯：《德国债法总论》，杜景林、卢谌译，法律出版社2004年版，第97页。

② 参见叶金强：《信赖原理的私法结构》，北京大学出版社2014年版，第178页。

缔约而额外增加的成本数额，这一部分才属于具体现实的缔约机会损失成本，方可被纳入赔偿请求权范围。一味加重被信赖人责任不是信赖保护理论的初衷，只有建立在公平合理的正当性基础之上的信赖保护规范才能适应商事交易活动之需要。

赔偿请求权的求偿范围，通常不能超过履行请求权的范围，其本质上也是风险承担与可预期性原理在起作用：信赖人在行为有效时的可得利益，即代表了其通过该交易可以期待获得的最大利益，限定了信赖人的投资行为合理性范围，超出这部分损失由其个人判断失误或投机行为所致，即使行为被有效履行也不能弥补此类损失，故信赖人应当自担其风险而不得转嫁于被信赖人。但是，赔偿请求权不得超过积极履行利益范围，并不意味着赔偿请求权只限于消极信赖损失的范围，有时积极利益虽然具有保护价值但却无法通过履行请求权实现，只能借助于赔偿请求权，此时赔偿请求权的求偿范围则相当于履行利益。如前所述，履行请求权与赔偿请求权只是信赖保护在法律上的具体实现方式，并不对应保护利益本身；根据保护利益之别，则应分为积极信赖保护与消极信赖保护。

（二）两种利益保护——积极信赖保护与消极信赖保护

以往根据信赖保护理论保护程度与救济范围不同，将其分为积极信赖保护与消极信赖保护两种。积极信赖保护即使信赖人“得其所信”，取得依信赖外观履行时的可得利益，涵盖合同履行时的完整利益；消极信赖保护即“偿其所失”，弥补当事人因合理信赖而遭受的额外损失，恢复到订约前的状态。德国私法上的权利外观责任即为一种典型的积极信赖保护，诸如善意取得、商事登记公信力、表见代理等均属于法律赋予外观状态以真实的地位，因信赖而为的行为得以产生与预期相当的完整效力。① 积极信赖保护通常赋予信赖人以履行请求权，或者根据外观维持法律行为效力的权利；特殊情况下无法履行或维持时，也会要求完整赔偿履行合同的可得利益。

而信赖利益损害赔偿则属于消极信赖保护，前述允诺禁反言对于受允诺人的救济，即限于赔偿消极损失的“信赖利益”。美国合同法违约救济通常

① 参见［德］C. W. 卡纳里斯：《德国商法》，杨继译，法律出版社2006年版，第151－152页。

在三种救济中择其中之一，即《美国合同法重述》第344条合同救济之三大目的“期待利益”（Expectation Interest）、“信赖利益”（Reliance Interest）与“返还利益”（Restitution Interest）。[①] 期待利益的实现将使当事人处于合同得到充分履行时的地位，故通常以期待利益为最佳救济手段；但当期待利益具有投机性或难以计算时，或强制执行的对价基础脆弱而应当适用允诺禁反言时，则以信赖利益为准。[②] 当允诺禁反言作为独立诉因时，损害赔偿则通常会被限制在所谓“正当”的范围内，[③] 也即赔偿仅限于因合理信赖准备履行或已履行合同而支出的费用，而且应当扣除假设合同完整履行也必须支出的费用。[④] 这种信赖利益的赔偿不应超过合同履行时受允诺人的期待利益，亦即期待利益经常被视为是信赖利益救济的上限，防止原告借此转嫁合同亏损的风险，使原告处于比假定合同得到完全履行时可得利益更好的状况。[⑤]

进一步分析可知，保护方式只是二者之区别的直观表现，由于信赖保护针对合同中相对人产生的利益损失进行救济，因此信赖保护方式之不同，其实根源于合同利益损失基础不同。依据民法上的通说分类法，损害赔偿所针对的合同等法律行为而产生的利益可分为履行利益和信赖利益（亦被称为“积极利益”与“消极利益”），履行利益是法律行为有效时因债务不履行而产生的损失，信赖利益是当事人相信行为有效但行为最终无效或不成立时产生的损失。[⑥]

但是，大抵源于德语习惯的翻译问题，在这些学说的语境内，“利益”与“损失”经常被混用，不能清晰地揭示损失救济与合同利益基础二者的关系，故本书在此对二者进行区分表述：（1）积极利益，是指法律行为成立有

---

① See Restatement (Second) of Contracts § 344 (a) (b) (1981).

② See David W. Barbes, *Remedies for Imperfect Transactions in Contracts and Torts*, 38 San Diego Law Review 193 (2001).

③ See Restatement (Second) of Contracts § 90 cmt. d (1981).

④ See Restatement (Second) of Contracts § 349 (1981).

⑤ 参见［美］L. L. 富勒、小威廉 R. 帕杜：《合同损害赔偿中的信赖利益》，韩世远译，中国法制出版社2004年版，第51页。

⑥ 参见史尚宽：《债法总论》，中国政法大学出版社2000年版，第288－289页；王泽鉴：《信赖利益之损害赔偿》，载王泽鉴：《民法学说与判例研究》（第5册），中国政法大学出版社2009年版，第150页。

效并得到履行时，当事人应得之利益，是整个法律行为利益最完整的终局形态。因此，如果法律行为不成立、无效或虽然成立且有效但不被履行，都会导致当事人无法得到其应得的积极利益，进而产生积极利益的损失。（2）消极利益，指法律行为不成立或无效时，当事人因为信赖该行为有效、作出准备等而付出的利益，额外付出利益即为消极利益的损失。将利益与损失的表述作出区别之后可以发现，积极利益本质是当事人应得而未得之利益，带有一定程度的未来虚构性，是价值选择的结果，只要最终未达成行为圆满状态（不成立、无效、不履行等），就都可能产生这种可得利益的损失，但是并非一定可以得到法律承认与救济，需要根据积极利益本身的应当性、现实可计算性等来决定。而消极利益本身即带有“不利益”之含义，实则无异于损失，不是一种增益，而是当事人固有利益的额外减损，是具有高度现实性的实际损失，虽然只在行为不成立、无效时才会产生，但却是法律必须救济的损失。

因此，积极利益（基本可对应上述德国法之“履行利益”与美国法之“期待利益”）与消极利益（信赖利益）都可能存在于信赖保护法律关系之中，作为信赖保护法律救济之利益基础。积极利益之损失救济往往是信赖保护的最高标准，作为信赖赔偿可能达到但不可超越的上限而存在；消极利益之损失救济则是信赖保护的最低标准，作为当事人因信赖而遭受损失时最后的保障手段。相比之下，对于信赖人而言，积极信赖保护显然是更有利的救济手段，可以使其“得其所信”，但是在许多情况下这种保护方式并不适用甚至不可能适用，此时就只能“偿其所失”，消极信赖保护往往是退而求其次的选择。

积极保护与消极保护的差异存在于许多公司法及其他法律规范之中。以有限责任公司股权转让问题为例，股东与公司外部第三人签订转让公司股权的合同，但合同却存在一定瑕疵而面临可能无效或被撤销的局面，此时，对第三人之信赖如何进行保护，法律针对不同瑕疵情形可能作出不同选择：（1）股权处分权之瑕疵。相关股权上存在隐名投资关系，出让方仅为名义股东而在股权的处分权上存在瑕疵，隐名股东认为自己才享有股权处分权，并主张名义股东签订的向第三人转让股权的合同无效。根据我国《公司法》第

32 条的规定，记载于名册并登记之股东方可行使股东权利，隐名股东未经登记，故其权属地位不得对抗第三人；再根据《公司法解释（三)》第 25 条的规定，此情况应参照原《物权法》中的善意取得规则处理。据此，即使出现隐名股东权属纠纷，善意第三人仍可以依据转让合同取得股权，此即采取积极信赖保护方式，依据信赖人所信之公示外观事实确定权属，使之“得其所信”。(2) 优先购买权之瑕疵。有限责任公司具有一定的人合性，如果股东在对外转让股权时未尊重其他股东的优先购买权，则根据《公司法解释（四)》第 21 条的规定，其他股东可以按照同等条件优先获得该转让股权，第三人不能依合同取得股权。此时第三人签订的转让合同虽然已经无法实现，但是转让合同仍然有效，因此无须依据信赖保护进行法律救济，只需适用违约责任规则即可保护第三人权利。(3) 违反法律之瑕疵。如果股权转让合同违反例如特殊行业准入限制之类的法律规定，第三人同样无法取得股权，而且该股权转让合同应属无效。根据原《合同法》第 58 条（《民法典》第 157 条）的规定，应当退还或折价补偿第三人已经付出的财产，并根据过错情况赔偿第三人受到的损失，此处即只能采取消极信赖保护方式，在“得其所信”已不可能时，仍对信赖人作出“偿其所失”之法律救济。

但是，法律究竟基于何种原因选择不同的信赖保护方式？按照德国学者的解释，积极信赖保护的基础是对法律状态或表象的合理信赖，可能涉及第三方利益；而消极信赖保护的基础则是对意思表示的合理信赖，通常是双方当事人之间的意思表示。也有观点认为，积极信赖保护中的信赖人是对现实存在的法律状态产生信赖，而消极信赖保护中的信赖人则只是对将来可能发生的法律状态的合理预期。因此，积极信赖保护的现实性、确定性更高，应予以更全面的保护；而消极信赖保护只具有可期待性，故其保护程度相对较弱。[①]

上述论说的确揭示出了法律制度设计层面的主要考虑因素。但现实中有不少公司法相关案例，虽然不涉及第三方利益，只属于双方之间的意思表示

① VgL. Claus - Wilhelm Canaris, Die Vertrauenshaftung im Deutschen Privatrecht, C. H. Beck'sche Verlagsbuchhandlung München, 1971, S. 495. 转引自刘晓华：《私法上的信赖保护原则研究》，法律出版社 2015 年版，第 144 - 145 页。

之信赖关系，但是仍采用了积极信赖保护，使信赖人能够“得其所信”；而在另一些情况下则相反，虽然存在第三方利益或某种外观，但却只能采用消极信赖保护以“偿其所失”。因此，针对公司法信赖保护的特殊性，应当形成一种新的类型化方法，并厘清其与传统的积极、消极信赖保护的对应关系，以求构建起公司法信赖保护的法律制度框架。

第三章

制度论（一）：公司法中的公示性信赖保护问题

本书第二章主要是对公司法信赖保护之规范性质、法律关系基础与要件构成逻辑等问题进行系统性分析，但基本仍停留于理论层面。商法理论的源泉与生命力实在于商事法律制度与商业实践之间的互动，故构建公司法信赖保护理论之核心，亦在于使私法上的信赖保护之灵魂具有公司法之实体。第三章及第四章“制度论”部分即依据公示性与非公示性之分类标准，结合实证层面的公司法律制度、司法审判与公司商事交易活动中的突出问题等展开具体分析。

第一节　公司法信赖保护制度的类型化框架

一、依正当性基础进行类型化的新思路

为深化理解公司法信赖保护规范，须对其进行类型化分析。只有概念、性质、地位等理论界定，尚不足以得出具体认识，原本为了使人更清晰地认识事物而创设、提炼出来的概念，有时却会适得其反，停留于把握概念的认识论使概念成为认识与现实之间的屏障。拉伦茨的类型理论也认为，法律进行抽象定义时，难以使人浮现出任何鲜明的形象而无法被人真正认知，只有当抽象概念被赋予类型化的具体含义时，法学思维才真正具有了落脚点，类

型应当成为法学思考的中心，不应陷入概念法学式的抽象概念推演游戏。抽象概念只宜作为法律论证中的参考，而只有将个别事物合适地纳入某种法学类型之中，才能开展对该事物的法律解释与适用。① 而类型无法被定义，只能被描述。② 类型化方法尊重事物原貌，避免了概念定义法因过于抽象提炼而脱离现实的问题。例如，“债权”这一抽象概念多用于对当事人之间法律关系相对性问题的论证，但在法律适用、法律解释层面却缺乏意义，只有将债权视为合同之债、侵权之债等具体类型时，人才能初步进入法律认识范畴，而将合同之债进一步类型化为买卖、租赁、赠与、委托等有名合同时，才真正建立起法律概念与现实事物的联系，回到认识事物的本质。类型化本身与概念不同，二者并无明显的界限，却具有不同的层次。不断将概念类型化的过程，在某种意义上也是概念认知不断深化、现实化的过程。在类型化过程中，随着某种评价要素的递增或递减，可以完成类型之间的排列组合，组成具有层级性的类型谱系。例如，可以根据团体性之强弱，将商事组织依次分为合伙、无权利能力社团、无限公司、两合公司、有限公司、股份有限公司等类型。③ 在此类型谱系中，商事组织的人合性依次减弱而资合性依次增强。通过类型化的方法，不仅完成了对商事组织的形态划分，而且使对组织团体性质的理解具体化。

如前章所述，信赖保护理论通常根据保护利益的性质区分为积极信赖保护与消极信赖保护，认为涉及第三方对于现存法律状态或表象之合理信赖的采用积极信赖保护，而对基于双方之间意思表示对于未来可能状态之合理信赖的采用消极信赖保护。总体而言，该分类方法对信赖保护的一般表现形态进行了有效的区分，但具体到公司法领域则出现了许多特殊性，原因实在于以公司法人为主体的商事交易中的信赖关系与一般民事交易中的信赖关系产生了分野，信赖主体方面的差异继而导致信赖关系、外观效力、归责原则、法律效果等诸多方面的差异。故应深入到公司法信赖关系的主体层面，探寻

---

① 伊藤刚「ラーレンツの類型論」（信山社，2002 年）40 頁参照。

② 参见［德］亚图·考夫曼：《类推与“事物本质”：兼论类型理论》，吴从周译，颜厥安校，台北，学林文化事业有限公司 1999 年版，第 117 页。

③ 参见［德］卡尔·拉伦茨：《法学方法论》，陈爱娥译，商务印书馆 2003 年版，第 345－346 页。

其中渗透的价值选择因素。

日本民法学家棚濑孝雄的“现代正义论”学说值得借鉴。该理论首次根据“正义”所涉及的主体关系范畴而对“正义”价值进行分类，提出“个体性正义、共同体正义、社会全体性正义”的三分法，重新构建不法行为及其救济的价值基础，超越个人自由和权利保护视野，进入社会共同体或整体利益的角度来理解受害者的社会救济、安全保障义务、合同信赖责任与缔约过失救济等法律制度。具体而言，“个体性正义”属于传统损害赔偿法指导原则，体现于对个人自由、权利的侵害行为课以赔偿责任。“共同体正义”则基于当事人之间形成的某种特殊的共同体关系，进而产生共同体内部的相互关照义务。例如，侵权法上基于服务场所或劳务关系的安全关照义务、基于医患关系产生的医疗专家责任、基于相邻关系产生的照顾义务等；再如，契约法上基于缔约磋商过程或履约过程中之信赖关系的缔约过失责任与信赖责任，也属于“共同体正义”的涵射范围。“社会全体性正义”则为风险责任、严格责任提供伦理依据，一些特殊行业或行为本身具有高度风险性，随时有可能产生无差别、普遍化、集合化的社会损害，在损害赔偿的归责原则上进行严格责任之扩张，在赔偿原则上则作出定型化处理等。而且对此类行为的规制不再限于当事人的相互赔偿关系，而提高到了行政管理与社会风险控制的层面，典型如交通事故责任、企业环境污染责任等。[①]“现代正义论”的实质在于根据行为风险所涉及对象范围的扩大，而随之扩大了行为人的责任范围，并为这种责任扩张提供正当化伦理依据。关照义务和损害赔偿责任之来源不再限于直接的侵权损害，还可以建立于某种相对虚化的共同体关系或社会整体关系之上。随着正义基础的扩张，当事人需要承担的相互关照义务实际上已经开始由具体、个别走向抽象化与整体化。

二、公示性与非公示性信赖保护之分

参考前述“现代正义论”的思路，由于信赖关系涉及的主体范围的不

① 棚瀬孝雄「不法行為責任の道徳的基礎」棚瀬孝雄編「現代の不法行為法：法の理念と生活世界」（有斐閣，1994 年）3－20 頁参照。

同，信赖保护也具有不同的正当性基础。当信赖关系所包含的信赖人具有的不特定性增加时，所牵涉的社会公共属性与影响范围也逐渐扩大，对其加以保护的正当性基础，由私人之间带有诚实信用等伦理因素的价值，转向保证市场交易安全、社会公信的价值，因此保护的程度也应逐渐提高。

1. 在被信赖人与特定的信赖人之间，并未涉及向社会不特定对象发布公示信息的内容，基于表示行为而建立信赖责任关系，其表示对象是具体而特定的。例如，在发出要约的意思表示、订立合同的磋商等过程中，被信赖人由于掌握特殊信息形成特定支配优势等，故应当对由自身原因引起的对方信赖负有关系性的关照义务，有学者参考侵权法上的安全关照义务提法，称为“交易安全义务”，[①] 违者应当就此承担信赖责任。这种信赖关系仅具有具体相对性，而不具备在更高的抽象层面上扩张被信赖人义务的正当性基础，其信赖责任属于当事人之间某种共同体关系上的“共同体正义”之要求。因此，本书基于信赖人范围及其特定性，将此类信赖保护归纳为“非公示性信赖保护”，以赋予信赖人赔偿请求权、弥补信赖损失为首要原则，而以维持行为效力的履行请求权为特例。

2. 而在另一种信赖关系——外观责任关系之中，当被信赖人通过公司商事登记、商号使用、公司组织形式变动、上市公司信息披露与公开发行等途径，向社会进行信息公示时，即形成了具有某种公示效力的外观状态，可能使不特定社会公众都产生合理信赖。如果说前述信赖责任关系中的被信赖人仅须要对单个契约中向特定信赖人作出的表示负责，那么此处的外观责任关系中被信赖人则须要对所有向社会公众公示披露的信息的真实性负责，保证所有潜在的交易相对人不会因信赖有关外观而受损。这种信赖关系实际上已经具有了某种抽象相对性，由于涉及整个商事登记、公示的制度性信赖和不特定对象的社会性信赖，具有“社会全体性正义”的价值属性，被信赖人也负有维持公示信息真实性、依据公示内容行事的抽象信赖保护义务。本书基于信赖人范围及其不特定性，将此类信赖保护归纳为“公示性信赖保护”。

① 林美惠：《论我国法上交易安全义务理论之建立》，载《台湾大学法学论丛》第28卷第1期（1998年）。

当信赖人基于信赖而与被信赖人建立起特定契约关系之后，不特定信赖人即完成了特定化，被信赖人的抽象信赖保护义务转化为具体信赖保护责任，应当以维持行为有效性、依据外观状态承担设权效果和履行责任为原则，以赔偿信赖人损失为特例。商事交易注重交易安全与效率，具有更高的公示要求和更强的外观属性，而且更倾向于维持商主体交易行为的有效性，因此一旦涉及"公示性信赖保护"，赋予履行请求权式的信赖保护也更为常用。

公示性与非公示性信赖保护之分，核心在于外观或表示之信赖事实是否具有对不特定对象的公示效力。公示性信赖保护的基础，即在于被信赖人的公示外观可能使社会不特定对象产生合理信赖，已经不再是对于被信赖人的个体信赖，而变成一种对于商业法律机制的社会性信赖与制度性信赖。因此，其保护措施就不再限于私主体之间的"偿其所失"，而应施以更高程度的救济，以确保信赖人相信商事公示之行为取得完整履行效力为原则，使其能够"得其所信"。非公示性信赖保护中的合理信赖则仍限于特定相对人之间，属于人际信赖和相对性信赖的范畴，故多数情况下只需以赔偿损失的救济手段即可实现。

二者的区分重点不在于是否涉及第三方主体。在民法信赖保护理论与规范中，一般只在涉及第三人时才适用权利外观规则，例如善意取得、表见代理等，其法律关系建立在真实权利人、外观权利人与第三人三方之间，其目的也是保护第三人权利。但是，在涉及商事登记、披露等制度之公示外观时，即使不存在第三人，也可能会产生不特定对象的合理信赖。如前所述，在有关公司登记的对抗效力的规定之中，公司外部"第三人"的概念严格意义上更接近于"相对人"的含义，我国《民法典》已经对有关用语作出规范化调整。[①] 此时，信赖公司登记或公示披露之外观的信赖人实际上并非本权关系之外的第三人，而是公司组织之外的相对人，信赖关系仍建立于公司与相对人双方的表示行为之间。但是其前置条件即为不特定对象对于公示信息的合理信赖，只不过这种抽象信赖关系在具体契约关系中实现了特定化、具体化而已。因此，这种信赖的本质是以公司公示外观作为基础，而非仅仅处于特

① 详见本书第二章第二节第二分节中有关"第三人"与"相对人"概念的论述。

定表示行为之信赖之中，故应当适用公示性信赖保护规范。

典型例证即为公司代表人对外代表权限问题，代表人在双方法律关系中代表公司与外部相对人缔约，此处不存在独立的本权关系与第三人问题，但是在许多情况下仍应适用公示性信赖保护规范。如果公司登记事项中已经包括了公司代表人的具体人员及权限之内容，例如法定代表人或公司经理人等，则相对人与代表人在登记授权范围内代表公司缔约的行为，本质上应被视为是对商事登记内容的合理信赖，而非对代表人关于自身权限之表示的合理信赖，此时即属于公示性信赖保护范畴。但如果其他公司有关人员，如代办人或商业使用人等，代表公司缔约的行为本身并无公司登记授权，则相对人不具有强有力的公示外观之信赖基础，其只能是建立于特定交易关系中之表示行为的合理信赖之上，适用非公示性信赖保护，二者在信赖保护的范围、程度、方式上均应有所区别。

总之，传统的信赖保护理论中的积极信赖保护与消极信赖保护之分，更多只是在结果层面上简单区分了二者的保护方式与法律效果，而且很大程度上囿于“是否涉及第三人”的思路之限，未能清晰揭示其选择依据与正当性基础。而公示性信赖保护与非公示性信赖保护之分，以“是否向社会进行公示”这种更具逻辑周延性的二分法，来梳理公司法信赖保护的法律制度架构，其类型化的精神实质是从民法上以个体利益为中心的思维，转向商法上以商业社会整体利益为中心的思维，有助于从组织法的角度深入理解信赖保护理论与制度。

第二节　公司登记制度中的信赖保护问题

登记公示是公司组织与外部市场建立信息联系的一个重要连结点，外部相对人对公司的了解与信赖很大程度上是凭借其登记公示之信息而建立的。商事登记制度也是商主体组织法与商行为交易法之间的一个重要连结点，信赖保护规范作为交易规范，对公司组织所提出的可信性要求，也须借由公司登记公示来实现。可以说，公示性信赖保护中最突出的问题首先表现在公司登记之中，商事登记也是许多大陆法系国家建立商事信赖保护制度的核心领域。例如《德国商法典》第一编“商人的身份”即主要围绕商事登记制度及其他有关问题展开；而法国与日本则都已将其商法典中的大部分有关商事登记之内容独立成为《商事登记法》；还有一些国家则以公司法为中心规定有关商事登记的内容，如韩国虽然并未独立出公司法单行法，但有关法人登记的内容多数集中于《韩国商法典》第三编“公司编”。以下即围绕公司登记之效力、当前我国登记制度改革及实践等，分析其中产生的信赖保护问题。

一、公司登记效力分析

（一）公司登记性质及其效力之辩

公司登记的公法私法属性，理论上并无争论之必要，基本的认识是其虽然具有一定的私法效力，但本质上是一种公法上的行政行为。[①] 但在性质上究竟是行政确认还是行政许可，就存在一定的争论价值：[②] 如果将公司登记定性为行政许可，意味着公司主体资格与经营资格都需要行政审批与授权才能取得，未经登记则不得以公司名义从事相关经营活动；但如果将公司登记定性为行政确认，则相当于否定了行政机关的审核裁量权，优先承认商主体资格的存在。

依据行政法与民商法的理论，行政许可意味着在许可事项领域的一般性禁止，以及经过审核后对个别主体进行授权；但对于公司从事一般性市场营业交易活动而言，法律没有理由采取一般性禁止的态度，其属于私法自治与营业自由的领域，无须法律许可授权即可进行，除非是法定的特殊管制领域。2014 年发布的《国务院关于促进市场公平竞争维护市场正常秩序的若干意见》也特别强调了“一般准入、特别禁止”的基本认识。[③] 法人资格存在以及一般性交易活动资格，无须行政许可授权即可成立，公司主体登记只是进

① 参见范健、王建文：《商法论》，高等教育出版社 2003 年版，第 546 页。

② 参见蒋大兴：《公司法的展开与评判：方法·判例·制度》，法律出版社 2001 年版，第 372 页。

③ 2014 年《国务院关于促进市场公平竞争维护市场正常秩序的若干意见》规定：“二、放宽市场准入。凡是市场主体基于自愿的投资经营和民商事行为，只要不属于法律法规禁止进入的领域，不损害第三方利益、社会公共利益和国家安全，政府不得限制进入。”

行行政确认。只有公司从事一些特殊管制行业领域、涉及公共利益与安全的经营活动时，才需要引入行政许可制度进行特别许可授权。因此，从理论应然的角度看，应当将公司登记作为行政确认行为，与行政许可相区分：公司登记本身仅仅是对商主体资格的确认，而行政许可是对公司从事特殊行业经营活动的审核授权，二者是两个不同的环节。这一认识与大陆法系传统的商事登记理论与制度基本一致，即主体资格与经营资格采取“分离模式”。例如，在德国，由法院依据《德国商法典》进行法人主体资格登记，而工商管理局则依据《德国公共秩序法》负责已经登记成立之法人的营业登记，二者区分的模式有利于理顺商事登记确认与行政许可授权两套制度体系，互不干扰。①

但是，囿于我国长期计划经济与行政干预市场的历史，现实中的公司登记经常与行政许可事项发生交叉，从而导致对公司登记定性的混乱。不少观点指出，我国公司企业登记的核心问题即在于主体资格与经营资格的一体化模式，具体表现为法人登记与营业许可执照的制度捆绑。② 例如，我国于2004年施行的《行政许可法》第12条“可以设定行政许可的事项”中即包含一项“企业或者其他组织的设立等，需要确定主体资格的事项”。还有我国2016年《企业法人登记管理条例》（已废止）、《公司登记管理条例》（已废止）之中的有关规定，③ 均未区分主体资格与经营资格，而采用“企业法人营业执照”进行统一授权，无疑是过度扩张了行政许可的范围，也改变了公司登记的性质定位。

公司登记的性质定位对于理解登记效力也具有关键意义。理论上对于商事登记法律后果的认识，总体上包含设权作用与公示作用两大方面：只有通过商事登记，该法律事实才能成立。例如，股份公司与有限公司通过登记取得法人地位与权利能力，此时的登记即发挥设权作用。如果进行登记之前就已经存在相关法律事实，例如商号使用登记与经理权登记等，登记只发挥公

① 参见王令浚：《商事登记法律制度研究》，对外经济贸易大学2007年博士学位论文，第82－85页。

② 参见王远明、唐英：《公司登记效力探讨》，载《中国法学》2003年第2期。

③ 参见《公司登记管理条例》第3条与2016年《企业法人登记管理条例》第3条。

示作用。[①] 两大方面的作用衍生出各自的法律效力，设权作用产生登记的创设效力，是登记生效主义的基础；而公示作用则产生登记的证明力、公信力、对抗力等确权效力，是登记对抗主义的核心。关于登记创设效力之争议持续已久，如果将公司登记理解为一种行政确认行为，则其仅具有确认并公示公司信息的确权效力，而不具备授予公司主体资格的创设效力。[②] 但是，应然层面的争议不应影响对于法律实然之理解，从我国当前的有关规定以及社会实践情况来看，公司登记的创设效力在制度上是现实存在的。而且，问题之关键不在于登记创设效力本身，而在于其背后隐藏的行政裁量权范围与行政干预市场的程度。只要遵循“简政放权、深化行政审批制度改革”的基本原则，控制涉及行政许可的事项范围，充分尊重公司营业自由，由事前准入监管转变为事中、事后持续性监管等，那么究竟是采用分离式还是采用一体式的登记模式、登记是否具备创设效力等问题就不再关乎大局。故此，对于登记效力的研究重点应该由行政制度的设计问题转移到私法效果的完善问题之上，公示效力才是登记制度私法效果方面的核心。

（二）公司登记的公示效力与信赖保护

公示效力具体包含公信力与对抗力。公信力是信赖保护理论的直接表现，意指公司事项经登记公示后即推定真实有效，善意相对人根据对公示内容之信赖而为交易应受法律保护，即使存在外观与客观状态不一致，也将公示外观拟制为真实并据以确定权利义务。质言之，公信力即意味着登记公示信息具有真实性的法律制度保证，社会不特定公众均可对此形成合理信赖。此为“积极公示”产生可“信其为真”的公信力。另外还有一种“消极公示”产生的公信力，在法律上经常表现为一种“不得对抗规则”，意指应公示而未经公示的事项，公众即可据此“信其不存在”，公司不得再以之对抗第三人。与之相反，对抗力则是信赖保护理论的界限，意指公司事项经登记公示后即推定为社会公众所知悉，相对人不得再以善意相信为由请求保护，公司可据公示内容免除相关责任。

---

① ［德］C. W. 卡纳里斯：《德国商法》，杨继译，法律出版社2006年版，第74页。

② 参见冯翔：《商事登记效力研究》，法律出版社2014年版，第35页。

上述三种公示效力的表现形态在《德国商法典》第 15 条得到了清晰的界定，该条第 1 款即未经公示不得对抗规则，第 2 款规定了公示内容的对抗力规则并且规定了对抗力的时间界限，第 3 款则明确了公示的公信力规则。[①]《日本商法典》第 9 条与《日本公司法》第 908 条也作出相应规定，但只是借助“不得对抗规则”的形态加以表述，对抗力规则实际上并未被明确规定而是隐含其中。[②] 我国《民法典》第 65 条与《公司法》第 32 条采取了相同的做法，以“不得对抗规则”涵盖公司登记的公示效力。

公信力与对抗力在日本理论界分别被称为“消极公示力”与“积极公示力”,[③] 这种观点隐含的逻辑是将公示效力等同于一种属于公示者的对抗性力量，可以对抗第三人的即为正面积极的效力规则，不得对抗第三人的即为反面消极的效力规则。因此，公信力与对抗力实为公示效力之一体两面，具有不同的强调重点且互为界限。从被信赖人的角度看，对抗力实际是赋予其一种免责抗辩权，在面临第三人主张权利时可排除第三人善意并借此免责。而公信力则是划定了其抗辩权的成立范围，例如《德国商法典》第 15 条第 2 款规定的公示之内 15 日不产生对抗力的时间范围，或者是《日本商法典》第 9 条规定的未经登记之事实或不实登记背后之事实等不具有对抗力的事项范围。而从信赖人的角度看，公信力赋予其相应的信赖保护请求权，使其免受消极公示或不实登记的影响，可请求被信赖人依据公示外观履行或赔偿损失，而此时对抗力则成为其合理信赖与请求权的界限。

登记、公示是公司内部事项对外产生效力的窗口，基本上也是唯一的窗口。以是否公示为标准区分公司组织的外部效力，不仅是商法外观主义的基本要求，也是组织与市场进行内外效力区分、限制企业外部性等理念的主要表现。按照团体法的一般原则，组织内部规定与事项只能对其成员产生约束力，而不能约束组织之外的其他市场主体，亦不能推定其他市场主体知悉有

---

① 参见《德国商法典》，杜景林、卢谌译，中国政法大学出版社 2000 年版，第 15 页。

② 参见《日本最新商法典译注》，刘成杰译注，中国政法大学出版社 2012 年版，第 22 - 24 页；《新订日本公司法典》，王作全译，北京大学出版社 2016 年版，第 385 页。

③ 参见［日］近藤光男：《日本商法总则·商行为法》，梁爽译，法律出版社 2016 年版，第 32 - 33 页。

关内容，以防止组织将内部成本转嫁于外部，使外部主体承担其无法控制之风险。但是，借助公司登记与公示披露等制度，组织中的部分信息已经向社会公开，可推定已经为外部人所知悉，进而产生对外效力。但其终究属于组织内部事项，因此这种对外效力更多地体现为排除相对人合理信赖、免除公示者的信赖保护责任，而不是直接约束相对人行为的对外效力。

理论界有一些观点认为，公司章程、决议等内部文件在某些情况下也会产生对外对抗效力。[①] 例如，公司章程经过公司登记在册、可供查询时，就具有了对抗第三人的效力；再如，决议经过公告、特别通知时，也应当推定第三人已经知悉其内容。本书认为，应当将章程、决议的登记公告与章程、决议本身相区分，二者是两个不同的事物：具有对外效力的只能是登记、公告；而公司章程、决议等属于公司组织内部文件，不具有对外效力。但是，如果章程与决议已经过法定程序进行公示，则其中的公示内容的确应当推定已为相对人所知悉，将产生相应的公信力与对抗力。但这并不意味着决议、章程本身具有了对外效力，相对人所信赖的其实还是公示，而非章程或决议，只不过其具体内容与决议、章程发生关联而已。

另外，在一些情况下，章程、决议等也会间接影响公司外部相对人的权益，也有观点将其视为一种对外效力。例如，公司决议减少注册资本时，公司债权人的利益无疑会受到影响，相当于公司一般担保财产的减损，故我国《公司法》第177条规定该减资决议应及时通知债权人，债权人有权要求提前清偿或提供担保。再如，公司根据决议对外建立交易关系，但是决议存在瑕疵而被撤销或无效时，相对人在交易中的权利也可能会受影响。我国《民法典》第85条以及《公司法解释（四）》第6条都对此加以规定，防止决议瑕疵影响对外交易关系的有效性。上述事例中的决议虽然可能影响公司外部相对人的权益，但并非严格法律意义上的对外效力，既非公示对抗力也非行为拘束力，而只能算是一种利益上的间接影响力。这类影响力即属于企业外部性的范畴，组织内部事项不合理地对外部主体造成利益减损，故应当通过

---

① 相关观点参见刘俊海：《公司法学》（第2版），北京大学出版社2013年版，第72页；赵旭东主编：《公司法学》（第2版），高等教育出版社2006年版，第175页。

信赖保护法律制度加以限制，而不是承认其具有对外效力。总之，所谓“公司章程、决议等内部文件的对外效力”并非一个可以成立的命题，公司的登记、公示制度才是组织内部事项产生对外效力的唯一途径。

如前所述，公司商事登记制度是公示性信赖保护的制度基点，也是整个公司法信赖保护的核心，更是公司法组织规范与信赖保护交易规范的连结点，是公司履行抽象层面的信赖保护义务和满足交易主体可信性要求的主要途径。但是，我国现有的公司商事登记制度过于笼统、抽象，而且有分散化、行政化之弊，对于登记公信力、对抗力等商事登记私法效果规则还缺乏系统而具体的规定。我国目前有关商事登记的法律规定则较为分散，主要包括《民法典》《公司法》中的有关条文，《企业法人登记管理条例》《公司登记管理条例》等行政法规的专门规定，《合伙企业法》《个人独资企业法》《个体工商户条例》中的零散规定，以及一系列行政管理办法与实施细则等。总体而言，我国的商事登记制度依据主体性质之分而进行分散立法，与其他国家追求立法统一化的取向有所不同，由此引发的主要问题即适用范围交叉和内容重叠现象，不利于实践中的遵循与适用。而且有关商事登记的专门规定基本都由行政法规或规章负责，缺乏法律层面的具体规定，导致商事登记制度的过度行政化、公法化倾向，其私法领域的效力问题以及相对人信赖保护问题往往依托《民法典》与《公司法》中抽象笼统的几条原则性规定，只能借助更多的司法解释才能加以理解适用，更加剧了商事登记法律制度的分散化问题。登记制度的分散化、行政化，商事登记效力界定不明等缺陷，是现实中产生诸多公司登记信赖保护问题的一大原因，故登记制度的法律化、统一化，以及登记效力规定的具体化、明确化，应是解决现实问题的主要途径之一。

另外，当前推行的登记制度改革重点聚焦于简化公司设立成本、放宽市场主体准入限制等问题，加之社会信用体系与持续监管机制尚未成熟、完善，因此在一定程度上忽视了信赖保护法律责任的规范建设，在各类公司数量激增且参差不齐的现实环境下产生了诸多违背交易公平与诚信守则、利用改革风潮与制度洼地收割红利并迅速撤离等不负责任的市场主体行为，这很可能会进一步影响整个社会的商事交易安全与市场诚信文化的培养。

（三）公司登记制度改革对登记效力的影响——以“证照分离”为例

党的十八大以来，公司登记制度改革成了国内经济发展的一大动力。改革以转变政府角色、简政放权为指导精神，逐步推行公司资本“认缴制”改革、公司登记“先照后证”改革等，在我国经济下行压力明显加重的时期，引入了一批充满创业活力的市场主体，有望借此实现新一波的改革红利。但同时也必须看到公司登记效力在改革中受到一些现实的冲击，对此需要加深认识并制订理性应对措施。

需要注意的是，本轮公司登记制度改革首先在深圳市开启。深圳市于2010年将商事登记制度改革纳入重点改革计划，其市委常委会于2012年5月通过《深圳市商事登记制度改革实施方案》，其中已包括“商事主体资格与经营资格相分离”“实行注册资本认缴登记制度”“改革现行企业登记年度检验制度，建立商事主体年报备案制度”“一表登记，三证合一”等内容，在当时还没有中央层面的法律规定或改革意见支持的背景下，可谓极具突破性与前瞻性。直到2013年“两会”期间才通过《国务院机构改革和职能转变方案》并大幅修订《公司法》，注册资本认缴制等改革措施实现法定化，而中央行政层面于2013年由原国家工商行政管理总局支持在上海市自由贸易试验区等地进行阶段性试点改革。这种近乎“自下而上”的改革，导致了一种中央改革方案尚未出台完善时地方即率先实践的尴尬局面，也引发了许多理论争议。不少资信不良企业借此上马并集中涌向改革地区，进而影响到市场交易秩序与安全，一定程度上加重了我国以往商业诚信缺失的问题。有观点甚至认为，此次登记制度改革是地方行政对中央立法的一种“倒逼”，“刻意制造制度洼地以引流国内资金”，是“地方政府追求政绩的另类表现，总体上是一件有毒的制度产品”①。

登记制度改革间接促进了整个行政审批制度的改革，符合我国当下提振经济势头的发展需要，总体上也有利于全面深化改革的历史进程，但是登记制度不仅涉及行政系统，更是深刻影响整个公司资本制度和商事交易系统，

---

① 甘培忠：《论公司资本制度颠覆性改革的环境与逻辑缺陷及制度补救》，载《科技与法律》2014年第3期。

因此该问题不能简单地从“简政放权”的改革需要来考虑，更应当站在稳定市场秩序与交易安全的角度进行顶层设计。我国对于改革的“不破不立”“先破后立”等口号往往充满热情，但实际上“破”后如何“立”、如何应对改革引发的不适应症以及后续副作用，才是决定一场改革能否取得最终胜利的关键。

以公司登记制度改革中的“证照分离”改革为例。如前所述，我国以往的登记制度采取主体资格与经营资格的一体化模式，以“营业执照”统一授予公司主体资格和营业范围的许可，而且在许多情况下，只有取得经营许可之后，才能取得主体资格，也即“先证后照”模式。2013 年《国务院机构改革和职能转变方案》和 2014 年《国务院关于促进市场公平竞争维护市场正常秩序的若干意见》正式提出“先照后证”改革，2014 年《国务院关于取消和调整一批行政审批项目等事项的决定》明确了“先照后证”的做法和事项范围，将数十项工商登记前置审批事项改为后置审批。之后，国务院于 2018 年正式下发通知，在全国范围内推广“证照分离”改革，根据审批事项分别按照“直接取消审批”“审批改为备案”“简化审批，实行告知承诺”“完善措施，优化准入服务”四种方式实施。①

“先照后证”意即公司设立申请人可以先申请登记经营范围并取得营业执照，之后再到有关审批部门办理许可手续。这样一来，原本在一体化模式中具有双重证明作用的“营业执照”，现如今已变得名不符实，纯粹变成了一种公司主体资格的证明，而失去了证明营业资格的作用，意味着取得营业执照的公司也不一定具有相应的营业资格。从这种用语错位与逻辑混乱之中可见，我国工商行政系统目前尚未完全厘清商事登记与行政许可证的关系定位，仍然在分离化与一体化模式的边缘徘徊。

从公司登记效力的角度分析，这种改革实际上大幅限缩了登记公信力的范围，使其仅具有确认公司法人主体资格的效力，相对人不能根据公司取得“营业执照”而因此相信公司也具有相应的营业资格。而且，在目前的公司登记制度下，“公司是否已经取得相应的行政许可”这一事实不属于必须登

① 参见 2018 年《国务院关于在全国推开“证照分离”改革的通知》（国发〔2018〕35 号）。

记事项，相对人也无法根据“消极公示”的原理推定公司已经取得许可。因此，可能在很长一段时间内，公司一直处于“有照无证”的状态，相对人无从得知其是否具备特定行业的营业资格。总之，比起原来的一体化模式，当前公司登记的公示效力实际上已经被大幅削弱了。

更突出的现实问题是，由于以往长期采用一体化模式，“营业执照”这一形式已经在社会上形成强大的企业资质证明力，企业取得营业执照似乎就意味着其已经通过了行政审核并具有登记范围内的营业资格。对我国公众而言，一般也无法辨识所谓的主体资格与营业资格、行政许可与法人登记等一系列概念的对应关系。如果继续将“营业执照”作为登记证明文件，但其本身却不具有证明行政许可的效力，无疑会造成社会公众混淆甚至产生误导。而且，现实中许多公司企业在登记取得执照之后并未积极申领相应的行政许可，而是立即开始有关营业活动或磋商缔约行为，实际上是利用了“先照后证”改革中的制度空档，由原来的“无照经营”转变为“有照无证经营”的另一种形式的违法行为，对于公众消费者与商事交易相对人而言都具有更大的危害性，“营业执照”反而可能异化为一种违法经营者或商业欺诈者以极小成本就能获得的幌子，利用其形式确认力来充作类似于实质证明力的作用。

上述问题之根源，即“证照分离”改革与一体化登记模式之社会制度惯性相冲突所产生的不适应症。总体而言，改革符合商事登记现代化发展的正确方向和促进市场活力的经济需要，只是应当针对当前问题制订配套方案与应对措施。从行政监管的角度看，加强公司登记后的事中、事后监管是核心主线，国务院已经充分认识到其重要性并出台了有关指导意见，[①] 至于如何具体落实的问题，则属于行政法与公共行政学之范畴，不在本书的讨论范围之内。

而从商事登记的私法效力与信赖保护法律责任的角度看，一方面，应彻底走向分离式登记模式并消除旧制度残余，进一步清晰区分公司主体资格与营业资格，摒弃原来一体化模式下“营业执照”这种极易产生混淆的形式，

---

① 参见2015年《国务院关于“先照后证”改革后加强事中事后监管的意见》（国发〔2015〕62号）。

公司登记后只能取得“企业法人登记证书”等作为证明文件，使公司登记彻底回归主体资格的证明与公示效力。另一方面，基于当前改革过渡时期的特殊性，而应对信赖登记内容之信赖人予以更高程度的司法救济，根据登记、公示之内容对公司课以公示性信赖保护的法律责任。假设公司已登记相应经营范围并签订有关民商事合同，但实际上并未取得行政许可，则其在行政法上固然属于违法经营行为；但在民商事司法审判中，不宜轻易地据此认定其所签订的合同一律无效，而应当结合经营范围登记之外观状态与相对人所形成的信赖合理性程度，以尽量维护民商事行为有效性为首要考虑，要求被信赖人承担合同行为有效时的法律责任。虽然依据《民法典》颁布之前的《合同法》第 52 条等有关行为效力的规定，这种在越权或违法经营情况下签订的合同经常会被视为无效合同，[①] 但这应作为当前公司登记“证照分离”改革过渡时期的一种特殊化调剂措施，如果一味认定合同无效，在当前市场交易主体数量暴增且良莠不齐的环境下，可能会进一步影响相对人信赖利益与市场交易秩序，使一些恶意注册的公司借此从事投机性签约并最终逃避合同责任。因此，《民法典》第 505 条对此作出了明确调整，超越经营范围不是导致合同无效的原因，除非法律、行政法规的强制性规范直接导致该经营行为无效。可见，合同有效时的履行请求权仍应当是此时信赖保护的首选方式，但若涉及公共利益、国家安全等特殊行业管制而导致履行已不可能时，信赖人赔偿请求权的范围也应当达到充分覆盖假设合同有效时履行利益的数额，才能最大限度实现公司登记的公示性信赖保护。

除“证照分离”改革之外，2013 年《公司法》确立的公司资本“认缴制”也是对公司法信赖保护产生深刻影响的一项登记制度改革举措。虽然其同样牵涉到公司登记及其效力，但本质是公司资本制度之问题，故在本章第三节公司资本制度改革与信赖保护之中加以讨论。

---

① 《最高人民法院关于适用〈中华人民共和国合同法〉若干问题的解释（二）》第 14 条、《最高人民法院关于当前形势下审理民商事合同纠纷案件若干问题的指导意见》等文件曾对法律中的“效力性强制性规定”和“管理性强制性规定”进行区分，违反“管理性强制性规定”的民商事行为也不一定是无效行为。但是这仅仅是法律解释学层面对民商事行为效力的一种维护，未能根本解决违法经营行为对合同效力的影响，而且实践中大量行政许可规定在“效力性”或“管理性”的属性上本身存在争议，法律适用与解释上的调整反而可能加剧裁量权滥用与“同案不同判”现象。

二、公司股权登记与股权转让纠纷

依据我国《公司法》及《公司登记管理条例》之规定，有限责任公司应置备股东名册，并向登记机关登记股东姓名等事项。有限责任公司股东的股权登记不仅是公司登记制度中的一项重要内容，而且在现实中还与股权转让合同具有密切联系，是商主体组织规范与商事交易规范在公司法中相连结的又一项突出表现，也是《公司法》涉及第三人之公示性信赖保护的典型例证。虽然股权转让合同的主体是公司股东而非公司，但由于股权本身即具有公司法人团体成员权的属性，而且转让合同涉及公司登记外观事项等，公司也在转让合同履行过程中负有一定的义务（如信息披露、通知告知、变更登记等），外商投资企业还负有报批等义务。这些公司组织性因素在该类交易中时常起决定性作用，因此本书也将其列入公司法信赖保护的问题范围，以有限责任公司股权转让合同中的隐名投资纠纷和侵犯股东优先购买权纠纷为例，分析其中涉及第三人公示性信赖保护的问题。

（一）股权与股东资格之辩

股权与股东资格虽联系密切，但二者并非同一概念。现代公司治理与公司法的发展过程中所出现的股权权能分离趋势，更能说明该问题。虽然有传统观点认为，股权与股东身份是同时产生的，享有股权即应被认定为股东；[①] 但实际上股权具有财产性权能和非财产权权能（成员身份性）的双重属性，《公司法》第4条有关股权的规定就是股权具有多种权能的明确表述，享有部分股权权能之人不一定就是股东，股东在有些情况下也不一定享有完整的股权权能。而股东资格是股东行使股东权利、承担义务的基础，是投资者与公司之间形成的身份关系。[②] 可以说，股东资格所代表的，主要是股权当中更具有身份属性的部分，在注重人合性的有限责任公司之中，这种身份特殊性体现得尤其突出。例如，在有限责任公司股权转让合同中，仅具备股权出

① 参见江平、孔祥俊：《论股权》，载《中国法学》1994年第1期。

② 参见周友苏：《新公司法论》，法律出版社2006年版，第223页；胡田野：《公司法律裁判》，法律出版社2012年版，第202页。

资条件尚不足以使出资人成为公司股东，还必须满足有限责任公司其他股东半数以上同意、不侵犯其他股东优先购买权等组织人合性条件，才能正式成为公司股东、取得完整的股权并进行股权登记。①

股权作为一种新型权利出现之后，各国民商法界学者们对股权性质的认识莫衷一是，早期曾陆续出现所谓的所有权说、双重所有权说、债权说、共有权说等，但上述诸理论均或多或少在某些方面与实践中的股权形态存在龃龉之处，无法妥善地指称股权所具有的诸多面相。究其原因，是采用民法思维惯性，套用既有的传统民事权利类型来囊括实践中产生的新型商事权利，自然无法完全匹配。商法学界则倾向于用一些新创设的权利概念来解释股权性质，日本商法学者松本蒸治根据德国公司社团法人理论和德国学者普瑞格斯伯格（Pregelsberger）最先提出的“共益权和自益权”的区分说，将二者进一步统合为一个由单个的社员权所产生出来的不同权能，而非不同的权利类型，该说法随后形成日本理论界的主流观点——“社员权说”。但也有一些日本学者认为，所谓共益权和自益权在性质上有显著差异，难以结合成一个不可分割的整体，故改而提出所谓“股东地位说”，但实际上只是规避了“社员权”作为一种法律权利类型的文字表述而已，所附加的权利义务属性并无本质区别。② 我国商法学界多数观点也逐渐将股权视为一种独立的新型权利类型，不同于各类传统民事权利，也并非将一些权利义务抽离后松散地加以拼凑，而是自成一体的有机结合体。③

在创设新的概念时，无论是社员权说、股东地位说，还是股权独立说等，都对股权具有多种权能的集合体属性达成了稳定的共识。既然股权存在多个方面的不同权能，就存在由不同主体行使的可能性，公司实践中的股权权能分离现象也是层出不穷。表决权信托就是一种典型例证，股东作为委托人，依据信托契约将股票过户转移给受托人，由受托人行使表决权等权能，但委

---

① 我国有限责任公司股权转让中的人合性条件规定，参见《公司法》第 71 条以及 2014 年《公司法解释（三）》第 24 条第 3 款。

② 松田二郎「株式会社法の理論——株式本質論を中心にして」（岩波书店，1962 年）20－28 頁参照。

③ 参见江平、孔祥俊：《论股权》，载《中国法学》1994 年第 1 期；赵旭东主编：《公司法学》，高等教育出版社 2003 年版，第 285 页。

托人仍在实际上享有股权利益。又如，不享有表决权的优先股、双层股权结构下的多重表决权等，都反映出股权权能的结构主义与分离趋势，进而出现“股东异质化”现象。[①] 而我国有限责任公司中的隐名投资现象，也从另一个侧面反映出这种分离。

（二）隐名投资之股权转让中的信赖保护

1. 隐名投资现象根源与比较法观察

隐名投资是有限责任公司所特有的现象，投资人虽然向公司实际出资并获取投资收益，但是并未正式登记为公司股东，而是与另一人签订内部协议，约定由其在名义上享有股东资格，即所谓的“名义股东”。投资人采取这种形式往往是出于规避法律的目的，例如规避法律对投资主体（如国企改制中外部投资者利用企业职工的身份进行认购持股）、设立人数（如有限责任公司股东50人限制）、投资领域（如对境外投资者在我国一些行业领域的准入限制）的限制，规避实际控制人地位或法人人格否认的不利责任后果，甚至是利用隐名投资进行违法犯罪活动等。[②] 换言之，一个国家对于投资法律的限制越多，市场上以隐名投资来规避法律的现象自然也会越严重。因此，该现象虽非我国独有，但在我国尤其普遍。目前，对于这一现象基本不可能也没有必要彻底禁绝，但其涉及的比较突出的问题在于，隐名投资在规避有关法律限制的同时，也避开了公司登记制度的约束，造成公司登记外观与实际情况不符的现象。此时，实际出资人、名义股东与第三人在股权转让合同中就可能出现与公司登记外观有关的信赖保护法律责任问题。隐名投资关系中谁具有股东资格的问题，严重影响着股权转让合同之相对人（实际出资人与名义股东的隐名投资合同之外的第三人）的利益。

英美法系一般适用信托法律关系解决隐名投资中的股东资格问题。比如根据《美国标准公司法》的规定，股东包括受益股东和记名股东。前者指股票受益所有人，该股票由股票信托人或者被指定代表受益股东的人持有，其

---

① 有关股东异质化现象之法理基础与产生根源等的论述，参见汪青松：《股份公司股东异质化法律问题研究》，光明日报出版社2011年版。

② 王延川主编：《公司法上的合约》，法律出版社2011年版，第173页。

权利以公司备案的指定人证书所授予的权利为限；后者指公司登记簿上股票登记于其名下的人。[①] 换言之，美国的公司股东可以分为自持股份股东和代持股份股东，并且两者的合法股东身份均得到承认，前者相当于普通法上的股东，而后者即实际出资人，相当于享有衡平法上股权的股东。[②] 美国法院也会基于公平正义的衡平理念适用“推定信托”以解决不存在明示信托关系的隐名出资问题。[③] 但是，这种处理方法在我国显然无法适用，因为我国不承认双重所有权和衡平法上的信托等一系列概念体系。而且，在美国进行公司登记时会明确记载股份代持和受益人等事项，可以说并未减损公司登记的公示效力和对第三人的信赖保护，与我国实际投资人完全隐名的情况有所不同。

大陆法系国家，如德国则倾向于采用严格的形式主义，《德国有限责任公司法》赋予经工商登记的股东名册证明股东身份的功能，规定了经工商登记的股东名册是证明股东身份的唯一证据，只有载入股东名册者才被视为公司股东。[④] 但是德国公司法中同样也存在隐名投资，即所谓第三者的隐性参股，隐名出资人仅仅有权参与公司利润的分配，而不与公司直接建立任何关系，其不是公司股东。[⑤] 崇尚借鉴与折中的日本则以“内外区分”理论作为处理原则，对内参照民法隐名代理制度，股东的权利义务由隐名出资人承担；对外以股东名册为准，由名义股东向公司主张权利。这也是我国《公司法解释（三）》有关规定所参考的主要观点。

2. 隐名投资纠纷中股东资格的认定

如前所述，在股权权能分离的背景下，股东资格只代表着股权中非财产性与身份属性的部分，具有股东身份也不一定享有完整的股权权能，也不能根据某些主体享有部分股权权能就直接认定其具有股东身份。如何认定股东

① 《最新美国标准公司法》，沈四宝编译，法律出版社2006年版，第19、83－84页。

② 参见刘韶华：《有限责任公司隐名出资法律问题研究》，中国人民公安大学出版社2012年版，第43页。

③ 参见刘韶华：《有限责任公司隐名出资协议法律性质的信托法解析》，载《法律适用》2011年第6期。

④ 参见高旭军、白江：《论德国〈有限责任公司法改革法〉》，载《环球法律评论》2009年第1期。

⑤ 参见［德］托马斯·莱赛尔、吕迪阁·法伊尔：《德国资合公司法》（第3版），高旭军等译，法律出版社2005年版，第516页。

资格，理论上主要分为“形式标准说”“实质标准说”“内外区别说”三大学说，这三大学说之间存在的分歧，集中体现在有限责任公司隐名投资关系之中，采取何种学说将决定实际出资人和名义股东谁才具有股东资格。

“形式标准说”坚持以名义股东为公司股东，而不问实际出资人是谁，从而认为隐名出资人不具有股东资格。[①] 在股东资格问题上，公司章程的记载、股东名册的记载、公司登记机关的登记、公司发给股东的出资证明书或股票等形式特征具有向社会公示的作用，具有使社会公众相信其有效的公信力。[②] 为维护商法外观主义原则、公司登记公示秩序与外部相对人之合理信赖，只有登记、公示或股东名册所记载之股东才是合法的公司股东。但是，当章程、股东名册、登记、股权证书等法律文件内容不一致时，以何者为中心标准？这是“形式标准说”理论的争点与困境。因此，与其说上述文件是一种认定标准或要件，不如说是一种法律特征或证据。[③]

“实质标准说”则根据是否实际出资或受让等因素认定股东资格，如果运用于隐名投资关系中，意味着认可隐名出资人具有股东资格，其不再是名义股东。[④] 该说表面上是穿透公司登记制度之形式、考察公司资本之实质，实际上隐含的逻辑是将股权与股东身份相等同，未区分股权中的财产权能与身份权能，认为只要实际占有股权财产性部分即应被视为股东。这种观点的缺陷也是比较明显的：首先，在我国《公司法》体系中，股东与实际出资的联系并不紧密，尤其是在近年来认缴制改革施行之后，即使完全不出资也有可能成为公司股东，未按时缴足资本也不一定会丧失股东身份。其次，如果出资即具备股东身份，则很可能违背其他股东对于身份的特殊要求，破坏有限责任公司的人合性，2014 年《公司法解释（三）》第 24 条第 3 款已经明确否定了这一点，即使完成出资也必须获得其他股东过半数同意才能进行登记

---

① 参见范健：《论股东资格的认定的基本理念和原则》，载王保树主编：《实践中的公司法》，社会科学文献出版社 2008 年版，第 26 页。

② 参见周友苏：《试析股东资格认定中的若干法律问题》，载《法学》2006 年第 12 期。

③ 参见李建伟：《公司法学》（第 2 版），中国人民大学出版社 2011 年版，第 230 页；胡田野：《公司法律裁判》，法律出版社 2012 年版，第 205 页。

④ 范健：《论股东资格的认定的基本理念和原则》，载王保树主编：《实践中的公司法》，社会科学文献出版社 2008 年版，第 27 页。

与记载。最后也是最突出的一个后果是，“实质标准说”可能会对公司登记的公信力产生严重不良影响，使第三人基于信赖登记而为的交易行为效力时常受到隐名投资关系的影响，进而破坏商事交易的便捷、秩序与公平。

从我国法律实证层面上看，从《公司法》第 32 条规定似乎可以得出我国公司法层面的一个基本认识，即股东资格以经过登记的股东名册之记载的形式要件为准，未登记或未变更的，对外不具备股东资格。但是 2014 年《公司法解释（三）》第 22 条规定，似乎又表明司法实践层面已突破了这一认识，倾向于某种实质标准，当事人主张确认股权归属时，须证明已向公司实际（认缴）出资，或者已受让等方式继受公司股权。解释第 23 条进一步体现了这一态度，可以理解为，如果已经通过实质标准确认了实际上的股东权属，则公司有义务配合真实权利人修改股东名册、签发证明书。此时，股东名册似乎并非股东资格的主要证据，而是作为一种登记行政管理措施，可以因为登记错误而修正。鉴于《公司法》及其解释对此并未作出明确表态，理论界产生了关于我国法律究竟采取实质标准还是形式标准的争议和困惑。

“内外区别说”是在司法实务界较为流行的一种折中性观点，也是《公司法解释（三）》所遵循的基本观点，其主张“双重标准，内外有别”原则，依具体案件争议主体之不同，而采取不同的标准：在组织内部关系层面（公司、名义股东与隐名股东之间），应着重探求当事人真意，以实质标准认定隐名出资人具有的股东地位，只要实际出资人获得有限责任公司其他股东半数以上同意，则公司应配合实际出资人进行股东登记；[①] 而在外部关系层面（公司、名义股东与第三人之间），则应优先保护善意第三人，依外观主义之要求认定名义股东具有股东资格。[②] 具体而言，隐名投资人与名义股东之间的纠纷，根据合同法原则解决，依当事人双方的真实意思表示认定二者之间的法律关系，例如借贷、代理、行纪或者信托等法律关系；涉及第三人时，如果是名义股东的股权处分合同行为，不因隐名投资人的权属主张或名义股东无实际处分权而无效，隐名投资人可根据合同主张名义股东承担相应责任。

① 参见《公司法解释（三）》第 24 条第 3 款。

② 参见王成勇、陈广秀：《隐名股东之资格认定若干问题探析》，载《法律适用》2004 年第 7 期。

《公司法》第32条规定的股东资格与股东名册的对抗力，显然是对公司、股东之外的第三人而言的，而2014年《公司法解释（三）》第22条规定则是在名义股东与实际股东之间的内部相对关系出现权属争议、请求确权时的认定标准，与第三人并无直接关系。但是“内外区分说”的双重标准相当于没有真正的标准，实际上是回避了股权与股东资格定性的根本问题，而完全以实务之需要为导向进行解释。虽然在解决司法审判现实问题的意义上具有相当的价值，但其导致理论上的体系冲突与逻辑矛盾之处不得不引起重视，有时反而会进一步加剧法律适用时的分歧和不确定性。

3. 股权处分、股东资格与信赖保护

综合前述各观点之合理性及缺陷，“内外区分说”虽略有疏虞，但总体上符合公司法信赖保护与公司登记效力的基本要求，应结合股权权能分离的原理，区分股东资格与股权财产性部分的处分收益权，以此修正其观点，明确隐名投资关系中的股东资格问题。

首先修正的是，名义股东已进行过登记、公示并记载于股东名册，证明其满足了有限责任公司其他股东过半数同意、不侵犯优先购买权等人合性、身份性之要求，应明确其具有公司股东资格，实际出资人不具有股东资格。但因为隐名投资合同的存在，名义股东不享有股权财产性部分的处分收益权限，而属于实际出资人。因此，名义股东具有股东资格，但其无权处分股权，二者并不矛盾。例如，根据2014年《公司法解释（三）》第25条的规定，名义股东处分股权时参照适用原《物权法》第106条（《民法典》第311条）无权处分与善意取得之规定，表明名义股东实际上不享有股权财产的处分权限。其实，究竟是由隐名投资人还是由名义股东享有股权中的财产性部分，其实对公司其他股东而言并无太大实质影响，非财产性部分、身份性的股东资格才是影响公司经营与其他股东权利的主要途径，有限责任公司对人合性的保障要求也体现于此。因此，在隐名投资行为中，相对于名义股东而言，隐名投资人可以根据投资合同取得股权中的部分财产性权能，但并不能因此认定其具有了股东资格，是否能进一步取得股权中的非财产性权能，则需要考虑有限责任公司组织规范与人合性法律要求，符合章程规定、其他股东过半数同意等条件。这时，相对于公司而言，隐名投资人才能最终取得股东资格。股权转让中的受让人、原股东与公司之间的关系，也有着大体相同的原理，依据股权转让合同效力也仅限于相对人之间实现了股权财产性权能的转移，不等于已经获得了股东资格，股权非财产性权能的享有同样需要具备相应的公司组织与人合性条件。

总之，隐名出资的本质，其实是股权中的财产性权能与股东资格相分离的现象。实际出资人向公司实际出资而换取股权中财产性部分的处分、收益权利，又因其自愿隐名、不进行登记入册的行为而将股权中身份性的股东资格交由名义股东承受。如果以内外区分说解决隐名投资问题，就须建立在前述股权财产性权能与股东资格分离的认识基础之上，否则无法破解名义股东对外具有股东资格但其转让行为却属于无权处分这一症结。换言之，名义股东享有股东资格，但是实际出资人却享有股权财产权部分的处分收益权限。发生股权转让等对外法律关系时，名义股东实际上无权处分股权中的财产性部分，但是基于第三人对登记外观之信赖而将其拟制为真，这种无权处分不影响合同有效性，第三人可请求名义股东承担继续履行等合同责任，正是公示性信赖保护的充分体现。

名义股东与第三人之交易关系参照适用原《物权法》善意取得规则，从私法上的信赖保护之大原则上看并无问题，但仍显粗略草率，原因即在于公司法中缺乏对信赖保护与公司登记效力等具体详细规定，只能无奈采取参照民法物权现成条文的做法。因此，应结合公司法信赖保护和公司作为交易主体时的各种特殊性，作出公司法规范层面的专门调整。例如，第三人的信赖合理性标准和审慎注意义务水平应有所提高，应适当考虑双方过错因素已决定信赖保护法律责任分配等，本书已在第二章对公司法信赖保护原因要件与信赖要件等的问题作出了具体分析，于此不再赘述。

第二个修正或加以延伸的是，当内外关系纠纷问题同时存在并出现交织时，“内外区分说”标准还应进一步解释为“先外后内”标准。公司内部或合同相对人内部的权属纠纷，不能影响外部第三人的权益、市场整体交易安全和商事登记公信力等。故此在商法领域进行纠纷处置的优先顺位上，外观主义应是贯彻始终的首要原则。一旦权属争议涉及第三人对登记权利外观的商事信赖，即应当首先突出对登记公信力的保障，根据公司登记内容的形式标准，确定公司相对于外部第三人的股东权属状况。至于公司内部、隐名投资人与名义股东内部之间的权属纠纷，则应在解决对外关系之后再依据公司组织人合性（是否有过半数有限责任公司股东同意其成为股东）、投资合同的意思自治（是否主张成为公司股东、是否有实际受让或出资行为）等原则，处理隐名投资人是否能实际获得股东资格、隐名投资人和公司股东的权利保护、各自责任承担等系列问题。

另外需要注意的是，隐名投资与股权转让纠纷还有一种关系形态，不是名义股东与第三人签订股权转让合同，而是实际出资人与第三人约定转让股权。对于该情形应如何处置，法律与司法解释中均未作出明确规定。此时隐名投资人并无登记、股东名册记载等作为公示外观，故第三人也并不存在对公示性的信赖。实质上，这并非真正的股权转让，而是一种合同债权转让，第三人受让的是出资人与名义股东之间的隐名投资合同之债权，甚至与目标公司本身不发生直接关系，不能列入公司法公示性信赖保护的范围，而只能根据出资人与第三人之间的一般合同关系和意思表示中的信赖保护规则处理。

（三）侵犯股东优先购买权之股权转让中的信赖保护

在我国，有限责任公司股东转让股权时，要取得其他股东同意。其他股东享有同等条件下的优先购买权，是有限责任公司人合性的另一个体现，公司股东具有排斥不符合其身份要求的外部人员进入公司所有者层的能力。如果股权转让合同侵犯了其他股东的优先购买权，合同有效与否问题，在我国曾引起过不小的争议，理论上产生了无效说、有效说、可撤销说、未生效说、效力待定说、附条件生效说等,[①] 司法实践中的做法也大相径庭，2017 年最高人民法院在制定《公司法解释（四)》的过程中，就力求统合相关认识。在合同效力受影响时、其他股东请求行使优先购买权时，原转让合同相对人的利益应如何保护，则是股权转让合同中又一个现实的信赖保护问题。

---

① 有关该问题的几种主要观点，参见赵万一、吴民许：《论有限公司出资转让的条件》，载《法学论坛》2004 年第 5 期；张钧、吴钦松：《论未经其他股东放弃优先购买权的股权转让合同之效力》，载《河北法学》2008 年第 11 期；刘贵祥：《外商投资企业纠纷若干疑难问题研究》，载《法律适用》2010 年第 1 期；叶林：《论出资额转让协议的性质和效力——以〈中外合资经营企业法〉为例》，载《法律适用》2010 年第 1 期等文献。

与前述隐名投资背景下的股权转让不同，此处并不涉及对公司登记外观之公示性信赖，其相对人之合理信赖一般不以公司登记内容为依据，而是基于股权出让方之表示而产生的，因此应当算是一种涉及公司组织因素的非公示性信赖保护问题。但是，出于其同为股权转让合同中产生的信赖保护问题这一考虑，故于此一并讨论，便于与前者进行比较。

1. 股权转让合同效力的学说与司法解释

多数早期观点认为，侵犯股东优先购买权的转让合同应属无效，最高人民法院曾于2016年就《公司法解释（四）》向社会公开征求意见，其征求意见稿中有关转让合同效力的规定采取的就是“无效说”，优先购买权受侵害的其他股东可以请求确认该合同无效，① 这在一定程度上体现出当时司法实务界的倾向。但该内容招致诸多争议，因此2017年正式出台的《公司法解释（四）》第21条已经作出全面改动并细化规定。

相比于征求意见稿，《公司法解释（四）》的一个主要变化在于，享有优先购买权的股东在否定股权转让合同效力时，还必须同时主张同等条件购买该股权，而不能单纯地否定转让合同效力。这与《公司法》第71条第2款精神是相通的，不同意对外转让股权的其他股东必须自己承受股权，否则就阻断了他人退出公司的通道。从转让合同的效力类型上看，征求意见稿的表述是一旦存在损害其他股东优先购买权的情形即可确认无效，故转让合同被视为一种无条件的、确定无效的合同。而根据正式出台的《公司法解释（四）》之规定，转让合同则更近似于一种可撤销的合同，只有在股东请求行使优先购买权时才能使其无效。这样一来，实际上给其他股东请求确认合同无效的权利附加了一个期限，因为优先购买权本身应当在“其他股东自知道或者应当知道行使优先购买权的同等条件之日起三十日内，或者自股权变更登记之日起一年内”行使，超过上述期限则不予支持；同时，这也意味着无法确认原转让合同无效了。因此，虽然解释并未作出明确表述，但与其说这是一种确认无效的权利，不如说是一种附加行使条件和时间期限的撤销权。

---

① 《公司法解释（四）》（征求意见稿）第27条规定：“有限责任公司的股东向股东以外的人转让股权，有下列损害其他股东优先购买权的情形之一，其他股东请求确认转让合同无效的，应予支持：……”

2010年《最高人民法院关于审理外商投资企业纠纷案件若干问题的规定（一）》第12条就曾有过类似规定，该规定明确表示有关转让合同的效力为可撤销而非无效。

相比“可撤销说”，在“无效说”之下，一旦合同被确认无效，相对人只能获得缔约过失制度下的信赖利益损失赔偿，难以实现充分救济并维护市场交易安全。“可撤销说”虽然较为符合实践需要，可以防止有些股东进行恶意诉讼阻止股权转让、但自己却出尔反尔不愿接受股权的情况。但“可撤销说”在理论上显然也存在矛盾之处，因为传统合同法中可撤销合同的撤销权仅限于合同意思表示存在瑕疵的情况下，而且撤销权也仅有合同当事人才能行使。享有优先购买权的股东并非股权转让合同当事人，其不符合合同撤销权的行使主体条件。即使是合同保全制度中的债权人撤销权，虽然一定程度上突破了债的相对性，但也必须建立在两层债权合同关系之上，而且还有严格的适用条件。例如，债务人放弃到期债权或无偿转让财产等，难以套用到股东优先购买权的公司法领域。① 之所以会出现各种解释方法都难以完全适用的困境，原因在于股权转让合同本身就是不同于传统民事合同的商事合同，采用合同法的一般效力判定规则，总有顾此失彼之虞。

对此，前述“双重标准，内外有别”的“行为效力区分说”再次登场，理论界具有代表性的观点主要有三种：

第一，“内外区别原则下的相对无效论”。该理论认为原转让合同相对于享有优先权的股东无效，但是相对于合同当事人仍有效，股权因为优先权的行使而无法转让，此时合同目的不能实现，属于履行不能，合同权利义务中止，但并非无效，受让人仍可以主张违约责任。②

第二，“负担行为与处分行为区分论”。该理论认为股权转让合同属于负担行为，而股权转让则属于处分行为，应对二者效力作出区分，股权转让行为的效力待定或无效，与转让合同有效之间并不矛盾；而《公司法》中有关

① 参见吴建斌、赵屹：《公司设限股权转让效力新解——基于江苏公司纠纷案件裁判的法律经济学分析》，载张仁善主编：《南京大学法律评论》（2009年卷），法律出版社2010年版，第113页。

② 参见樊涛：《论有限责任公司股权对外转让合同的效力》，载王延川主编：《公司法上的合约》，法律出版社2011年版，第221页。

优先购买权的规定并非效力性强制规定，因此转让合同仍是有效的。[①] 该理论显然受到2012年《最高人民法院关于审理买卖合同纠纷案件适用法律问题的解释》（以下简称《买卖合同司法解释》）中有关无权处分合同效力之规定的启发，[②] 虽然股东一般享有股权的处分权，但是违反法律规定、未经过其他股东同意或侵犯优先购买权的股权转让合同，某种意义上具有处分权瑕疵，类似于无权处分行为，合同有效但并不意味着股权已经转移，转让合同对公司、其他股东等不发生股权转移的效果，但受让人还是可以依据生效合同主张违约责任。

第三，“股权转让效力三层次论”。该理论认为股权转让行为的效力应当区分三个不同层面，三个层次的效力发生分别需要具备不同的要件：一是合同效力——合同成立即生效。二是股东资格效力，即取得公司股东身份对其他股东与公司之效力——其他股东过半数同意、放弃优先购买权等，还有一些取得股东资格的其他形式条件如股东名册记载、出具出资证明书等。三是对抗第三人效力——完成公司工商登记。[③]

上述的行为效力区别论各种观点的精神内核是相同的，可以说这是大陆法系最常见的法学分析思维方式：根据法律关系的相对性而将现实中的同一行为区分成几个部分，并赋予不同的效力层次。在民商法领域，物权行为理论、代理关系理论、团体法理论与法人理论等，很大程度上依托于效力区别论的思维基础，其中心思想无非都是维持交易合同的有效性，将影响合同效力的各种因素阻隔在外，最终目的即维护相对人合理信赖，使其可据有效合同而获得违约责任等合同履行利益的充分救济，而不是仅限于缔约过失责任等信赖利益部分。

从文字表述上看，《公司法解释（四）》第21条第3款似乎也有认定合同并非无效的倾向，即“股东以外的股权受让人，因股东行使优先购买权而

① 参见谷昔伟：《损害股东优先购买权合同的效力认定》，载《人民司法（应用）》2016年第25期。

② 《买卖合同司法解释》已将无权处分买卖合同视为有效，但是买卖合同有效不代表物权已经转移。依据德国物权法理论中的“物权行为区分理论”，将买卖行为整体区分为物权的处分行为与买卖合同的负担行为，二者效力分别进行认定。

③ 参见张平：《股权转让效力层次论》，载《法学》2003年第12期。

不能实现合同目的的，可以依法请求转让股东承担相应民事责任”。就我国原《合同法》而言，“不能实现合同目的”这一表述一般出现在合同一方根本违约或不可抗力时的法定解除权之中，这并非合同无效的情形而属于合同终止的情形，其言下之意即合同仍属有效，只是存在根本违约导致合同无法履行，违约一方仍应承担合同责任。当然，这只是根据法律、司法解释的文义体系作出的一种推测，其本身没有明确解答转让合同的效力、股东究竟应承担何种性质的民事责任的问题。

然而，最高人民法院审判委员会专职委员杜万华曾在《公司法解释(四)》的新闻发布会上，就这一问题作出较为明确的表示：“公司法并无特别规定，不应仅仅因为损害股东优先购买权认定合同无效、撤销合同，而应当严格依照合同法规定进行认定。正是基于此类合同原则上有效，因此人民法院支持其他股东行使优先购买权的，股东以外的受让人可以请求转让股东依法承担相应合同责任。”① 可见，司法解释的原意基本上是认定股权转让合同有效、出让股东应承担合同责任，只是“民事责任”的模糊提法，有意地回避了对这一问题的清晰界定，以防止规范之间的冲突，并预留裁量的空间。

司法解释的做法值得赞赏，其并没有囿于传统民事合同效力理论的框架，套用无效、可撤销、效力待定等概念来解释实践中商事合同争议问题，而是采取更务实的方法，维持商事合同有效性以充分救济相对人合同权利。民商法理论体系几乎是必然落后于商业社会实践的，若要使司法者跟上商业人的智慧、应对千变万化的现实纠纷形态，就需要跳出既有的条条框框，实现核心法律价值的返璞归真。依据传统理论框架来看，这种做法虽然会存在一些自相矛盾之处，但并非证明司法实践的处理方式存在错误，而恰恰体现了传统理论与现实之间的差距。如果非要赋予其某种效力性质上的名词，那么不应是“无效”、“可撤销”或“效力待定”，而更近似于“相对无效”，还原了合同效力相对性的本质，使一些会影响第三人（优先权股东）权利的合同效力收缩回到合同相对人之间，未经第三人同意不得对第三人权利产生不利

① 《最高人民法院关于适用〈中华人民共和国公司法〉若干问题的规定（四）》，载最高人民法院网2017年8月28日，http://courtapp.chinacourt.org/zixun-xiangqing-57392.html。

影响，只在出让人与受让人之间存在依据合同承担违约责任的效力。《德国民法典》第 135 条规定："针对某一标的而进行的处分违反了仅以保护特定人为目的的法定让与禁止的，该项处分只对这些特定人没有效力。"此处即为一种"相对于特定人的无效"，而不同于行为绝对无效。[①] 这些法律规定、理论原则的思路与《公司法解释（四）》第 21 条整体相契合，即转让股权的处分行为不能影响其他股东享有法定的优先购买权，其处分行为仅对于优先权股东没有效力，而合同当事人之间仍受其自愿设定的有效的负担行为之约束。

另外，司法解释认定合同有效的做法，应该也是考虑到"股东部分行使优先购买权"的情形。现实中经常会出现一些有限责任公司股东并不打算就转让合同所涉全部股权进行优先认购，其一般会在部分认购的同时，同意受让人接手其余股权。在这种情况下，如果一概认定转让合同无效或撤销合同，不仅损害合同相对人的信赖权利与交易安全，而且也不符合享有优先权股东的本意。因此，这一解释认定合同有效，从维护股东利益、公司人合性质的角度看，其实是赋予享有优先权股东一定的选择权，既可以完全否定转让合同对自己的效力、拒绝外部人员加入，也可以部分行使优先购买权，有条件、有限额地接受新的股东；还可以不行使优先权，完全接受新股东。而从外部相对人的角度看，合同有效意味着更全面、更自主地进行合同权利救济，虽然无法采用履行请求权的方式使其获得股权，但无疑也在信赖损失赔偿请求权的层面提高了保护水平。

2. 两种信赖保护的比较与优先购买权问题的出路

虽然同为股权转让合同中的相对人，但是由于侵犯股东优先购买权的股权转让合同不涉及公司登记外观之信赖，因此其处理结果与前述隐名投资股权转让纠纷问题就有显著不同，公示性信赖保护与非公示性信赖保护之别由此可见一斑。

---

① 对于无权处分行为的效力认定的两个要点：(1) 权利持有人的处分行为不应使受法律保护的当事人承担其权利无法实现的风险；(2) 在可以实现法律保护之权利时，权利持有人的处分权就不应再受到上述限制。参见［德］卡尔·拉伦茨：《德国民法通论》（下），王晓晔等译，法律出版社 2003 年版，第 652 页。

在名义股东股权转让合同中，相对人基于公司股权登记、股东名册等外观而产生信赖，其首先在信赖合理性的认定上就具有公司登记内容作为制度性保障和有力证据，而且在保护方式上应优先赋予其履行请求权，以使合同得到有效履行、相对人获得相应股权为首选。

而在侵犯股东优先购买权之股权转让合同中，股权登记与优先购买权纠纷无关，相对人并非基于登记或公示内容而产生信赖，多数信赖是根据原股东的表示而产生的，表示内容不具有登记外观的确定性和公示性，信赖合理性程度相对较弱，因此在信赖认定与保护方式上体现出以下差异：

首先，在认定信赖合理性时，相对人需要举证原股东已经向其作出过股权转让符合有限责任公司人合性条件的相关表示，例如其已征得其他股东同意且不侵犯优先购买权的声明、通告等事实证据，否则难以认定其符合基本的商事交易审慎义务。《公司法》第 71 条已对有限责任公司股权转让作出强制性规定，法律具有推定公知属性，推定所有商主体必须知悉并遵守《公司法》中的有关强制性规定，不能以不知法律禁止性规定为由免除或减轻自身责任。因此，当相对人在交易中存在违反《公司法》人合性要求的潜在可能性时，就应当尽到相应的审慎注意义务，至少在形式上充分调查原股东转让通知等前提条件是否完备，才能判断是否符合信赖合理性的基本要求。但是该审慎注意义务仅限于形式审查，若原股东采用故意隐瞒、欺诈等手段甚至伪造相关文件，则过错可归责于被信赖人，不影响相对人信赖的成立。

其次，在信赖保护方式上，如果其他股东主张行使优先购买权，而根据法律规定，相对人已无法取得股权，因此履行请求权于此已无法适用。但是依前文分析，转让合同在当事人之间仍然有效，故相对人还可诉诸赔偿请求权，主张原股东承担违约责任，而不限于缔约过失责任下信赖利益损失的赔偿范围。但是，这种赔偿式救济的保护力度已经比前述隐名投资股权转让合同中的信赖保护力度大为减弱，由“得其所信”转为“偿其所失”，即使承认合同有效也无法使相对人获得完整的履行利益。究其原因，一方面在于其信赖本身并无公示外观作为有力的制度基础，另一方面也在于我国《公司法》将有限责任公司人合性的法律保护提到了一个较高的程度，实质上在许多情况下阻却了外部相对人通过受让股权进入公司的途径。

因此，有观点认为，有限责任公司股东的优先购买权是我国《公司法》特有的规定，域外发达国家或地区均无相同规则。真正意义上的公司股权应当是可自由转让的，如果注重人合性，则应当以合伙或者无限公司的法理去设置，因此我国应考虑废除有限责任公司股东优先购买权的规定。① 但是，股东优先购买权除了具有维持有限责任公司人合性的作用之外，在实践中还起到某种“价格形成机制”的作用，因为优先购买权的行使前提为“同等条件下”，故实际上可以在股东与外部相对人之间形成一种类似拍卖竞价的关系，使原本缺乏公开交易市场之有限责任公司的股权也可以获得公平的交易价格。② 只不过这种价格机制在我国尚不成熟，往往因其他股东介入转让合同、确认合同无效的诉讼而阻断了内外部重新议价的渠道。因此，股东优先购买权尚有其存在之合理性，但应当朝着市场化、柔性化的方向进行改革，限缩其对外部转让合同的绝对影响力和单方决定力。一方面，充分保障外部相对人的合理信赖；另一方面，在外部相对人和其他股东之间形成一种可以反复竞价磋商的合同效力机制，而不是在其他股东主张行使优先购买权后就一锤定音地确认对外转让合同无效或不得履行。例如，赋予原股东或外部相对人的“重新议价权”等，争取使外部相对人在合理的价格机制下公平地取得公司股权，更能体现商事交易之特征，保持各方的利益平衡。

第三节　公司资本制度改革引发的信赖保护问题

2013 年以来我国推行的公司资本“认缴制”“取消最低资本额”“取消、改革验资程序与年检制度”等措施，本源于公司登记制度改革，但实际上已超出公司登记的范畴，而对整个公司资本制度产生深刻影响。随着改革在实践中不断深入，不少公司债权人因此受到损害，如何维护市场交易安全和债权人利益，已成为继续深化改革过程中必须解决的一大课题。资本制度改革

① 参见葛伟军：《股东优先购买权的新近发展与规则解析：兼议〈公司法司法解释四〉》，载《中国政法大学学报》2018 年第 4 期。

② 参见蒋大兴：《股东优先购买权行使中被忽略的价格形成机制》，载《法学家》2012 年第 6 期。

所引发的现实问题，核心在于公司注册资本外观与公司实际资信能力之间的不一致，导致公司债权人出于外观信赖而作出信赖处分，继而遭受相应损失。[①] 因此，该背景下的债权人利益保护问题，本质上是一种公示性信赖保护的问题。

一、我国《公司法》资本制度改革评述

（一）改革背景与内容评析

我国公司资本制度一直是在法定资本制的框架内进行调整并逐渐放松管制，其演变过程之核心即为由“完全实缴制”转向“比例认缴制”，再过渡到“完全认缴制”的过程。即使是在认缴制改革后，形式上的法定资本制依旧未改变，但是对于公司资本实际充足性方面的要求却在不断降低。

1993 年我国处于确立社会主义市场经济体制之伊始，还具有相对浓厚的计划经济与国家干预色彩，因此当年的《公司法》采用最严格的法定资本制，公司注册资本即为股东实缴资本，必须一次性缴足，不允许分期，还有严格的验资程序和出资形式要求等，而且《公司法》根据行业之分，明确规定了有限责任公司的法定最低资本额，而股份公司的法定最低资本额则高达 1000 万元人民币。[②] 这在当时不啻为一笔巨款，几乎没有多少民营企业能够达到这样的要求。之所以制定如此严格的公司资本制度，一方面是因为当时我国资本市场方兴未艾，各种规章制度松散而零碎，针对现实中存在的“皮包公司”现象，必须加强管制，维护市场秩序与安全，防止公司设立中的欺诈投机行为损害债权人利益。[③] 但另一方面，在国有企业与民营企业之间形成制度利益的分层，使公司制度尤其是股份公司制度成为一种国企改制、上市融资的专用工具，而过高的门槛则阻碍了当时正在勃兴的民营企业进入证券资本市场。在我国证券市场的初步建立阶段，就实行这种带有强烈行政管制和等级划分色彩的资本制度，为后来我国证券市场功能的畸形发展埋下了伏笔。

---

① 由于受讨论范围与文章篇幅所限，本书所称“公司债权人”仅指合同之债的债权人，不包含公司侵权之债的债权人。

② 以上内容参见 1993 年《公司法》第 23、25、78 条。

③ 参见孔祥俊：《公司法要论》，人民法院出版社 1997 年版，第 27 页。

在理论争议与实践冲击的双重压力下，2005 年《公司法》终于对此“松绑”，最重要的是改变了全部实缴资本之规定，虽然仍然要求股东全部认足出资，而且首次出资须达到一定的比例，但允许在法定期限内分期缴纳剩余出资，而且大幅降低了有限责任公司与股份有限公司的法定最低资本额要求。[①] 除此之外，2005 年《公司法》还引入了许多现代化、国际化的公司法制度，实属当时最具进步意义的一部法律，亦能充分体现社会主义市场经济体制的特点和改革开放的成果。由此，我国公司资本制度从“完全实缴制”转向了“比例认缴制”，法定资本制的限制开始走向形式化。

进入 21 世纪以来，世界范围内出现了公司法改革浪潮，法国、英国、德国、日本都对其公司资本制度作出了柔性化的调整，降低甚至废除最低法定资本要求、减少公司注册行政干预等，我国也深受此思潮之影响。加之当时国内经济增速放缓、失业率上升、深化改革面临关键节点、地方简政放权之呼吁高涨等因素的刺激，2013 年《公司法》作出了迄今为止最为大胆的一次修订。以 2012 年 5 月《深圳市商事登记制度改革实施方案》为先声，2013 年《公司法》修订和 2014 年国务院《注册资本登记制度改革方案》等文件正式启动我国新一轮的公司注册资本制度改革。结合以上有关法律及政策文件，改革的几方面主要内容包括：（1）实行注册资本认缴制，股东只需要认足公司章程记载的全部资本，公司即可设立，法律不再强制规定实缴比例、出资形式和出资期限等事项。（2）取消法定最低资本额，之前 2005 年《公司法》有关有限责任公司与股份有限公司的最低注册资本额的规定均被删除。（3）取消验资程序、简化公司登记，申请设立登记时不再需要提交有关验资报告等文件，实收资本也不再作为工商登记事项。（4）改革公司年检制度，建立企业年度报告公示制度和信用信息公示系统[②]至此，即又实现了“比例认缴制”向“完全认缴制”的转变，法定资本制对公司设立资本方面的限制几乎形同虚设。

认缴制在公司资本制度法律类型中的地位尚未完全明确，有学者认为其

---

① 以上内容参见 2005 年《公司法》第 26、81 条。

② 以上内容参见 2013 年《公司法》第 26、28、80、83 条，以及《国务院关于印发注册资本登记制度改革方案的通知》（国发〔2014〕7 号）。

既非法定资本制，也非授权资本制或折中资本制，本质上更接近于授权资本制的宽松态度。[①] 但目前我国公司法学界一般认为认缴制不同于英美法系国家的授权资本制，理论上仍然属于法定资本制的范畴。[②] 认缴制与授权资本制不同之处在于，授权资本制下公司资本不需要股东在成立公司时就全部认购，只要认购一部分即可以成立公司，但一旦认购就要求股东实际缴足或分期缴足相应的资本额。但在认缴制下，一方面要求股东在成立公司时就全部认购公司资本总额，这显然是法定资本制的主要特征；但另一方面却授权股东可以自由约定实缴资本的时间，放宽了对公司资本实际充足方面的要求，保留法定资本制之名，却又与典型的法定资本制不可同日而语，可以说是最为宽松的一种法定资本制，因此亦被称为“形式上的法定资本制”。

本轮公司资本制度改革集中反映了我国市场经济体制与国家行政管理方面的几项重要变迁。首先，是国家与市场之关系的变化，由原先国家收紧市场管制权力、重点维护国有经济和大型企业的安全与主导地位，转变为适度放权、促进多元市场主体投资以刺激经济发展。其次，是市场监管思维上的变化，由准入式监管逐步转向持续性监管，争取由“严进宽出”发展为“宽进严出”。最后，是市场信用机制的变化，由严格审核下法定实缴资本所带来的、依赖公权力隐性担保之信用，过渡到宽松认缴资本制度下风险责任自负的、依赖商业社会与私人之信用。总体而言，其进步意义和时代价值是显著而毋庸置疑的，但是正如有些观点所指出的那样，这种近乎于“颠覆性”的改革难免存在一些理论缺陷与实践突兀，可能对债权人利益产生严重影响，不得不加以重视。[③]

（二）改革对公示性信赖的现实影响

从国家统计来看，认缴制改革确实带来了一波市场发展，新设立的市场主体数量井喷，企业注册资本暴增，全民创业似乎已经迎来高潮，但依靠登

① 参见朱锦清：《公司法前沿问题研究》，浙江大学出版社2014年版，第81页。

② 参见甘培忠：《论公司资本制度颠覆性改革的环境与逻辑缺陷及制度补救》，载《科技与法律》2014年第3期。

③ 参见甘培忠：《论公司资本制度颠覆性改革的环境与逻辑缺陷及制度补救》，载《科技与法律》2014年第3期。

记数字增长支撑的虚假繁荣难掩其背后的实体缺失。

取消法定最低资本额与注册资本认缴制改革之后，在公司注册登记实践中最常出现以下两种极端现象：一是所谓“极小微公司”，这类公司注册资本极少，甚至只有个位数，与其经营的业务范围往往不成比例；二是所谓“假大空公司”，其注册资本则是庞大的天文数字，但实际上没有多少实缴资本，只是由公司章程约定股东在未来数十年甚至上百年才缴足，其中之荒诞性已难以令人相信这类公司是专业、诚信的商事主体，而带有戏谑或欺诈的成分。

除了极低资本额注册成立却从事高风险行业的“极小微公司”和认缴巨额资本却没有任何实缴资本的“假大空公司”，另外还有一些出于其他目的注册之后基本未从事经营活动的“僵尸公司”等，“搭乘此轮改革的便车”，但对于市场发展并无多少益处甚至有害的公司大量涌现，就我国商业社会的健康发展而言，实难称为一种进步。

首先一点原因在于，公司注册资本登记的外观公示作用已经被严重削弱，相对人基于注册资本的公示性信赖难以得到法律保障。如前述“证照分离”改革一样，取消法定最低资本额和资本认缴制改革等措施，经常会使公司登记外观与公司实际资信状况存在巨大差距，有时认缴巨额资本但实际上一无所有，有时只有极少资本但有相当的实际资产处在大幅波动之中，外部相对人已经难以根据注册资本之外观而对公司实力形成一个基本判断，注册资本登记甚至在一些情况下已形同虚设，偏离了登记制度对外公示公司真实信息的初衷。加上我国公司资产信息公示披露制度多数针对上市公司建立，对于非上市公司而言，相对人原本尚可依赖公司资本登记系统，现在则难以有效掌握交易对象的真实资信水平，平添许多信息成本与交易风险。

更深层的原因在于，认缴制冲击了“资本三原则”对外部相对人的重要保护作用，使得公司独立责任财产范围不明，可能会进一步影响公司破产时对破产财产认定以及股东有限责任等问题。如果采用一种更严重的说法，则如今的认缴制改革实际上不是法定资本制与授权资本制之争，而是对整个公司资本制度的颠覆，是对“公司资本”这一观念的蔑视与摒弃。曾有观点指出，公司真实的资信能力其实反映在资产上，而不是注册资本上：资本只能反映一个公司历史上的资信水平，而资产才是公司当前的现实；资本是僵化固定的，而资产是不断变化波动的，是更加具体、全面的信用结构。因此，提出了所谓的“资本信用不如资产信用”的论说，认为公司资本“不过是公司成立时注册登记的一个抽象数额”，“从实际的清偿能力而言，公司资本几乎是没有任何法律意义的参数”①。这一论说也成为当前认缴制改革的一大理论之源，认为公司法应当借此由“资本信用”转以“资产信用”为基础。②应该说，这一观点准确地揭示出了资本与资产在反映公司资信水平时的功能差异，但是我们不能据此完全否定公司注册资本制度的另一项重要作用，即明确界定股东有限责任的范围。

公司法的一般理论与各国公司法规定均认为，股东以其对公司的出资额或认购的股份为限，对公司债务承担责任。这里的出资额、股份等就是以公司注册资本为基础计算的，而非公司现有的资产。根据“资本三原则”的精神，注册资本制度的重点不在于保持公司资本与资产的一致性，而在于保持资本的确定、不变，其实是将注册资本作为一个公司偿债能力上最终的、确定性的保障存在的，也是解决股东责任的范围确定性问题。因此，“注册资本”的内在是一种公司法观念，是一种对于公司与股东行为的责任约束机制，资本信用与资产信用本就不属于同一范畴，对其两相比较本身已存在逻辑偏差，资产信用其实应属于合同法理论，而非公司法理论。③

而且，公司法上只有对于公司注册资本的维持要求，而不存在维持公司资产的措施或规定。之前公司法中有关禁止抽逃出资、瑕疵出资之补充责任等规定，只是针对注册资本的；而对于公司资产的转移、减损等行为，实际上缺乏公司法组织规范予以有效制约。这一情况因为认缴制改革的推行而更为凸显。在实缴制和有法定最低注册资本额的制度背景下，股东的有限责任范围十分明确，实际上就是以出资额或认购的股份为限承担责任。如果股东

① 赵旭东：《从资本信用到资产信用》，载《法学研究》2003 年第 5 期；赵旭东：《企业与公司法纵论》，法律出版社 2003 年版，第 220 页；赵旭东等：《公司资本制度改革研究》，法律出版社 2004 年版，第 7 页。

② 参见蒋安杰：《公司法资本制度改革的解读与思考——专访中国政法大学教授、中国商法学研究会常务副会长赵旭东》，载《法制资讯》2014 年第 3 期。

③ 参见陈甦：《资本信用与资产信用的学说分析及规范分野》，载《环球法律评论》2015 年第 1 期。

存在违法减资或抽逃出资的行为，可以适用《公司法》甚至《刑法》的有关规定予以追责和惩处。这是“资本信用”体系下，资本对于债权人利益提供保障的稳定性所在。但是一旦过渡到认缴制，弱化了资本公示效力，而采用“资产信用”体系，情况即大为不同。由于资产本身的变动性极大，对违法减资、瑕疵出资、抽逃出资等行为的规制已不再适用，只能依靠资产和信用信息公示制度。但各种资产公示制度必然存在一定的时滞现象，与企业实际资产可能存在巨大差异，加之现实中存在的以伪造收益报表与投资合同、借助信托与资产管理等方式转移公司财产，规避破产法中“不得无偿转移或明显低价转移公司财产”等规定的手段可谓花样百出，可能在公司破产清算时严重干扰对破产财产范围的认定。失去了公司资本责任的有效制约，依靠在实践中尚不完善的企业资产信用公示制度，公司登记的实质效力和债权人公示性信赖的保障状况实属堪忧。

总之，单就制度层面而言，此次资本制度改革理论上并未削弱公司登记公示外观的“公信力”，只不过是换了一种形态，要求公司对其自身的公示外观内容真实性负责，减少行政机关对公司资本的审核查验等程序，实际上则意味着降低了行政机关对于外观真实性的制度保障，将公示外观真实性的“公权力担保”转为“公司自负其责”。虽然改革方向完全符合市场化的需要和放松行政管制的发展潮流，长远而言也有利于我国培育形成“自担风险、自负盈亏”“不依赖国家信用担保”的审慎商业文化和市民社会独立意识；但是从现实上看，公司登记公信力削减、登记内容形式化、债权人利益受损、市场交易安全与秩序遭到侵蚀等后果是明显的。全面深化改革的内核是重新分配权力格局，集权造就稳定而压制生机，放权带来活力却引致混乱，此为社会历史之权力规律使然，也是改革中必须时刻把握的度量衡。当前应在继续推行公司资本制度改革的前提下，完善债权人保护配套制度，探索公司公示性信赖保护的新路径。

二、公司资本制度改革中的信赖保护路径探索

（一）公司信息公示制度及其公示效力的完善

如前所述，当前公司资本制度改革的一大核心问题在于公司注册资本外

观与实际资信状况不一致，削弱了公司注册资本登记外观的公示效力。因此解决这一问题的首要考虑也在于完善公司企业的信息公示制度，恢复公示外观的公信力。尤其是对于认缴制而言，股东的认缴出资契约实际上游离于契约法与组织法之间，光靠传统契约法规范是不够的，应采用公开信息披露、征信评级等制度方式约束股东认缴出资行为，将股东履行认缴出资义务的过程公开。①

但我国现有的公司企业信息公示制度及其公示效力方面的法律法规还存在许多不足。就法律层面来看，主要是《证券法》对于上市公司的信息披露制度作出的规定；而对于非上市公司的信息公示要求，《公司法》及其他法律则鲜有规定。这一立法位阶上的缺失导致我国企业信息公示制度及其法律效力等问题缺乏制度框架上的总体设计，只能依靠行政法规、规章等在实践中摸索，在规范属性、法律责任等方面已经出现行政化和零散化等弊端。

2014 年出台的《企业信息公示暂行条例》是针对公司资本登记制度改革后出现的各种资本乱象采取的一项重要措施，我国借此建立起了相对统一的企业信息公示系统。根据《企业信息公示暂行条例》之规定与当前工商行政部门的实践情况，企业公示信息的真实性缺乏保障是一大突出问题。企业年报和公示信息中应包括公司股东认缴和实缴的出资额、出资时间、出资方式以及行政许可的取得等信息。② 但是由于取消企业年检与验资等程序，工商行政部门不审核企业年报和公示之内容，故自然不对其真实性负责，只会开展个别抽查或根据举报进行核查，多数情况下企业应当对公示信息“自负其责”。③ 囿于其行政法规之属性，《企业信息公示暂行条例》只包含企业虚假公示信息法律责任的粗略规定，而民事赔偿责任有关规定之空洞已近乎于无。即使是在有关法律法规已经相对具体而严格的证券市场信息披露领域，上市公司的各种违规披露、虚假陈述的现象也同样屡禁不止。可以想见，在上述规定粗疏、责任宽松、内容形式化的企业信息公示制度背后，又会存在数量

---

① 参见蒋大兴：《“合同法”的局限：资本认缴制下的责任约束——股东私人出资承诺之公开履行》，载《现代法学》2015 年第 5 期。

② 参见《企业信息公示暂行条例》第 9 ~ 10 条。

③ 《企业信息公示暂行条例》第 11、15 条。

何其庞大的虚假公示问题。

因此，当前除了在工商行政管理制度层面上进一步完善公司企业信息公示系统之外，[①] 主要还应加强对信息公示效力与信赖保护私法责任之规定。首先，以法律形式明确规定企业公示信息的公信力。信息公示应与公司登记信息、上市公司披露信息具有相同的地位和效力，外部相对人可以据此相信其为真实的公司资信状况，相对人可以就受损之公示性信赖提起诉讼，请求公司承担依据公示内容履行相关契约或赔偿相应信赖损失。其次，明确信赖关系在虚假公示损害赔偿诉讼中所具有的因果关系替代性地位。虚假公示之受害人在诉讼中往往面临着公示信息与损害之间的因果关系举证困难问题，此时应参考美国证券法中的信赖关系替代性做法，只要相对人证明其存在对于公示内容的合理信赖，即足以认定其之后的处分行为与虚假公示具有因果关系。[②] 亦可参考我国《最高人民法院关于审理证券市场因虚假陈述引发的民事赔偿案件的若干规定》以时间节点为标准的做法，将虚假公示作出之后、被标识入"异常名录"之前的投资者与该公司有关的处分行为都列入虚假公示的因果关系范围。最后，应明确虚假公示民事责任的责任主体，除了公司法人自身之外，公司实际控制人、"董监高"等掌握公司信息公示决策权力之人，亦应当对虚假公示所致损失承担相应责任，此部分容后于下一小节详述。

总之，应当将公司登记不实、企业公示信息不实与证券市场虚假陈述这三个领域的问题进行私法责任规范体系的一体化设计，对于尚缺乏具体规定的企业公示信息民事赔偿责任问题，可以参照证券市场信息披露制度的有关规定。公司信息向社会公示披露，虽然表现形式各异、所处领域不同，但其社会公示效力的本质应该是相通的。虽然传统观点认为，上市公司的公众性、资合性更强，因此证券市场信息披露制度的公示性、对象不特定性和影响严重性也更强，责任也需要更严格；但是就目前来看，认缴制改革弱化公司注册资本登记公示效力之后，社会不特定相对人要想了解非公开上市公司的资

① 我国公司信息披露制度完善的相关内容，参见袁碧华：《我国公司资本制度改革研究》，中国政法大学出版社 2016 年版，第 148－152 页。

② 详见本书第二章第二节第一小节内容。

信情况也只能通过企业信息公示系统，非公开上市公司的公示信息实际上已经具有了较强的公开性和对世性，其广泛影响力和可能产生的严重后果，相比于证券市场信息披露制度也已不遑多让。只有进一步完善虚假公示的私法责任承担之规定，才能真正发挥公司企业信息公示制度对于相对人的信赖保护作用。

（二）公司责任主体扩张的适用辨析

本书第二章已讨论过几种公司法信赖保护责任主体扩张的现象，包括瑕疵出资股东的补充赔偿责任、法人人格否认制度下对股东的直索责任以及董事、经理人的“第三人责任”等。这种责任主体扩张现象，一方面是在归责原则中引入过错主义的考量，突破公司法人责任的限制，使得对信赖人损失有过错的个人也应承担一定责任；另一方面也是为了在一些特殊情况下，例如公司完全缺乏清偿能力或独立责任地位等法人责任体系出现僵化问题时，可以有效地保护相对人的合理信赖。但是，公司法人人格独立毕竟是公司法的核心基石，不宜以某些利益保护为借口武断而随意地突破。能否适用责任主体扩张，应当根据具体情况谨慎判断。以下即结合认缴制改革后理论及实务界常见的责任主体扩张观点，对此展开辨析。

1. 能否适用瑕疵出资股东补充责任与股东出资义务“加速到期”规定？

认缴制改革在现实中存在的一个常见问题是，由于出资时间可以由公司章程自行约定，因此有些章程约定的股东实缴出资时间竟长达数十年。若此时公司陷入债务危机，实缴资本欠缺的问题会对公司清偿能力造成严重影响。针对该问题，有不少学者提出可以采用所谓的“股东出资责任加速到期”的做法，适用2014年《公司法解释（三）》第13条第2款之规定，将实缴出资义务尚未到期的股东也纳入“未履行或者未全面履行出资义务”的情形，需要对公司债务承担补充赔偿责任。① 司法实践中，也已经有一些法院判决

① 相关观点参见赵旭东：《资本制度变革下的资本法律责任——公司法修改的理性解读》，载《法学研究》2014年第5期；王涌：《论公司债权人对未实缴出资的股东的请求权》，载赵旭东、宋晓明主编：《公司法评论》第25辑，人民法院出版社2015年版，第35-38页；李建伟：《认缴制下股东出资责任加速到期研究》，载《人民司法》2015年第9期；袁碧华：《我国公司资本制度改革研究》，中国政法大学出版社2016年版，第107-108页。

采信相同的观点，认为尽管现行《公司法》规定的股东出资方式是认缴制，但公司的正常经营直接依赖股东的出资，股东不履行义务或不恰当出资，直接影响或损害公司经营和债权人的利益，故适用《公司法解释（三）》与《最高人民法院关于民事执行中变更、追加当事人若干问题的规定》等规定，公司股东即使在认缴期限届满前也应该被追加为被执行人。①

根据我国《企业破产法》第35条之规定，公司进入破产程序后，即使约定出资期限未到，股东出资义务亦"强制到期"。如此规定的目的是防止股东逃避承担其在出资范围内应负的有限责任，保障债权人充分受偿，解决《公司法》中的"注册资本"与《企业破产法》中的"破产财产"之间出现财产差额问题。② 但是，上述"加速到期"的做法与《企业破产法》的"强制到期"是不同的概念，实际上是在非破产程序中类推适用了《企业破产法》的方法，其正当性值得商榷。

《公司法解释（三）》第13条第2款规定了瑕疵出资股东对债权人的补充赔偿责任，其关键在于如何界定"瑕疵出资"的外延范围，认缴制下股东在出资义务未到期时没有出资，是否属于一种"未履行或未全面履行出资义务"的行为？如果从司法解释的文义来看，出资义务尚未到期，也就谈不上义务不履行的问题，本条似乎不宜扩张解释为认缴制背景下的股东出资义务加速到期规则。该司法解释虽然出台于2011年，但是2014年公司法司法解释配套修订时并未对此作出调整，可见解释者认为该条款仍可以适用于认缴制改革后的新形势，只是仍未对上述瑕疵出资外延问题作出明确表述，不能不说是一个缺憾，只能根据实践中的新问题进行相应的扩张解释。

较有代表性的观点认为，如果公司章程约定的出资期限特别长，以至于基本不可能在公司存续期间完成实缴出资，这种无现实履行可能的出资义务

---

① 《周玉珍申请陆剑峰、徐敏敏等承认与执行法院判决、仲裁裁决案件民事判决书》[（2018）苏06民终775号]。

② 《公司法》中股东的有限责任是以"注册资本"为基础计算的，但是《企业破产法》中的破产财产却是以"现有资产"为基础计算的，如果股东未实缴注册资本，一方面将导致破产财产的范围大大缩小；另一方面也使得股东此时实际上并没有承担其应当承担的有限责任数额，出现资本数额与资产数额之间的差额，是一种利用"资产信用"逃避资本要求的行为。因此，法律不能允许股东在公司进入破产程序后仍不实际出资的行为。

相当于没有出资义务，[1] 实际上是利用章程约定来掩盖其根本不想出资的真意，则应当认定该出资期限之约定是一种“以合法形式掩盖非法目的”的无效约定，因此股东负有随时实缴出资的义务，否则即属于瑕疵出资应承担补充赔偿责任。[2] 这种观点可以说是对认缴制实践中引发出资期限乱象的一种无可奈何的解释尝试，包含着不小的隐患。据何标准判断、由谁判断出资期限是否合理？是否有履行可能性？问题本身具有主观裁量性。如果是出资期限50年以上等极端情况或许不存在太大争议，但若是10年、20年等模棱两可的情形又该如何处理？还算是没有履行可能性吗？而且所谓“以合法形式掩盖非法目的”本身就是原《合同法》中一个极具主观裁量性、严重影响私法行为效力的弹性兜底条款，利用该条就轻易否定公司股东之间出资协议的效力，实在与资本制度改革中尊重股东意思自治的初衷大相径庭。因此，按照出资期限来判断出资义务无履行可能从而否定章程约定合法性的做法，本身只能作为一些极端情况下的应急之法，并非解决这一问题的釜底抽薪之道。

事实上，出现公司无法清偿债务且股东出资义务未到期的情况时，也存在两种解决思路：一是如上述观点适用股东出资义务“加速到期”从而承担补充赔偿责任；二是转入破产程序，在破产程序中再实现出资义务的“强制到期”。二者对于股东的出资义务而言其实并无二致，同样都须承担立即实缴出资的义务。但是在其他方面则有显著区别：首先，在公司人格地位上，如果是非破产程序中适用股东补充赔偿责任，则公司仍保留继续存续、经营的可能性；但是如果进入破产程序，则意味着公司人格即将消灭。其次，在诉讼成本上，通常来说非破产程序比破产程序较为便捷高效、省时省力。最后，在具体程序上，非破产程序内债权人可以直接请求股东对自己承担补充赔偿责任，而破产程序则还需要经过债权申报、债权人会议等程序环节。因此，有学者出于维持公司持续经营、促进经济发展、节约诉讼成本等实用主义考虑，认为不宜强制适用破产程序，而应选择股东补充赔偿责任，以减轻

---

① 参见刘燕：《公司法资本制度改革的逻辑与路径——基于商业实践视角的观察》，载《法学研究》2014年第5期。

② 参见石冠彬：《注册资本认缴制改革与债权人权益保护——一个解释论视角》，载《法商研究》2016年第3期。

股东和债权人的负担。①

但此类观点其实忽视了债权人全体公平受偿的问题。《企业破产法》之所以设定复杂而严格的债权申报、债权人会议等环节，就是为了保障各个债权人的公平受偿权利，防止个别清偿损害债权人整体利益。如果直接在非破产程序中适用补充赔偿责任，固然有利于对个别债权人的利益保护，但是很可能损害其他债权人的利益。一旦有个别债权人提起诉讼，股东承担补充赔偿责任，则股东出资责任范围内的数额，实际上全部专属于该债权人个体；若还有其他债权人，其已无法再要求股东承担相同责任了，其债权已经失去了公司资本的保障，公司债权人群体内的公平性遭到了破坏。公司股东承担补充赔偿责任的行为，无异于《企业破产法》第32条所禁止的可予撤销的个别清偿行为。

若是回归问题本质，则这些资不抵债、明显缺乏清偿能力的公司，实际上就应进入企业破产法的处理范畴。之所以有许多观点不愿选择破产程序，更多是出于维持公司主体存续的考虑，认为直接消灭法人人格的做法不符合改革目的。但是，如果公司资产已经不足以清偿债务，股东仍迟迟不愿履行实缴出资义务，就足以说明股东根本就缺乏维持公司正常经营的意愿，充其量是想利用公司法人人格从事投机性甚至是欺诈性市场活动而已，对于经济发展与市场秩序能有多少增益？与其过度解释“瑕疵出资股东的补充责任”以维持公司人格的苟延，不如借助破产程序除掉那些企图利用此轮改革而生长的市场寄生虫。所谓“宽进严出”的改革政策并不是要求我们尽量维持公司存在而避免破产；相反，在“宽进”的背景下，市场各类主体鱼龙混杂，更有必要适时清理一批“搭乘改革便车”的资信不良公司。不符合市场诚信与行业资信水平要求的企业，就应该被淘汰出局，这才是加强持续性监管、事后监管的真义。

2. 能否依“资本显著不足”适用法人人格否认制度？

虽然适用破产程序可以从根本上解决资信不良公司的主体问题，但在公司资产已不足清偿债权的情形下，囿于股东有限责任之限，债权人利益还是

---

① 参见甘培忠、徐可：《认缴制下的资本违法责任及其困境———以财产混同为视角》，载《北京大学学报（哲学社会科学版）》2015年第6期。

得不到充分救济。因此，适用法人人格否认以追究股东个人责任的观点也随之在我国兴起。该观点与前述“瑕疵出资股东的补充赔偿责任”有所不同，股东补充赔偿责任仍是在股东出资义务范围内承担的有限责任，但是此处法人人格否认后的股东责任则是更为严厉的手段，一旦得到认定即在个案中否定公司人格，要求有关股东承担全部债务的连带责任。因此，司法实务对这一制度的适用一直采取相对谨慎的态度，尤其是在此轮公司资本制度改革之后，适用法人人格否认制度产生了许多新的争议。

根据我国《公司法》第20条第3款的规定，适用法人人格否认制度的前提是“公司股东滥用公司法人独立地位和股东有限责任，逃避债务，严重损害公司债权人利益”。公司法理论界总结的具体情形主要包括资本明显不足、利用公司回避合同义务或规避法律义务、法人人格形骸化（不当控制、财产混同、业务混同、组织混同）等。其中，“资本显著不足”被视为公司法人人格否认的主要理由，其意味着公司资本无法满足实际经营的成本需要，在一定程度上体现股东缺乏经营公司、自担风险的诚意，甚至被认为是一种利用公司人格与有限责任制度而把投资风险转嫁给公司债权人的做法。[①] 司法实务也基本接受此观点，例如上海市高级人民法院于2009年发布的《关于审理公司法人人格否认案件的若干意见》第6～7条已明确将“资本显著不足”列入股东滥用法人独立地位和有限责任的情形。

但是，我国于2013年修订《公司法》时，其中一项重大变化是取消了最低资本额制度，在没有法定最低资本额的情况下如何界定“资本显著不足”成为一项缺乏确定标准的实践难题。尤其是许多注册资本只有个位数的“极小微公司”能否援引“资本显著不足”以适用法人人格否认制度、要求其股东向债权人承担直索责任，或许不再是人格否认等个别条款、个别案件的适用问题。如何看待“极小微公司”的人格独立性、是否还适用公司有限责任等，实际上已经成为牵一发而动全身的普遍性问题。

如前所述，“极小微公司”与“假大空公司”是在公司资本充足方面存在缺陷的两大典型，但二者性质有所差异，因此对二者造成相对人债权损失时的归责原则也需要区别对待：

---

① 参见赵旭东主编：《公司法学》（第4版），高等教育出版社2015年版，第9－10页。

“假大空公司”所公示的巨额注册资本已经形成了一种公示性的外观事实，甚至有些伪造公示信息、虚构已经实缴大部分资本的外观事实，实属有意引起不特定相对人之外观信赖，由此造成相对人信赖损失即应当归责于这类公司。尤其是在当前的公示制度下，相对人较难获悉公司章程内容与公司真实的实缴资本，更应把公示注册资本的效力提到首位，公司依据巨额注册资本承担债务就是理所当然的。

而“极小微公司”的情况则有所不同，其在登记上已经明确公示了极少的注册资本，在商业社会层面完成了公示性信赖保护的基本义务，应当推定商事交易中的相对人已明知或至少可知其资本偿债能力的缺陷，其能够形成的信赖也仅限于注册资本范围内，在此情况下仍然与之交易，就应当谨慎决定交易规模并且自我承担交易风险，而不能主张超越公示信赖关系法律范围的损失救济。除非“极小微公司”的股东在交易过程中作出了明确的其他担保承诺，或者存在公司人格混同、财产混同等现象，否则公司只应在注册资本范围内承担相对人债权，不可因债权人自己的投机与疏忽而归责于“极小微公司”。

因此，司法实务界也有观点明确指出，我国公司资本制度改革后，公司“资本显著不足”已没有存在的意义，不能再作为法人人格否认适用的行为要件。[①] 从德国公司法理论与实务的比较法角度看，尽管还有相当多学者主张如果公司资本过低，股东应承担穿透责任，但是反对的呼声也很高，因为法律根本没有规定股东有提供充足资本的义务，更没有规定“资本充足”的标准，在法律没有规定的情况下就要求股东承担义务的根据又何在？德国联邦最高法院除了早期一个个案之外，后来审理的案件也均拒绝以资本实质过低为由追究股东的穿透责任。[②]

总之，“资本显著不足”标准的本质是一个企业经济学上的核算问题，而不是一个在立法或司法中可以得到良好解决的问题，将其引入到法人人格否认制度中，本身就容易引发各种不确定性和裁量争议。尤其是对于注册资

① 参见张磊：《认缴制下公司法人人格否认规则的司法适用新探》，载《法律适用（司法案例）》2018 年第 8 期。

② 参见高旭军：《我国公司人格否认制度适用研究：以与德国比较为视角》，法律出版社 2014 年版，第 113 – 114 页。

本极低的“极小微公司”不能轻易援引“资本显著不足”而适用法人人格否认制度，因为严格来讲这类公司极低的注册资本对于任何经营项目都是显著不足的，如果因此而否定其人格，就相当于一律否定了所有这类公司的人格独立性，无异于又回到了取消最低法定资本额之前的老路，又何必大费周章赋予其公司人格呢?

只在一种情形下，存在着对“极小微公司”援引“资本显著不足”的可能性，即公司股东、控制人、董事、高级管理人员等负责人，曾经对相对人作出过明确表示，公司除了注册资本之外，还有其他公司资产可作为交易保证。这种承诺有时是建立在某些企业信息公示系统之上的，从而获得相对人信赖，实际上并不存在这样的公司资产，致使相对人遭受损失。在此情况下，相对人之合理信赖已经不是对公司注册资本的信赖，而转化为对负责人之公司资产承诺的信赖，当这种资产承诺被证实为虚假时，认定公司“资本显著不足”就具有了正当性。此时适用法人人格否认，不是对注册资本本身不足的责难，而是对于负责人个人的虚假表示造成他人错误信赖的追责，因此需要穿透法人责任的外衣，由负责人个人承担连带赔偿责任。

本章内容以公司登记、公司资本制度及其新近改革内容为例，分析其中涉及商事交易相对人信赖保护问题和制度构建要点。另外，商事代理制度也是商法外观主义原则与信赖保护制度的集中体现，包括经理权、代理商及其他商事代理制度等各部分均以信赖保护原则作为一大指导原则，以解决代理权限、授权表见、代理行为效果等问题。①

① 有观点认为，商事代理应专指独立商人所从事的代理商行为。（施天涛：《商法学》，法律出版社2010年版，第111页；韩慧莹：《商事代理》，载王保树主编：《商事法论集》2008年第1卷，法律出版社2008年版，第228-230页。）但也有观点认为，经理权等虽未被冠以代理之名，但是实系商法意定代理权之一，故经理权、代办权、代理商等都属于商事代理的范畴。（陈自强：《代理权与经理权之间：民商合一的与民商分立》，北京大学出版社2008年版，第95页。）而且，2012年王保树教授领导专家调研组公布《〈中华人民共和国商事通则〉建议稿》，也将“经理权”“其他商事代理权”“代理商”三者并列为商事代理的具体形态。（商事通则调研组：《中华人民共和国商事通则建议稿》，载《商事法论集》2011年第1期。）另外，我国《民法典》第170条将法人工作人员对外以法人名义实施的行为也列入“委托代理”一章，据此也可推导出我国目前的立法态度也是将经理的对外职权行为视为一种代理行为。故本书采纳后一种观点，根据经理权与代理商之代理权的共通性，将二者均视为商事代理的一部分。

但本书重点集中于公司法组织规范、组织规范与行为规范联结领域之中体现的信赖保护问题，故无意涉及代理商等独立商人之间的纯粹外部交易行为。而经理权问题虽然可以选择借助公司登记制度进行完善并成为公司法公示性信赖保护制度的一大组成部分，但是在我国民商合一的立法模式下，以民事代理制度统合所有代理问题，如民事代理制度与法定代表人制度等，已经肢解并混合了商事代理中经理对外代理权的内容。已有观点指出，根据当前民商合一的价值趋向与立法技术，宜在《民法典》总则编代理制度中设置商事代理的一般规范及转介规范，而且在《民法典》总则编主体制度中规定法定代表人的职务代理，以及在《民法典》合同编中规定经理及其他商业使用人合同、代理商合同。[①] 故在我国当前环境下，经理权问题实际上已失去了在《公司法》中建立统一经理权制度的时机与空间。综合考虑立法模式、论文体量、研究范围等因素之限，本书不以经理权问题为例分析公示性信赖保护制度，留待将来专门展开深入研究。

① 参见曾大鹏：《民法典编纂中商事代理的制度构造》，载《法学》2017 年第 8 期。

第四章

制度论（二）：公司法中的非公示性信赖保护问题

第三章以公司登记制度、资本制度、代表人制度等为例，分析了公示性外观所产生的相对人信赖及其保护，本章则讨论公司向特定相对人作出意思表示而引起的非公示性信赖保护问题。意思表示从属于民法上的法律行为理论，但是公司则因其团体组织性、程序强制性等因素，而在意思表示的有关问题上具有其突出特征，尤其是当公司章程、决议等内部文件与公司对外表示行为发生冲突时，相对人合理信赖的保护问题，亦有专门探讨的必要。

第一节　非公示性信赖保护制度的基本问题

一、意思表示与信赖保护的理论关系

公司法中的公示性与非公示性信赖保护之分，核心在于外观或表示之信赖事实是否具有对不特定对象的公示效力。在公示性信赖保护与外观责任关系中，被信赖人的公示外观可能使社会不特定对象产生对于商业法律机制的社会性信赖与制度性信赖。而在另一些情况下，公司对特定相对人作出的意思表示，不具有公示性外观作为信赖基础，属于人际信赖和相对性信赖，非公示性信赖保护正是以这些表示行为作为合理信赖的基础。

根据德国民法学理论，外观引起的权利表见责任是超出法律行为责任之

外（或法律责任范围扩大）的责任，而意思表示引起的信赖损失赔偿则属于法律行为范围内的责任。① 因此，如果从法律行为理论的角度看，公示性信赖保护与非公示性信赖保护之分，则在于合理信赖是否是基于法律行为而产生的。在公示性信赖保护的外观责任关系中，信赖人的合理信赖建立在可归责于被信赖人的外观状态之上，虽然信赖关系仍要依附于契约关系等才能实现，但是其信赖的根据并非被信赖人的意思表示；而在非公示性信赖保护的信赖责任关系中向特定相对人作出的意思表示，就是合理信赖产生的基础，被信赖人须要在自身表示内容以及接受人所理解的范围内负责。

信赖保护理论与法律行为理论具有一定的分野，在法律效果上通常遵循不同的评价体系。法律行为的意义即创设当事人之间的“法律”，其效力源于人们希望引起法律效果的意思表示，是私人意思自治的体现，而非源于法律的直接规定，法律规定的作用只是对其进行认可并在法律世界中加以实现。② 而在信赖保护规则下，则是由法律进行价值衡量并直接决定法律效果。二者的分野，也正是私法中意思自治性与法律强制性的区别。恰如卡纳里斯在《德国私法中的信赖责任》（Die Vertrauenshaftung im Deutschen Privatrecht）中提出的一项重要论断：“信赖理论在每一个方面皆不能解决法律行为有效性的疑难问题。”③

但是，法律行为理论在许多情况下不足以完整描述行为的后果，而必须进入信赖保护的评价范围内。试举两例说明二者在许多问题上的衔接关系，此亦为非公示性信赖保护产生作用的主要区域。

其一，意思表示的无效、撤销之责任问题。对外进行意思表示行为的效果，基于意思自治原则下的法律行为理论即可判断，成立何种法律关系、法律效果的内容等，均由当事人自主决定。但是意思表示存在瑕疵而无效或被

---

① 参见［德］卡尔·拉伦茨：《德国民法通论》（下册），王晓晔等译，法律出版社 2013 年版，第 886－887 页。

② 参见［德］卡尔·拉伦茨：《德国民法通论》（下册），王晓晔等译，法律出版社 2013 年版，第 426 页；［德］维尔纳·弗卢梅：《法律行为论》，迟颖译，法律出版社 2013 年版，第 26 页。

③ Claus－Wilhelm Canaris，Die Vertrauenshaftung im Deutschen Privatrecht，C. H. Beck'sche Verlagsbuchhandlung München，1971，S. 418. 转引自朱广新：《信赖保护原则及其在民法中的构造》，中国人民大学出版社 2013 年版，第 109 页。

撤销时的效果，就不能完全取决于当事人的意愿，应当进入信赖保护的范畴加以评价。例如《德国民法典》第118～120、122条分别规定了意思表示无效、可撤销的几种情形以及对信赖意思表示之相对人的信赖损失的赔偿，如果有瑕疵的意思表示被撤销，撤销人应当赔偿合理信赖人的信赖损失，不以撤销人的主观过错为条件，是一种纯粹的信赖责任。[①] 此时，意思表示的无效、撤销之损害赔偿后果，已经与当事人的意志无关，而是法律对信赖保护进行价值衡量的结果。此时，法律行为理论之功用仅限于决定行为有效性与否，而行为存在瑕疵而无效之后的后果，则只能交由信赖保护理论来解决。

其二，缔约过失责任问题。当事人进行磋商而尚未缔约之际，一方违反先契约义务而造成对方损失，应承担缔约过失责任，该责任以客观损害加主观过失为建构逻辑，其法律后果同样与当事人意思表示的法律行为无关，而与信赖保护具有相同的价值衡量因素，在一定程度上属于信赖责任，[②] 是一种特殊信赖关系情况下以“当事人存在过错”作为限缩条件的信赖责任。由于法律行为本身尚未有效成立，故法律行为规则在一开始就未能适用，而只能进入损害赔偿法理论的范围。但此时究竟是侵权损害赔偿，还是独立的缔约过失责任，还是纳入信赖损害赔偿的范围，在理论定性上不无争议，但归根结底无非是对当事人信赖投资等固有利益损失的一种补充性救济而已，冠以何种名义，对于赔偿范围等实质意义而言影响不大。

二、公司意思表示与非公示性信赖保护的特殊性

当公司以团体组织的形态作为意思表示主体参与商事交易活动时，意思表示与法律行为理论又展现出一些特殊性。[③]

第一，公司意思表示具有显著的阶段性、程序性与团体性。公司作为团体组织，其意思表示与个人意思表示的主要区别在于可分为几个具有独立法

---

① 参见［德］卡尔·拉伦茨：《德国民法通论》（下册），王晓晔等译，法律出版社2013年版，第527页。

② 参见［德］维尔纳·弗卢梅：《法律行为论》，迟颖译，法律出版社2013年版，第152页。

③ 有关公司意思表示特殊性的讨论，参见何建：《公司意思表示研究》复旦大学2014年博士学位论文。

律意义的阶段。公司成员意志通过内部决议等程序逐渐整合、上升为公司意思，再经过执行机关、代表人等对外表达，意思表示的形成与表达过程委诸于不同的公司机关，而且受控于法定的公司法人程序。公司意思不是生理上的意思，而是遵循组织程序、依法讨论的结果，这种意思也成为社会活动领域和社会现实中一种真实的要素。① 而个人意思表示过程则为一体的自然过程，不具有这种社会团体性与阶段分离性。

第二，公司意思表示瑕疵规则具有特殊性，许多法律行为效力瑕疵规则对此并不适用。传统民法中的意思表示瑕疵规则，通常包含以下几种意思表示不一致、不自由的情形，如欺诈、胁迫、重大误解、乘人之危、显失公平、虚伪表示、真意保留等。公司意思表示同样可能出现上述意思表示瑕疵情形，但还可能出现另一些传统规则无法涵盖的特殊情形。例如，在公司意思形成阶段即公司决议过程中，出现决议内容或程序方面的违法性瑕疵，即难以套用传统的瑕疵规则，需要建立独立的决议瑕疵规则体系。再如，理论上通常认为公司权利能力与行为能力的范围是一致的，公司意思表示不存在行为能力瑕疵的问题，其能力限制主要体现于一些法律对于公司权利能力（经营范围）的特殊管制。而自然人意思表示则不受法律对于权利能力之限，却需要考虑其是否符合年龄、精神状态等行为能力条件。

第三，公司意思表示与行为常出现内外效力区分现象。自然人的法律行为只对个体之间、单层次的法律关系产生影响，对其行为效力的判断结果是统一的。而公司作为团体组织，虽然其意思表示仍是面向组织外部作出、建立对外法律关系，但实际上却受到组织内部因素的种种影响，判断法律行为效力时往往面临着内部关系与外部关系的利益冲突与价值选择等问题，难以一概而论。有鉴于此，理论上根据组织内外法律关系之分，将一个公司法律行为在效力上分解为两个甚至多个层次，分别探讨其相对于不同对象的不同法律后果，本质上是运用分析合理化的理性主义方法，对现象统一体进行结构化处理。这一思路也被广泛运用于司法实践之中，逐渐成为处理公司内外

① 参见［德］卡尔·拉伦茨：《德国民法通论》（上册），王晓晔等译，法律出版社2013年版，第183页。

关系之表示行为效力问题的指导原则。

公司意思表示的特殊性，也进一步使得公司法中的非公示性信赖保护具有一定的特殊性，需要结合公司组织以及外部相对人两方面的因素考虑行为效力及信赖保护问题。

从公司的角度看，公司章程内容与效力、决议内容与程序的瑕疵、公司执行机关与代表人的表达等组织因素，多可能在公司意思形成、表达等阶段对行为效力产生影响，而且公司在对外表示过程中的可归责性与相对人在交易过程中的自身过错等因素也应纳入公司对外行为效力评价体系。典型情况如在公司决议过程中出现内容或程序上的瑕疵而导致决议不成立、无效或被撤销时，依据决议而对外作出的法律行为效力如何处置以及相对人合理信赖如何保护等问题。

从相对人的角度看，公司意思表示不具备公司登记的外观公示效力，失去了商事登记公示制度的社会性信赖基础，对其信赖保护也仅限于相对信赖关系体之中接受表示的理解范围，故此信赖合理性标准相应提高。在非公示性表示内容与公示性外观内容发生冲突时，公示信赖应具有优先效力，相对人对于表示的非公示性信赖将受到外观对抗规则的影响。换言之，法律推定相对人知悉公示外观状态而不得主张自己为善意，从而不再符合非公示性信赖保护中的信赖合理性标准。典型情况如公司对外行为涉及违反公司法的强制性规定、公司章程中已登记或公示部分的内容时，相对人是否负有对公司内部文件的审查义务、是否还能够成立合理信赖等问题。

上述情况即可体现出公司法组织规范与意思表示行为规范之间的交叉牵连现象，同时也是公司法中非公示性信赖保护制度的核心区域。下面，本书即结合公司章程与决议等内容对此进行具体分析。

第二节　公司章程效力与信赖保护

公司章程对相对人信赖保护产生的影响，主要集中表现在几个问题上：一是章程对公司经营行为、代表权等的范围限制，是否影响公司与外部相对人建立的法律关系有效性；二是章程自治约定与《公司法》法律规定不一致时，公司与外部相对人建立的法律关系效力应据何者作出判断；三是章程内容是否应纳入外部相对人审慎义务范围，亦即相对人在交易过程中是否对公司章程负有一定审查义务。上述问题的解决，归根结底需要从公司章程的性质及其对外效力等方面展开探讨。

一、公司章程性质与效力分析

（一）公司章程性质之辩

关于公司章程性质，学界观点主要可分为自治法说、契约说、折中说等，既有研究已有充分论述，此处仅作简要梳理：① 第一，自治法说。该学说认为，公司章程是公司内部的自治性规约，对团体成员具有普遍效力，并据此设定公司组织机构的框架。此种观点是“法人人格理论”的产物，注重公司法人的团体属性，强调章程的内部约束力和规范性，是大陆法系国家对于公司章程进行定位的理论基础。第二，契约说。该学说认为，公司章程是股东之间共同达成的一种契约，遵循契约自治原则而对股东权利义务作出安排。此种观点延承“公司契约理论”，突破了传统理论对于法人组织的人格拟制，而将章程性质定位回归到股东个人之间，公司成为一种“合同的组结”或“一套合同规则”，更注重个体意思自治，是英美法系的主流观点。第三，折中说。该学说认为，公司章程既有团体自治性规约属性，也有股东契约的属性。具体而言又可细分为两种思路，一种偏向整体性，用一种性质概括整个章程。例如德国学说认为，章程属于“组织合同”，即一种特殊的合同类型，既建立股东之间的权利义务关系，又构建公司组织的法律框架。② 另一种偏向区分性，将章程内容分为两个不同的部分，对应不同的法律关系和不同的性质，章程中有关股东与股东之间、股东与公司之间的法律关系适用契约说，

---

① 有关章程性质的理论观点梳理，参见赵旭东主编：《公司法学》，高等教育出版社 2006 年版，第 170 页；王爱军：《论公司章程的法律性质》，载《山东社会科学》2007 年第 7 期；孙英：《公司章程效力研究》，法律出版社 2013 年版，第 22－30 页。

② ［德］托马斯·莱赛尔、吕迪阁·法伊尔：《德国资合公司法》，高旭军等译，法律出版社 2005 年版，第 405 页。

有关公司治理机制、公司内部管理制度的部分则适用自治法说。①

综观上述观点，自治法说与契约说在“公司章程自治”这一点上并无根本对立，都在不同程度上体现公司章程相对于公司法律的自治空间。二者的分歧主要体现于公司组织团体性和股东权利个体性的矛盾之中。如果将章程性质定位为自治规约，则将股东关系限缩在团体法人之中，以公司组织的法人资格掩盖了大股东与中小股东个人之间的权利义务关系，因此在大股东滥用控股地位、修改章程、限制或剥夺其他股东权利时，受到侵犯的中小股东的权利往往难以得到充分救济。如果将章程性质定位为股东契约，虽对股东权利保护有所助益，但实际上虚化了公司组织的独立地位和组织内部的治理约束机制，难以解释公司章程修订过程中适用多数决规则的现象，也难以解释公司法强制性与契约自治性之间的矛盾等。因此，这两种观点本质上是对股东个人权利在组织中的限缩程度有不同认识。

当事人所签订的契约，即为当事人之间的法律。现实中大多数情况下，直接约束当事人的不是法律，而是契约，故而契约实际上也是一种市民社会中的自治规约，契约的效力由包括契约法在内的一系列国家法律进行保障，因而契约在整个法律秩序体系中具有了“类法”的地位。公司法与公司章程之间的地位关系，在一定程度上，也正是契约法与契约之间的关系。不同之处在于，契约调整的主要是当事人之间相对性的法律关系，约束的范围较小，因此可以完全遵循意思自治原则；而公司章程则面对团体组织，具有更大范围的约束力，需要在一定程度上牺牲个人的意思自治、引进团体的民主规则和管理制度，因此会带有一定的强制规范色彩。

显而易见的社会规律是，一项规则的普遍适用程度与其强制性程度往往是成正比的：如果一项社会规范所约束的对象越广泛、越不特定，通常也就越需要强制适用性，才能确保其实际执行力；反之，如果其约束的对象越个别、越特定，也应当越尊重个人意志和特殊性，才能发挥实效。面向所有民众的国家法律，是一项规范具有普遍约束力和强制执行力的一极；特定当事人之间的合同，则是相对约束力和个人意思自治的另一极。而作为公司团体

① 参见王爱军：《论公司章程的法律性质》，载《山东社会科学》2007年第7期。

内部规范的章程和决议，其自治法的性质恰位于该两极之间。从这一角度看，章程的契约性质与自治法性质其实是同一个事物的两个方面，注重权利的一面与注重规制的一面，均会在一部完整章程中的不同部分得到体现，并不存在非此即彼的矛盾，可以根据章程内容的不同、涉及股东权利性质的不同等因素进行具体分析，[①] 寻找权利与规制之间的分界点与平衡点，从而更准确地为不同情况下的司法裁判提供理论基础。

首先，章程内容中有关股东参与重大决策权、资产收益权、退出转让权、诉讼救济权等内容，是股东个人权利的核心构成部分。该部分章程带有契约性质，应遵循契约自治原则，股东个人有权对其进行处分与变更，未经本人同意，不得以多数决规则修改章程。其次，章程内容中的股东选择管理者权、监督审查权、股东会议与决议程序权等，是股东权利中有关公司治理部分的内容，更偏向组织成员的自治法性质，应遵循合法范围内的团体自治民主原则，多数决规则通过的章程修正案、决议等也对成员具有普遍约束力。最后，章程内容中无关乎股东权利，而是关于公司治理、公司组织机构的设置与管理制度等内容，纯粹属于组织内部的自治法性质，重点在于依法规制与分配公司内部权力，在此前提下充分尊重公司运行的自主性。

（二）公司章程对外效力之辩

以上有关公司章程性质的观点，以及我国《公司法》第 11 条，已经揭示出公司章程效力的基本范围，章程具有对公司本身以及组织内部人员的约束力。但是，公司章程的一个主要问题在于其外部性扩张带来的涉他性影响，章程对公司行为的约束必然牵连交易相对人的利益，因而产生了关于章程是否具有对外效力的争议。

有观点认为，公司章程经过登记公告即产生对抗力与公信力的对外效力，[②] 其思路是经过公示的公司章程即等同于公司登记的公示性效力。例如，传统英国公司法将公司章程视为已登记备案的公开文件，根据“推定通知规

---

① 《公司法》第 4 条。

② 参见刘俊海：《公司法学》，北京大学出版社 2013 年版，第 72 页；孙英：《公司章程效力研究》，法律出版社 2013 年版，第 277 页。

则”推定公众已经知道章程内容，则章程中的内容（如对于代理人权限的特殊限制等）即可对第三人产生对抗效力。[①] 再如，我国台湾地区“公司法”第393条第2、3款即明确规定公司章程属于公司登记事项，登记机关应予公开且任何人均可查阅、抄录或复制。

但就我国目前的现实情况而言，公司法律法规虽然要求公司章程必须向登记机关提交，但未规定章程属于登记事项范围。[②] 这实际上意味着公司章程不属于完全登记公开、可供一般社会公众任意查询的文件范围，而是由登记机关保管备案，只有特殊主体可经由一定程序进行查阅、抄录等。而且，由于我国现行法律法规只规定了公司股东的查阅权，并未明确规定公司外部公众或利害关系人对于公司章程等内部文件进行查阅的条件或程序，因此实践中公司登记机关、企业信息公示系统等也没有为社会公众提供任意查询公司章程的规范化途径，与公司法定登记公示内容的公示性效力之间仍有显著差异。

从本质上看，章程、决议等均属于公司内部规范性文件，借由公司组织行为而形成。个别观点甚至认为章程具有决议的法律属性，其实就是一种决议。[③] 这种公司组织内部规范本身不存在严格意义上的对抗力、公信力等，有时虽借助公司登记、公示等手段而向社会公开其内容，但是这种效力其实仍来源于公司登记、公示制度，而非章程本身。因此，应当区分公司登记与公司章程的效力，须回归公司章程的本质属性并将其效力界定在公司内部，而公示性效力只来源于公司登记制度，公司章程即使借助登记实现公开，其本身也不具备对外效力，此应为对公司章程效力的一般性认识。

但另一种情况是，公司章程即使没有通过公司登记制度等实现一般性公开，但交易相对人有时仍负有在合理范围内调查、了解对方公司章程内容的义务，若怠于履行此种商事交易审慎义务，则不构成合理信赖；只有相对人

① “推定通知规则”对于第三人权利保护将造成较大的不利影响，因此在英国1985年《公司法》第711A条已提出废除该规则，但尚未生效。参见［英］保罗·戴维斯：《英国公司法精要》，樊云慧译，法律出版社2007年版，第48－49页。

② 参见《公司登记管理条例》第9、20～21条。

③ 参见吴飞飞：《论公司章程的决议属性及其效力认定规则》，载《法制与社会发展》2016年第1期。

在合理范围内已尽到审慎义务后仍无法获知章程真实内容的，才能认定其符合商事信赖合理性标准，章程有关内容不对其产生对抗效力。相对人负有的这类审慎义务，才是章程自身产生对外效力的标准情形。该审慎义务已经脱离了社会一般公众对于登记公示“推定知悉”的抽象信赖关系范畴，而进入了商事交易相对人之间具体信赖关系的领域，而且大幅提高了相对人信赖合理性标准，这无疑将增加交易过程中相对人投入的信息成本和风险。因此，不宜将这种对外效力普遍化，不加区分地要求所有交易相对人均负有章程审查义务。

然而在一些特殊情况下，相对人承担合理范围内的章程审查义务，不仅是维护公平与商事交易安全的需要，而且有利于提高整个商业社会的诚信水平与审慎意识。虽然这种审查义务会在一定程度上增加相对人的信息成本，但却是一个理性商人在交易过程中所必须投入的安全保障措施。若能以可控范围内的信息成本，而排除自身在交易无效或被撤销中的过失，抵消其巨大的风险成本，则未尝不是一种降低总体交易成本的途径。以下即结合相对人在特殊情况下对于公司章程的审查义务、公司章程“另有规定”与股权转让限制等问题，具体分析公司章程对相对人信赖保护的影响及制度措施。

二、公司章程效力对于信赖保护制度的影响

（一）相对人的合理信赖标准及其对公司章程的审查义务

如前所述，公司章程对外效力问题，主要在于相对人是否对于公司章程内容负有一定的审查义务。例如，依据《公司法》第16条第1款的规定，公司对外提供担保不得超过章程对担保限额的规定，那么这种章程限制是否会影响公司已经作出的对外担保行为的效力？接受担保的相对人是否因为未了解对方公司章程限额规定而丧失担保权利？我国有关的法律规定与解释，例如《民法典》第61、504条等规定都是采用“不得对抗规则”、维持对外行为效力等做法，将章程规定效力限制在公司内部，约束公司章程效力的对外扩张，倾向于保护善意相对人的既得利益。因此，有关观点基于公司内外

行为区分理论，反对章程的对外效力与第三人的章程审查义务。[①] 但也有观点认为，虽然原则上公司内部文件不应约束外部相对人，但是也不能忽视现实中这些内部文件在某些特殊情况下的“溢出效应”，内外法律关系在现实中也不是可以简单区分的，甚至在某些场合正是需要突破这种二分法造成的形式束缚。[②]

其实，相对人审查义务的正当性本质，不应在公司内外部法律关系的范畴内讨论，这是一个如何界定、证明商事交易中相对人善意的问题。法律只保护善意相对人，这一点是毫无疑问的，商事交易环境下更应该提高专业商人的信赖合理性标准。如果相对人明知章程对于担保数额、代表权等方面的限制，相对人还能否构成善意？显然不能。在实践中需要尊重公司法、公司章程对于公司行为的限制，而不是以保护相对人为理由而允许公司随意突破。相对人对交易对手的公司内部文件也应当有一定的审查义务，只有这样才能符合较高的商事善意信赖标准，防止公司相互串通，造成其交易行为有效的既定事实，从而架空章程和决议对于经营范围、代表权限的明确限制，损害公司股东的权利。

由此观之，民法信赖保护制度更倾向于保护交易相对人的利益，而商法信赖保护则不能一概而论。由于商事环境的特殊性，除了保护交易安全、维护交易行为效力之外，还要充分考虑交易公平以及商人主体特殊性，专业从事商事交易行为的商人应负有较高的审查义务，特殊行业的商人在本行业内所需要的谨慎注意程度，均高于一般民事主体的善意标准。从这一角度看，商法信赖保护其实是通过提高相对人善意认定的客观性、外观确定性等，意在提高并明确信赖保护的法律条件，限制信赖保护的成立范围和自由裁量下的不确定性。

因此，近来不少学术研究成果对此已大致达成共识，既不能笼统地断定公司章程、决议等内部文件是否具有外部对抗效力，也不应当一般化地界定

① 参见崔建远、刘玲伶：《论公司对外担保的法律效力》，载《西南政法大学学报》2008 年第 4 期。
② 参见梁上上：《公司担保合同的相对人审查义务》，载《法学》2013 年第 3 期。

相对人的审查义务，而应当分析具体情形。[①] 首先，在通常商事交易领域，不宜实质化、一般化地要求相对人审查交易对手的内部文件，过高的合理信赖标准无异于压制与限缩信赖保护规范的适用，不利于商事交易公平与安全的维护。其次，当商事交易涉及公司法强制性规定、法律特殊管制领域时，则相应产生商主体高度审慎义务。正如一句著名的罗马法格言所云："不知法律不免责"（Ignorantia juris non excusat）。包括公司法在内的法律均具有推定公知属性，即推定所有商主体必须知悉并遵守公司法中有关的强制性规定，不能以不知法律禁止性规定为由免除或减轻自身责任。因此，在交易涉及事项存在违反公司法的潜在可能性时，就应当要求相关交易主体尽到更高程度的审慎注意义务，至少在形式上充分调查交易对手的经营资质、章程规定、合法有效决议等交易前提条件是否完备。虽然交易对手自身的违法行为不能归责于相对人，但是相对人因疏忽而轻信对方符合法定交易条件而未尽职调查，或者明知对方存在违法情形但为投机获利而有意放任，则相对人对自身损失的发生及扩大化亦具有一定过错，应纳入信赖保护法律责任分担问题的考虑范围。

要求相对人承担公司章程审查义务，从诉讼层面上看，需要证明相对人已经履行审查义务，才能符合善意相对人的标准。而这种已履行审查义务的证明，其实也就是在某些场合下，要求相对人对自身善意承担举证责任。从诉讼法原理而言，如果法律要求当事人证明自己不知悉特定事实，无异于在无限扩大的事实可能性范围内，都要求该当事人举证作出一一排除，实属强人所难，过于加重一方的举证负担。因此，法律一般采用善意推定的做法，若一方认为对方非善意，则可举证已向其发送通知或公告等事实，只需个别事实成立即可推翻善意假设。这种举证责任的分配基本符合双方的诉讼利益平衡原则。

---

① 有关论述可参见赵旭东主编：《公司法学》，高等教育出版社2006年版，第174－175页；高圣平：《公司担保中相对人的审查义务——基于最高人民法院裁判分歧的分析和展开》，载《政法论坛》2017年第5期；梁上上：《公司担保合同的相对人审查义务》，载《法学》2013年第3期；王冠宇：《浅析公司章程的对外法律效力——兼议新〈公司法〉第十六条》，载《金融法苑》2009年第1期。

但是，在法律特殊管制领域，相对人则不能再进行善意推定。法律规定是推定公知的，相对人在明知交易行为受到法律管制时，不能再轻信对方也是遵守法律的，需要其举证自身已在合理范围内履行了调查对方公司章程、有关决议等审查义务，才能排除自身在交易违法性之中的过失，证明自己属于善意，进而成立商事交易中的合理信赖。当然，这种审查义务的举证不要求相对人排除举证所有的可能情形，或是对公司内部文件真实性、形成过程等方面进行实质审查，而只限于合法途径、有限范围内的形式审查，防止过分加重相对人举证负担。

总之，善意认定之关键无非在于相对人对于章程内容是否知悉，相对人知悉章程的事实足以排除其善意。首先，应考虑公司章程是否已经登记公示。如果章程部分内容或全部内容均已完成公示，则此时的章程实际上不再是一种单纯的内部文件，而是借助登记公示制度实现了向社会公开，相对人不能再以不知悉有关章程限制而要求信赖保护。如前所述，这种公示效力并非基于章程，而是来源于登记公示制度。而这种对外效力也并非一种章程约束力的溢出，而是一种对相对人善意的对抗力。这与章程性质、效力内部性等并无矛盾，实际上是因为有关内容已实现由公司章程向公司登记公示制度的转移。其次，被信赖人、被信赖人的股东或其他成员等是否已经借由一些非公示手段将公司章程内容对相对人进行特别告知或表示。此种情况下的相对人知悉，不再是对公示外观的推定知悉，而是相对关系之间的特别信赖问题。被信赖人若主张有此相关事实，则需要由被信赖人进行举证，才可以明确排除相对人善意的成立。最后，公司章程内容是否可由相对人在合理范围内获悉。此即法律强制性规定、特殊管制领域中相对人审查义务的范围。如果相对人已经通过合法途径、在必要范围内尽到对于公司章程等内部文件的形式审查义务，仍无法获悉章程有关限制内容的真实情况，则足以证明相对人之善意。至于形式审查义务的合理程度与范围，在司法实践中即可考虑本书第二章所述商人标准、行业标准等信赖合理性客观化标准进行具体确定。

当前我国公司章程的公开性未得到实际体现，社会公众与利害关系人并无获悉公司章程的规范化途径，这是目前许多理论观点反对相对人负有审查义务时的一大顾虑，强求相对人调查交易对手的公司章程似乎也缺乏现实可行性。但是，现实中的制度缺陷不应左右理论上的应然设计，根据正当性理论而提出弥补缺陷的要求，正是制度进步的方向与动力。就目前而言，赋予相对人在特殊情况下的形式审查义务只是一个过渡手段，应进一步扩大我国公司治理信息透明化程度，逐步建立社会公众与利害关系人查阅公司章程的正式途径，维护商事交易过程中的公开与互信。

（二）公司章程“另有规定”与股权转让限制

章程是否具有对外效力，归根结底也在于公司章程的自主选择权的问题。如果章程对一些事项未予规定或者与《公司法》的内容一致，则适用《公司法》规定，对于社会所有公众均有普遍效力，不存在所谓的章程对外效力问题；只有在章程作出一些《公司法》所允许范围内的特别规定、排除《公司法》适用时，才须要考虑这种特别规定对第三人的适用性是否合理。因此，章程的对外效力与章程特别规定的自主选择权，本质上也是密切联系的问题。

章程的自主选择权，较为明显地体现在我国《公司法》的“章程另有规定”条款之中。例如，有限公司股东会议召集程序、股东表决权、经理职权、股权转让限制、自然人股权继承和股份有限公司利润分配规则等，① 这些“另有规定”条款一般附在《公司法》的参照性规定之后，给予公司章程可以作出与法律不一致的特别规定的空间，即章程具有优先于法律适用的效力，与那些“除法律有规定之外适用章程”的条款有着明显区别。② 优先适用性意味着章程在上述情况下可排除《公司法》适用，本质上是通过公司章程这样一种介质，把公权让渡给私权，③ 而公司章程“另有规定”的范围或者说示范条款与强制性规范的分野，则是主要的公司法律课题。④ 从公司法现代化发展的角度看，章程“另有规定”条款符合当代公司法充分尊重公司自主经营弹性、放松中小型公司管制的世界潮流，不失为我国2005年《公司法》修订的一项重大进步，与2013年《公司法》修订时的资本制度改革共

---

① 《公司法》第41、42、49、71、75、166条。

② 例如《公司法》第43、48、55、119条等。

③ 参见［奥］凯尔森：《法与国家的一般理论》，沈宗灵译，中国大百科全书出版社1996年版，第111页。

④ 参见钱玉林：《公司章程“另有规定”检讨》，载《法学研究》2009年第2期。

同形成一条公司自治化改革的主线。

但是，章程自治的放宽也导致了现实中有些公司及其控制人利用此种自治空间，借由章程或章程修正案，侵犯股东固有权、中小股东权利的问题。以有限公司股权转让限制条件为例，有两种较为极端的章程“另有约定”：一种是章程规定的股权转让条件宽松于法律规定的条件，甚至规定完全自由转让，不再有任何有限公司股权转让的人合性限制条件。有观点认为，这样的章程规定应属无效，对股权转让的限制条件不能低于法律规定的条件，否则就违背了有限公司的人合性基本准则。① 还有一种就是章程规定的股权转让条件比法律更为严格，甚至禁止或变相禁止股权转让。有观点认为，禁止或变相禁止股权转让违背了股权作为一种财产具有可转让性的基本准则，因此也是无效的规定。②

公司早期形态脱胎于合伙组织，还具有相当强的人合性质，公司法的立法者为了保障公司经营稳定和股东人格性信赖关系，经常规定比较严格的股权转让条件，或者设置“转让须经认可”的条款。例如，《德国有限责任公司法》第 15 条规定了公司可以对股份转让作出限制，尤其可以规定股份转让需要公司的认可。《瑞士债法典》规定了“双四分之三认可条件”，资本份额转让办理股东登记应当经代表四分之三以上资本的四分之三以上的股东同意。但是，即使是在有限责任公司，股东身份特质与公司人合性逐渐削弱、资合性逐步强化，是现代公司发展的总体趋势。法律尊重公司自治，加强对中小股东转让退出权利和财产流动性的保障等，也应当是当今时代公司法发展的主流。因此，如果章程禁止或变相禁止股东转让股权，显然侵犯了股东的退出权、资本转让权等固有权利，应属无效约定；但如果章程规定的股权转让条件宽松于法律规定条件，那么应当尊重公司股东的自治意愿，认为该类章程规定已经排除了法律条件的适用，属于有效的章程“另有规定”条款。

也有学者通过区分公司初始章程与章程修正案、股权转让程序与股权处分权的不同性质，对“另有规定”问题作出具体分析：初始章程既有公司自

① 参见奚庆、王艳丽：《论公司章程对有限公司股权转让限制性规定的效力》，载《南京社会科学》2009 年第 12 期。

② 参见施天涛：《公司法论》，法律出版社 2006 年版，第 263 页。

治规范的性质，又具有合同的性质，可以对股权转让的程序和股权处分权作出“另有规定”；但章程修正案除全体股东一致同意外，仅具有公司自治规范的性质，对股权转让的程序可以“另有规定”，但对股权处分权除依法定程序予以限制或剥夺外，应当尊重当事人的意思。① 初始章程属于合同机制；而章程修正案无须全体股东一致同意，不能被视为一种合同，因此不能直接以合同机制的存在作为基础。② 这种解释性区分的一大目的就是防止公司控制人利用资本多数决规则而在章程修正案中限制或排除中小股东的重要权利。公司治理程序上的章程规定是团体自治规范性质的，股东处分权利上的章程规定是契约性质的。自治规范性质的章程规定可以依据多数决规则进行“另有规定”，排除法律适用；而契约性质的章程规定应当遵循当事人意思自治原则，非经其同意不得被侵犯或剥夺。

因此，章程是否可以通过“另有规定”排除法律适用，归根结底不在于区分初始章程和章程修正案，而在于分析章程在性质上是契约性质还是自治规范性质。如前述有关章程性质的区分，如果是有关决定、处分股东个人权利核心部分的章程内容，应当依据契约法理，遵循意思自治，非经其同意不得被侵犯或剥夺。如果是有关公司治理方面的内容，应当依据团体民主的自治规范法理，实行多数决规则，排除法律适用并自主调整公司治理的机制等。上述学者根据初始章程和章程修正案的不同法理；判断是否可以用章程“另有约定”来限制股东权利，其深层逻辑实际上还是建立在分析章程性质究竟是契约性还是自治规范性这一点上，初始章程之所以可以处分、限制股东权利，正是因为制订章程过程遵循一致同意、完全意思自治的契约法理；而章程修正案由于实行资本多数决规则，并非完全遵循契约自由，故此也不能在不经股东同意的情况下处分、限制股东权利。一言以蔽之，限制或处分股东个人权利必须经过其同意，而不涉及个人权利的公司治理规定则可以服从资本多数决。

但是，章程对股权转让的限制是否合法有效是一回事，对第三人是否有

---

① 参见钱玉林：《公司章程对股权转让限制的效力》，载《法学》2012 年第 10 期。

② See Bebchuk, *Limiting Contractual Freedom in Corporate Law: The Desirable Constrains on Charter Amendments*, 102 Harvard Law Review 1824 (1989).

效则是另一回事，此即章程“另有规定”的对外效力问题，同样需要结合前述相对人审查义务进行讨论，也即相对人是否对有限责任公司章程股权转让特别限制规定有审查义务。章程对股权转让的限制规定，与章程对公司担保的限制规定又有所不同。在公司担保方面，由于《公司法》第16条明确规定不得超过章程之限额，属于法律特殊管制领域，故相对人应负有一定程度的章程形式审查义务，须尽到更高程度的审慎义务才能符合商事信赖合理性标准。但是在股权转让方面，《公司法》第71条第2、3款已经规定了一套有关出让人征求其他股东同意、股东行使优先购买权的条件与程序，这些条款构成了具有推定公知效力的法定内容，相对人需要履行的审查义务也限于法定内容的范围内；至于第4款允许公司章程“另有规定”则是法律授予公司的选择权而并非强制性要求，是否排除公司法适用纯粹是公司自主决定与内部关系的范畴。对于相对人来说，在法律已有现成规定的情况下，可以善意地推定公司的首选是遵循法律有关股权转让之规定，因此即使公司章程事实上有一些特别规定，也应将其视为例外而不应对相对人之善意推定造成影响，除非已经通过特别告知等手段向相对人明示过章程“另有规定”的内容，才能对抗其善意。总之，在有限责任公司股权转让的场合，相对人的形式审查义务只应限于法律所规定的转让条件范围内，如其他股东同意转让、不行使优先购买权等，而章程对于股权转让限制条件“另有规定”之内容，不能对抗相对人的善意。实践中章程修正案、章程部分内容增补等，往往也是以某项公司决议的形式出现，组织性、内部性更强，因此诸多“另有规定”对于外部相对人而言更加复杂而隐蔽，要求外部相对人承担审查义务也属强人所难。

可见，章程“另有规定”所代表的公司自治化改革，之所以可能对于外部相对人之信赖造成不良影响，原因即在于改革过程中并未同步推进公司治理的公开化、透明化。综观其他国家和地区的现代公司法改革，在拓宽中小型公司融资渠道、增强公司经营弹性的同时，公司治理透明化措施亦是不可或缺的，公司法改革在改善公司自治环境之时，应当同步设置强化公司治理的配套措施，避免因一味放宽而造成新的市场乱象。强化公司治理的核心在于公司治理透明化，公司法改革方向应当是管制松绑与加强公司信息的公开透明，二者缺一不可。[①] 而放松管制并不意味着公司监管被彻底放弃，而是将行政性的管制转型为市场性的持续监管，以公司治理公开化的监督力量代替公司法律的强制力量。因此，在允许公司章程“另有规定”的情况下，应当更加注重章程公开性、公司治理透明化、公司监管市场化等制度建设，以维护整个商业社会的互信与公平。

第三节　公司决议瑕疵与信赖保护

公司决议存在瑕疵而被撤销或被确认无效，但决议已对外部法律关系发生作用之时，应根据外观表象规则给予第三人相应的救济。[②] 这是典型的公司法非公示性信赖保护问题，但在我国以往的法律法规中均未得到重视。2009 年最高人民法院曾就《公司法解释（四）》组织专家论证会征求意见，已经将外部相对人的信赖保护问题提上议题，并且是以“限制决议无效、撤销诉讼判决的溯及力”的方式，对信赖公司决议而建立法律关系的外部相对人进行保护。[③] 但是在 2016 年向社会公布《公司法解释（四）》（征求意见稿）时，为避免违反《公司法》《民事诉讼法》等既有规定的风险，又删除了这样的表述。[④] 可见，司法解释层面对决议撤销、无效时的信赖保护问题，也长期处于反复斟酌之中。

我国原《民法总则》于 2017 年审议通过，奠定了 21 世纪中国民法典编纂之基石，重开世界私法法典之新篇，亦可见我国民商法学理论与实务各界

---

① 朱德芳：《公司法全盘修正管制松绑与公开透明应并重》，载《月旦法学杂志》第 268 期（2017）。

② 参见［德］托马斯·莱塞尔、吕迪格·法伊尔：《德国资合公司法》，高旭军等译，法律出版社 2005 年版，第 280 页。

③《公司法解释（四）》（2009 年专家论证会征求意见稿）第 9 条（判决的溯及力）规定：“人民法院判决股东会或者股东大会、董事会决议无效或者撤销上述决议时，该决议自始没有法律约束力，但公司依据该决议设立的对外法律关系，不当然失去法律效力。”

④《公司法解释（四）》（2016 年社会公开征求意见稿）第 11 条（判决的溯及力）规定：“人民法院判决股东会或者股东大会、董事会决议不存在、未形成有效决议、决议无效或者撤销决议的，该决议自始没有法律约束力。”

巨擘之心血倾注与智识交锋。原《民法总则》以私法法典总纲的形式，在第85条中以决议瑕疵为切入点，试图糅合民法善意保护制度与商法外观主义原则，回应了决议瑕疵时稳定对外商事交易关系的现实需要，有助于指导决议行为效力纠纷案件的司法审判，其在理论创新、实践指引、弥补法律空缺等方面之价值毋庸置疑。2017年8月最高人民法院正式出台《公司法解释(四)》，其中第6条也对此作出积极响应，并且将这种信赖保护从决议撤销领域进一步拓展到决议无效领域，形成了一个较为完整的、在公司决议瑕疵时维持对外法律关系效力的信赖保护制度。

然而，上述条文仅为信赖保护制度构建之伊始，在后续民商事立法中如何充实构架与细化规则，与《公司法》等商事单行法有关规定如何对接协调，在司法实践中如何解释适用等，诸问题均有商榷研究之必要。本书于此以公司决议瑕疵及其所涉善意相对人信赖保护为例试分析之。

一、决议效力与决议瑕疵规则体系分析

（一）决议效力及其外部性问题

公司决议行为是一种独具特点的法律行为，与单方行为、合同行为、多方行为相并列。① 这种特殊性质体现在以下几个方面：

1. 决议效力的内部性。决议是公司团体内部意思形成过程，而非直接对外进行意思表示。决议过程所形成的公司决议文件，与前述公司章程属性相类似，也只在公司内部组织范围内产生约束力。除非公司主动对外进行公示披露，否则外部相对人一般无法获悉决议的真实内容，也无法干预决议的形成。因此，依据内外法律关系区分的基本理念，决议内容不应对外部相对人产生约束力。

2. 决议效力的团体性。公司决议是遵循多数决原则形成的团体意思，对整个团体内部均产生普遍约束力，即使是未表决或投反对票的组织成员，也必须遵守公司决议。换言之，决议形成不一定需要所有成员意思表示一致。

① 参见［德］迪特尔·梅迪库斯：《德国民法总论》，邵建东译，法律出版社2000年版，第165页。

决议的实质是以“团体民主原则”限制个体意思自治原则。① 股东在公司团体中的个人权利几乎必然会受到限缩，否则无异于放弃了团体组织的价值而重回个人主义的自由状态。这也体现了一种法律现代化的前进方向，以个人为中心的平等私法关系逐渐被以社会关系团体为中心的规制所取代。② 公司决议的这种团体法特性，也使其与一般的多方法律行为相区别，后者虽然也一样是多主体共同作出的法律行为，但核心要求仍在于各平等主体之间的意思表示一致。

3. 决议过程的程序性与强制性。基于上述决议行为团体意思形成之属性，传统的意思表示瑕疵规则，或可适用于表决权瑕疵，但不适用于决议瑕疵。③ 决议形成过程包含更多法定程序方面的强制要求，是商主体组织法强制性高于商行为法的典型体现，故而基于意思自治原则基础的法律行为规则多数不能适用于决议行为。④ 典型如决议的程序瑕疵问题，就无法用法律行为的瑕疵规则加以涵盖。法律行为意思表示瑕疵通常可分为行为能力的瑕疵（在意思形成阶段）和表示行为的瑕疵（在表示阶段），罕有关于法律行为程序问题的效力规则，原因即在于法律行为规则尊重当事人意思自治，一般不强制要求其遵循某种严格的法定程序。但是整个决议本身其实都只是处于意思形成阶段，而且这种意思形成过程不同于自然人生理上自然形成的意思，而是依团体程序讨论的结果。⑤ 只有决议程序的法定强制性及重要性远高于对意思表示程序的要求，才能维护团体内部的民主与公平。故此决议不存在行为能力上的瑕疵，却存在程序上的瑕疵。

4. 决议的外部性影响。公司决议虽然不对外部相对人产生直接的约束力，但决议经常能对相对人的利益产生间接影响，正是前述经济学上“企业

---

① 参见陈醇：《商法原理重述》，法律出版社2010年版，第150－151页。

② 参见［日］我妻荣：《我妻荣民法讲义：新订民法总则》，于敏译，中国法制出版社2008年版，第43页。

③ 参见许中缘：《论意思表示瑕疵的共同法律行为——以社团决议撤销为研究视角》，载《中国法学》2013年第3期。

④ 参见柯芳枝：《公司法论》（上），台北，三民书局2002年版，第239页。

⑤ 参见［德］卡尔·拉伦茨：《德国民法通论》，王晓晔等译，法律出版社2013年版，第183、493页。

外部性”的表现之一。决议在事实上影响外部相对人，但不是严格意义上的法律效力，只是一种利益影响力。这种影响力可能借由两个途径实现：一个是内容关联。决议文件往往决定了公司对外法律行为的具体内容，二者在内容上有时是完全对应的。公司经常会针对某个具体的对外交易行为而进行特别会议并作出专门决议，此时决议与对外行为的内容实际上是一体的，只不过基于法律关系的理论区分而将二者分别归属于不同领域。另一个是效力关联。由于有些法律强制规定，某些公司对外行为必须建立在有效决议的基础上才能作出，因此当决议出现某些瑕疵而无效或被撤销时，对外行为之效力也难免会受到影响，对此理论界常有诸多争议。

当然，并非所有公司决议都具有显著的外部性影响，这是由决议事项的性质决定的。依据决议事项所涉及的内外部法律关系属性，可以将决议大致分有三种：一是组织内部事项决议，例如公司人事任免、年度财务预算、股东分红方案等。这类决议不涉及公司对外法律行为，只是对公司内部事宜作出安排，在内容上和效力上均与外部相对人无关，因此其一般也不具有外部性问题。如果内部人事任免等安排导致公司对外代表权发生变化，则是另一个层面的问题，不在本部分的讨论范围之内。二是对外交易事项决议，例如对外投资或交易、对外提供担保等。这类决议就属于具有显著外部性影响的决议，有些还是针对某一具体对外行为而作出的专门决议。三是内外复合事项决议，例如公司并购、公司向外部人增资或股权转让等。这类决议包含组织性与交易性双重事项内容，二者关系密不可分，但是法律基于内外区分的原则而仍对此进行效力区分。

上述对外交易事项决议和内外复合事项决议存在瑕疵而无效或被撤销时，公司据此作出的对外法律行为效力如何判断，相对人基于此行为有效性之上的合理信赖如何保护，均涉及公司法信赖保护规则的适用问题，《民法典》第 85 条与《公司法解释（四）》第 6 条的目的即解决这一问题，这里选择的保护方式是区分内部决议行为与外部法律行为的效力，限制决议瑕疵判决的溯及力，维持公司与善意相对人对外行为的有效性。这一做法基本符合公司法信赖保护的基本要求，能有效保护善意相对人的合理信赖。但是，由于有关条文粗疏和法律体系内的规定冲突问题，关于如何具体理解与适用上述规则，依然引发了不少争议。比较有争议的条文包括：《公司法》第16条第2款规定公司对外担保须经由董事会、股东会合法决议通过，第121条规定上市公司重大资产处置行为须经由股东大会决议通过，第133条规定股份有限公司发行新股须经由股东大会决议通过，第161条第1款规定上市公司发行可转换债券须经由股东大会决议通过，第180条第2项公司经过股东（大）会决议解散的情形。这些《公司法》条文均要求公司要有合法决议为基础才能作出相应行为。如果依据《民法典》第85条与《公司法解释（四）》第6条之规定，决议基础已被确认无效或被撤销，公司行为的效力是不受其影响的。但是，这里主要的疑问在于，如果不能影响公司行为，那么决议无效或被撤销的意义又何在？尤其是一些特别针对一个对外交易具体事项作出的违法决议，股东提出撤销该决议的目的，就是阻止公司作出该违法交易或处分行为。如果即使决议无效或被撤销也不影响行为效力，那么此时对公司和股东只能通过内部赔偿责任追究的形式予以救济，有时公司行为一旦实施即可能产生无法挽回的损失，决议瑕疵制度的权利救济作用实际上已经被大大削弱了。因此，受侵害的公司股东与外部善意相对人之间的利益冲突，有时是不可避免的，法律对决议瑕疵规则和外部相对人信赖保护问题作出规定的本质，其实是对两种权利保护的取舍。

（二）决议瑕疵的规则体系评析

决议瑕疵的表现形式呈现出与意思表示瑕疵完全不同的样态，大陆法系各国公司法律据此建立独立的决议瑕疵规则体系，摘其要者，有“二分法”与“三分法”之别。

“二分法”如现行《德国股份法》第241、243条将决议瑕疵分为无效与可撤销两种，以违反法律或章程时的可撤销为主，出现特定的严重情形时则认定为无效，属于依瑕疵严重程度区分其效力；再如，根据我国台湾地区现行“公司法”第189、191条规定，股东会决议违反法律或章程的程序瑕疵为可撤销，内容瑕疵为无效，属于依瑕疵类型区分其效力。

“三分法”以现行《日本公司法典》为代表，根据法典第830、831条规定，内容违法可请求确认决议无效，程序违法或违反章程、内容违反章程、利害关系表决使决议明显不当等情形可请求撤销决议，另外还可在决议程序有足以影响其成立的根本性瑕疵时请求确认决议不存在。增设这类“决议不存在”的情形，正是“三分法”的特色所在。该情形始见于1981年《日本商法典》修改时增设的第252条，经总结学说与判例实践从可撤销情形中分离而出，[①] 对后续大陆法系国家的公司决议瑕疵规则产生较大影响。《韩国商法典》“公司编”第376、380、381条作出了与日本相似的“三分法”规定；而前述我国台湾地区“公司法”虽未在制定法层面修改“二分法”，但是我国台湾地区“最高法院”2014年第11次民庭决议改变了程序瑕疵均为可撤销的判断，认为欠缺决议成立要件之程序瑕疵，决议应属“不成立”，审判实务中也已引进更为细腻的决议效力处置方式。[②]

就我国情况而言，虽然《公司法》第22条采“二分法”将决议瑕疵后果分为无效与可撤销两种，但是2017年出台的《公司法解释（四）》第5条却也列出了第三种情形，将许多严重程序瑕疵事项作为“决议不成立”，效果近似于决议无效。在“三分法”的结构下，只有违法性很低的轻度瑕疵才会成为决议可撤销的事由，决议撤销之诉的作用实际上被削弱，功能转移到决议不成立的确认之诉，并且确认之诉并无类似撤销权的行使期限，公司决议也因此将面临更多有关决议是否存在、是否无效的司法审查。至此，我国在司法实践中基本形成“三分法”的公司决议瑕疵规则模式，并以此为基础建构决议瑕疵时相对人的信赖保护规则。

但是，《民法典》第85条只规定决议撤销时的信赖保护规则，没有有关决议无效时如何处置的问题的规定。原因应该是考虑到《公司法》中已经对无效与撤销作出了规定，再次全部列举则有琐细、重复之嫌，所以只规定了决议撤销时对外民事法律关系不受判决影响，旨在突出瑕疵决议撤销时对善意相对人的商事信赖保护。但是这种有意无意的忽略，却可能产生不小的法律适用困惑。《公司法解释（四）》第6条为此作出弥补，将信赖保护规则的适用范围拓展到了决议无效：决议被确认无效之时，也不影响依据该决议与

---

① 参见钱玉林：《股东大会决议瑕疵研究》，法律出版社2005年版，第129页。

② 参见王文宇：《公司法论》，台北，元照出版有限公司2016年版，第394页。

善意相对人形成的民事法律关系。

《公司法解释（四）》这种对决议撤销和无效不加区分、一律施以信赖保护的司法处理方式是值得商榷的。本书认为，决议被确认无效时，不应适用信赖保护规则，理由主要包括两方面：

第一，从决议与对外行为的关联性角度考虑。如前所述，二者在内容上是高度关联的，但是二者在形式程序上则不存在这种关联关系。由于法人决议是其经营决策、选择相对人、是否对外建立交易关系、建立何种类型与内容的对外关系等重大问题的基础，决议内容往往也决定了对外表示行为的基本内容，因此二者的内容往往是高度一致的。然而，决议行为有其独立的会议、召集、表决等程序，而建立对外法律关系则要遵循另外一套意思表示程序与法律行为程序，二者在时间程序上先后有别、在形式程序上截然区分、在形式效力上互不影响。

因此，根据我国《公司法》第 22 条第 1 款的规定，当决议的内容违反法律、行政法规时，决议无效；而据此决议作出的对外表示的内容，很可能也存在同样的违法问题而应属无效，最终使整个外部法律关系效力瓦解。但是，根据第 22 条第 2 款的规定，当决议的形式程序违反法律、行政法规时，仅仅导致决议可撤销；而且并不能将对外表示行为与外部法律关系的形式也视为违法而将其撤销。当然，根据我国《公司法》规定，无论是决议内容还是决议形式违反公司章程，都只能导致可撤销的结果。这是因为公司章程与法律、行政法规所具有的公共属性不同，其只是法人内部组织规定，只具有内部效力，无论是内容的还是形式的违背问题，均不应影响或否定外部法律关系。故此，《民法典》第 85 条也仅规定决议程序违法而被撤销时，不影响其与善意相对人的外部法律关系，并没有规定决议无效时仍维持外部法律关系。

由此可见，我国公司决议无效时，很可能会导致对外行为本身的内容也是违反法律或行政法规的，法律关系也应当随之无效。此种情形下，在公司决议无效之诉中宜一并解决公司对外行为效力问题，而免去当事人再次提起行为无效之诉的讼累。因此，公司对外行为效力实际上还是有可能受到决议无效之诉的影响，而并非如决议撤销时不受判决溯及力的影响。事实上，在许多因决议违法而行为无效的情况下，法律也不可能允许该违法行为继续履行，不应采取赋予履行请求权、维持行为效力的信赖保护手段。此时，对外部相对人的信赖保护只能退而求其次，赋予信赖利益的赔偿请求权，以救济其合同无效时的信赖利益损失。《公司法解释（四）》一律维持决议无效时的外部善意相对人的法律关系，在一定程度上忽视了《民法典》《公司法》有关公司行为合法性、有效性的其他规定。

第二，从相对人信赖合理性的角度考虑。决议撤销的情形是，公司决议存在程序瑕疵，或内容违反公司章程，这些程序、章程上的问题纯粹为公司内部事项，外部相对人对于决议程序是否合法、内容是否符合章程的问题一般无法知悉也无权干涉，因此许多情况下可以认定外部相对人是善意的。但是如果决议因内容违法而无效的情形则大不相同。如前所述，决议内容与其对外行为内容经常是关联的，决议内容违法有时即决定了对外行为内容也违法，而法律强制性规定具有推定公知的属性，所有人都应当对于公司行为是否存在违法情形有所了解并审慎从事。在公司对外行为存在较明显的违法性时，相对人仍与之进行相关交易行为，还能否称其为“善意相对人”，是值得怀疑的。相对人的“信赖”是否还具有合理性，是否还具有法律保护的必要性等，都不是《公司法解释（四）》第6条可以解决的问题。

二、决议瑕疵时相对人信赖保护的法律途径

根据《民法典》与《公司法解释（四）》的上述有关规定，在决议被判决撤销或被确认无效之时，公司法人根据该决议与善意相对人建立的法律关系效力不受影响，是一种限制判决溯及力以进行信赖保护的司法处理方式。但是，决议瑕疵时的信赖保护不是只有这一种方式。以大陆法系有关法律经验为例，决议效力以及相关法律行为效力的维持方式，主要可分为以下几类，可作为我国《民法典》与商事单行法的修法适法中进一步构建公司法信赖保护规范体系时重点关注的内容。

（一）决议瑕疵判决溯及力的限制

依法律行为的一般理论，一旦行为被判决撤销或确认无效，则应属自始无效，溯及既往地推翻已经建立的法律关系。但是公司决议有其特殊性，决

议被撤销或无效的判决是否有溯及既往之效力，则可能关乎外部法律关系稳定性与相对人信赖保护问题，根据前述三种决议事项属性之分，应当区别对待。

组织内部事项决议若无效或被撤销，对组织内部关系应具有溯及力。例如，股东分红或董事薪酬事项决议无效或被撤销后，失去决议基础的既得利益者应构成不当得利并向公司返还，这是决议瑕疵判决的意义所在，股东、董事等内部人员不能以不知悉为由请求保护其既得利益，因此决议瑕疵判决溯及力不受限制。从本质上看，此时决议行为与组织行为在组织内部是一体的，决议瑕疵判决的效力也无差别适用于组织行为，产生确认无效或被撤销的效力，一并使组织行为失去效力。

而对外交易事项决议与内外复合事项决议，则显然会涉及公司与外部相对人法律关系问题。决议行为与公司对外法律行为本质上是两个行为，因此从理论上看，决议判决的效力也应当只限于决议本身，不应影响公司对外法律行为的效力。但问题在于，许多公司法律行为是以有效决议存在为前提而构建的，决议如果溯及既往地失去效力，则对这些法律关系的有效性也难免产生争议。故各国法律为了维护外部善意相对人信赖与法律关系稳定性，经常规定那些涉及已建立对外法律关系的决议不具有溯及效力。

对于决议瑕疵判决溯及力的限制问题，域外经验具有相当的参考价值。例如《韩国商法典》的立法例就值得分析，其采用了两种方法维护对外法律关系稳定性：（1）在修正的商法典中，虽然一般性地规定决议瑕疵判决具有溯及力，但是采用特例式规定，使一些已经根据决议形成的对外法律关系，不受撤销判决的溯及力的影响。这些特例式规定主要包括《韩国商法典》第431条新股发行行为、第530条公司合并行为等。（2）在司法实践中，援用虚假登记不具有对抗效力、董事表见代表制度。主要针对有些选任董事的决议撤销之后，根据《韩国商法典》第39条商事登记的公示效力以及第395条公司董事的表见代表制度，之前选任的董事所进行的对外交易仍有效，视为登记真实或董事有代表权。[1]

---

① 参见［韩］李哲松：《韩国公司法》，吴日焕译，中国政法大学出版社2000年版，第430页。

上述韩国公司法实际上只限制了新股发行、公司合并的撤销判决溯及力，而日本公司法作出了另一种更为彻底的、系统的判决溯及力限制与效力区分方式。2014 年修订的《日本公司法》第七编第二章第一节“有关公司组织的诉讼”等有关内容，区分“针对决议的诉讼”与“针对公司行为的诉讼”并分别规定了判决的溯及力问题。例如，第 828、829、832、833、834 条等规定了针对公司组织行为的无效、撤销之诉，具体包括公司设立与解散、股权处分与减资、股份发行与转让转换、组织变更与并购等行为的诉讼，又在第 830、831 条规定了针对公司决议的撤销、无效或不存在的诉讼。① 又于第 838 条规定了，针对公司行为的诉讼判决对第三人同样发生效力，亦即赋予判决以对世效力，相当于以对公司行为的诉讼判决来解决公司对外法律行为效力的问题；而根据第 839 条规定，上述许多针对公司行为的无效、撤销判决只“面向将来失去效力”，亦即否定了针对公司行为的诉讼判决的溯及力；另外，根据第 839 条规定的排除项含义可知，针对公司决议的撤销、无效或不存在的诉讼是具有溯及力的。②

如此一来，即形成两个层次的瑕疵判决效力与溯及力体系：决议之诉与行为之诉。决议之诉的结果不决定公司行为的效力；虽然针对股东大会等决议的无效、撤销判决，具有溯及既往的效力，但是针对公司依决议进行的行为的无效、撤销判决则没有溯及力，公司行为只面向将来失去效力。这种将决议瑕疵判决与行为瑕疵判决二者效力相区分的立法技术，切断了决议瑕疵与公司根据决议的后续行为之间的连锁反应，限制了决议瑕疵判决的实际溯及力。即使决议瑕疵导致其本身溯及既往地失去效力，也不会影响公司后续重大组织行为。目的即为稳定公司组织行为效力，保护外部善意相对人。

虽然大部分股东大会决议可能涉及的行为事项，在效力上均被区分，但是仍然存在一个会被判决溯及既往的决议事项，即选任董事的决议。在此，日本采用与韩国相同的做法，援引限制不真实登记的对抗力、法人代表权的限制不能对抗第三人以及表见代理等法律规则，来保护善意第三人的利益，③

① 参见《新订日本公司法典》，王作全译，北京大学出版社 2016 年版，第 352 – 356 页。

② 参见《新订日本公司法典》，王作全译，北京大学出版社 2016 年版，第 357 页。

③ 参见张凝：《日本股东大会制度的立法、理论与实践》，法律出版社 2009 年版，第 293、294 页。

仍可以有效保护对外法律关系的稳定。至此，可以说《日本公司法》通过内外有别、体系援引等多种立法技术手段，使股东大会决议瑕疵判决对内部事项（如董事任命、薪酬等事项）具有溯及力，而在对外法律关系方面则排除溯及力，既满足判决溯及力与公司行为的理论自洽，又兼顾公司股东权利保护与外部信赖保护的立法价值。

而在我国，首先，《民法典》第85条之规定，同样采用了限制判决对外溯及力的信赖保护方式，但只限于决议撤销判决，未涉及决议无效时的处置规则，仅在《公司法解释（四）》第6条中拓展到决议无效的情形，但如前所述，这种解释难免有超越法律、笼统、草率之嫌。其次，《民法典》第85条与《公司法解释（四）》第6条都没有根据决议的事项内容、机构类型等因素，对决议进行进一步的效力区分，只对权力机构、执行机构的所有决议瑕疵作出统一规定。上述两方面，正是未来的商事单行法、法律解释与适用中需要完善与充实的空间。

（二）决议效力维持的辅助制度

1. 先予执行认可程序与裁量驳回起诉制度

个别股东利用瑕疵诉讼，故意阻碍或干扰公司的正常决议与合法经营等行为，属于公司决议瑕疵诉讼的滥用现象，也会严重影响决议效力的稳定性。大陆法系国家虽然建立决议瑕疵诉讼以保护少数股东利益，但是也相应地需要防止出资人滥用诉讼影响决议效力，以保护决议稳定性以及外部相对人的信赖，保持公司法层面的程序正义与交易安全、交易效率等价值之间的平衡。典型的制度手段是决议认可前置程序与法院裁量驳回起诉制度。

根据《德国股份法》第245条的规定，股东、董事、监事等均享有申请撤销权，而且德国对许多公司决议采取登记生效主义，经过合法商事登记才能生效，而且若有瑕疵诉讼即可阻碍决议登记生效。因此，实践中滋生出许多职业讼客，故意在公司持有极少数股份，并借此起诉撤销、阻碍决议生效，进而敲诈该公司。[①] 对此，2005年德国UMAG法案（《德国公司完善与股东诉讼现代化法案》）修改了《德国股份法》的诸多条款，对股东行使撤销诉

---

① 参见丁勇：《德国公司决议瑕疵诉讼滥用问题研究及启示》，载《比较法研究》2013年第4期。

权进行了限制,[①] 在《德国股份法》第246a条创设了“认可程序”作为撤销之诉的前置程序，如果法院在前置程序中认可股东大会决议，认为可以在大会结束先行登记生效并先予执行，那么即使之后在诉讼中发现决议存在瑕疵，也不影响决议的登记生效的效力，而只会赔偿股东实际受到的损失。这一程序也被视为一种“瑕疵豁免”的司法裁量，有效地限缩了撤销决议的范围，即使决议存在一些轻度瑕疵也不会罹患失效的风险，更不会影响对外法律关系。

另一种有效防止诉讼滥用的手段，是在公司法中专门规定对决议瑕疵起诉的裁量驳回制度。例如，根据《日本公司法》第831条第2款规定，决议召集程序与决议方法虽有瑕疵，但不严重且不影响决议内容时，法院可以裁定驳回起诉，而决议内容瑕疵的撤销之诉不可驳回。[②] 有学者认为，这其实是有针对性地把许多程序瑕疵视为无关紧要的问题，针对程序瑕疵提起撤销之诉多被视为一种撤销权的滥用，司法实践中也因此大大限制了少数股东因程序问题而撤销决议的案例，相当于限制了少数股东在公司决议中的程序权利保障。[③] 但是总体而言，此规定一方面限制了法院驳回决议撤销之诉的自由裁量权，另一方面也排除了大量对轻微决议瑕疵的滥诉，意在维护决议效力的稳定性。

《韩国商法典》第379条扩大了法院裁量驳回的权力，可以参酌各种情形，对股份公司决议内容瑕疵与程序瑕疵的撤销之诉均可裁定驳回起诉。[④] 但是对于决议无效之诉一般不可驳回，除非是根据第189条、第328条第2款、第552条第2款等规定的公司设立无效之诉，可以在公司设立瑕疵补正之后予以驳回。[⑤] 盖因公司设立无效之诉牵涉利益广泛，且动辄可能消灭公司法人人格，本应谨慎适用，而且许多情况下公司设立时的瑕疵可能已经在

---

① 参见李小宁:《公司法视角下的股东代表诉讼：对英国、美国、德国和中国的比较研究》，法律出版社2009年版，第221页。

② 参见《新订日本公司法典》，王作全译，北京大学出版社2016年版，第357页。

③ 今井宏「株主総会の理論」(有斐阁，1987年) 183，184頁参照。

④ 参见《最新韩国公司法及施行令》，王延川、刘卫锋编译，法律出版社2014年版，第75页。

⑤ 参见《最新韩国公司法及施行令》，王延川、刘卫锋编译，法律出版社2014年版，第6、34、157页。

设立之后逐渐补正了，因此再行认定无效或予以撤销已不恰当，此时即可驳回起诉。

根据我国《民法典》第 85 条的规定，只要是出资人，即有权申请撤销决议。可以想见，在股份公司、上市公司等股东数量众多的情况下，同样可能在今后出现出资人滥用决议瑕疵诉讼的问题。在司法实践中，我国不乏在公司决议瑕疵诉讼中运用《民事诉讼法》的一般规定驳回起诉的案例。[①]《公司法解释（四）》第 4 条规定也带有排除轻微瑕疵影响的含义，但在公司法层面还缺乏对决议瑕疵诉讼专门的裁量驳回规定，对驳回条件、适用情形等裁量权限制，以及驳回后如何对受害股东进行其他方式的救济等，均须要进一步的有针对性的细化规定。而且，也有必要创设一些撤销诉讼的前置程序，在未进入诉讼时就明确决议的效力，防止漫长的诉讼周期增加公司与相对人交易关系的不稳定性。总体上应以维持决议效力、尽量保持对外法律关系的有效性作为首要选择，防止程序权利的滥用。

2. 诉讼行为保全制度

如前述，德国为决议登记生效制度，一旦发生决议撤销的诉讼等事实，导致登记法官认定存在登记障碍，则决议在诉讼期间一直处于无法生效的状态。但是我国情况有显著不同，目前不存在决议的登记生效制度，决议一旦作出即生效，即使提起诉讼一般也不会影响决议的执行，除非法院适用《民事诉讼法》的诉前、诉中行为保全，裁定中止决议，才能阻止公司决议在诉讼期间继续执行。因此，对瑕疵决议适用行为保全制度，目的就是从源头上阻止公司继续执行有瑕疵的决议，防止后续行为建立在有瑕疵的决议基础之上，防止造成既定事实后可能给公司或出资人等带来法律上或事实上难以消除的影响。我国《民法典》第 85 条确立了决议撤销不影响善意相对人的法律关系，意味着许多决议即使被撤销也无法改变决议执行后形成的对外交易事实。可以说，这一条文本身就很可能导致出资人撤销瑕疵决议后，仍然无法弥补损失，难以改变对外法律关系。此时我国建立撤销之诉过程中的中止决议执行制度，无疑具有更为突出的现实意义。

---

① 参见韩龙：《公司董事会决议效力研究》，法律出版社 2016 年版，第 92 页。

构建对决议撤销之诉中的行为保全的法律制度，根本上不是为了阻却决议效力，相反是为了确保决议合法运行，防止公司依据瑕疵决议在诉讼期间进一步对外建立法律关系，避免决议瑕疵效力问题向外部蔓延，阻止建立在瑕疵决议基础之上的后续行为。因为即使根据《民法典》规定，公司与外部善意相对人法律关系不受决议被撤销的影响，但是根据《公司法》一些强制性规定的要求，许多公司对外行为仍然必须有决议作为基础，失去决议基础的对外行为在效力上仍有缺失，可能面临其他诉讼中的司法审查，或者需要公司对此再一次作出新的有效决议才能具体执行等。如果能在决议撤销诉讼的初期，就针对一些瑕疵明显的决议先行中止执行，则可以有效避免上述问题出现，不仅赋予原告临时性的救济措施，防止诉讼期间瑕疵决议的损害进一步扩大，而且可以保障交易相对人的知情权，避免善意相对人在不知对方决议存在瑕疵和争议的情况下继续进行交易，致使后续建立的法律关系面临失去合法决议效力基础的隐患，以正本清源的方式，维持交易关系的稳定与保护相对人的信赖。

当然，也应当防止这种临时救济方式走向反面，出现与德国类似的诉讼滥用问题。因此，行为保全制度的应有之义，是要设定严格的行为保全法定条件，只有在符合特定的保全条件之时，才能中止决议执行；不符合相应条件的，即使提起诉讼也不应当影响决议的内外效力。实际上是给诉讼阻却决议执行的效力，划定了一个法定的界限，也给司法干预公司自治划定了一个界限。可以说，决议中止执行的行为保全条件、保全担保的严格程度，从侧面反映了司法克制、谦抑的程度。

2016 年《公司法解释（四）》（征求意见稿）也曾考虑建立决议瑕疵诉讼中的行为保全制度,① 但是该条规定较为粗疏，与《民事诉讼法》存在衔接不畅的问题，而且缺乏错误保全时的责任承担等具体规定，仍需进一步完

① 《公司法解释（四）》(2016 年社会公开征求意见稿）第 10 条（行为保全）规定："股东会或者股东大会、董事会决议存在实施后不能恢复原状或者使当事人、利害关系人的合法权益受到难以弥补的损害等情形的，可以依据原告的申请禁止实施有关决议。"

善。① 2017 年正式出台的《公司法解释（四）》充分考虑了各方争议，并没有进一步修改充实上述规定，反而彻底删除了有关决议瑕疵诉讼中的行为保全制度，现实中只能又回到适用《民事诉讼法》一般弹性规则进行诉讼行为保全的老路，缺乏适用于公司决议瑕疵诉讼的特殊保全规则和具体保全条件，不得不说是一大遗憾。

要建立适应商事信赖保护需要的决议诉讼行为保全制度，应就法院中止决议执行的条件、是否中止决议的利益衡量、申请保全所必需的处分请求权和处分原因、行为保全所需申请人提供的担保、恢复执行或确认决议、申请保全错误的损害赔偿责任等，根据行为保全的法律原理，构建我国的中止决议执行制度。

3. 瑕疵决议补正制度

前述二者均为决议瑕疵诉讼中的制度体现，而在非诉讼领域同样可以采用各种方式维持或补正瑕疵决议的效力。例如《德国股份法》第 121 条与《美国标准公司法》第 7.04 节 a 项规定的全体股东出席会议可以豁免召集程序方面的问题，《德国股份法》第 242 条规定决议已经商事登记的即可补正一些无效情形，不得再主张其无效；第 244 条规定了新的合法有效决议可以确认补正之前一项可撤销决议，亦不得再主张撤销等，既有研究成果已作充分讨论，本书不再赘述。②

在非诉讼领域构建公司决议撤销时的信赖保护制度，重要基础在于公司登记制度的构建。德国采用决议登记生效主义，如果决议涉及公司结构变更，而且已经通过合法登记程序，则不能简单地撤销决议，根据《德国变更法》第 20 条第 2 款、第 125 条、第 176 条、第 202 条第 2 款等规定，必须承认商事登记具有结构性的法律效力，即使是有缺陷的决议也不能消除其登记效力。③ 因此，建立公司决议的登记制度是商事信赖保护的有效途径，通过将

---

① 参见甘培忠、赵文冰：《对公司决议效力的一些思考——析〈最高人民法院关于适用《中华人民共和国公司法》若干问题的规定（四）〉（征求意见稿）中的相关规定》，载《法律适用》2016 年第 8 期。

② 有关研究文献参见钱玉林：《股东大会决议瑕疵研究》，法律出版社 2005 年版，第 282－291 页。

③ 参见［德］托马斯·莱塞尔、吕迪格·法伊尔：《德国资合公司法》，高旭军等译，法律出版社 2005 年版，第 280 页。

公司重大的、涉及公司对外行为的决议予以登记公开，一方面保障交易相对人的知情权利，另一方面将合理信赖提高到具有公示性效力的层面，则可以对那些已经经过登记公示的决议普遍性地采用积极信赖保护的手段，维持决议无效、撤销时的对外法律关系效力。

（三）信赖利益损害的赔偿请求权

法律保护民商事主体对交易中外观形式或对方行为的合理信赖，既包含履行利益的救济，使行为产生与信赖之外观一致的法律效果，取得依外观履行时的可得利益，即使外观与事实不符；① 亦包含信赖利益损害的赔偿，以求恢复到尚未基于信赖而行为之时的法律地位与状态。② 此二者即前述积极信赖保护与消极信赖保护分类法的利益基础，消极信赖保护对于信赖利益的救济，只能诉诸赔偿请求权，无法适用合同有效时的履行请求权，而且赔偿范围也仅限于相对人基于信赖而额外支出的准备、磋商费用等，无法涵盖行为有效时履行利益的范围。虽然消极信赖保护的保护程度弱于积极信赖保护，但也是在许多行为难以有效成立的情况下对交易相对人的最后保障。

根据《公司法解释（四）》第6条的规定，决议被撤销或无效均不影响公司与善意相对人已建立的法律关系，意即采用限制瑕疵判决溯及力、维持行为效力的积极信赖保护方式。但是如前所述，决议无效时，许多情况不宜适用维持行为有效性的做法，而只能赋予相对人信赖利益损害赔偿请求权。另外，由于《公司法解释（四）》第5条又增设了“决议不成立”这第三种决议瑕疵类型，则决议不成立也不能适用第6条的积极信赖保护方式。此时，如果信赖公司决议的善意相对人因决议被确认不存在而遭受损失，其也无法主张维持有关法律关系的效力，只能主张赔偿自己的信赖损失，适用消极信赖保护方式。

但是，目前，我国《民法典》《公司法》等对此均无专门的救济规定，在司法实践中也只能类推采用有关缔约过失责任或合同无效时的损害赔偿责

---

① 喜多了祐「The Theory of Rechtsschein in German Law and Its Application to Japanese Law（I）: As Compared with the Anglo – American Doctrine of Estoppel」商学討究6卷4号（1956）63頁以下。

② 参见王泽鉴：《信赖利益之损害赔偿》，载王泽鉴：《民法学说与判例研究》（第5册），北京大学出版社2009年版，第150页。

任等规定，容易在适用与解释时出现冲突。故此，应当在我国《公司法》修订过程中明确规定决议无效、决议不存在时，相对人信赖损失的赔偿，形成与《民法典》第 85 条积极信赖保护相对应的消极信赖保护规则。

上述以决议瑕疵为例，论及公司法非公示性信赖保护的制度性构建，而落于实处，则更需要先进的商事审判与法律适用的指导理念，才能契合商事信赖保护的需求。放眼公司商业更为发达的英美法系国家，多数没有建立系统的瑕疵决议撤销、无效等规则，对中小股东权利的保护以衡平法上的救济为主。① 以英国为例，其在著名的福斯诉哈波特尔（Foss v. Harbottle）一案中确立了"Foss 规则"，其中有一项股东诉讼基础规则，即法院不干涉经过公司多数决程序合法批准的不正当行为，不允许少数成员对此起诉，相当于不干涉公司内部表决事务，即使决议存在"内部不当"的瑕疵情形。② 可见，英国早期对公司决议事项的态度，就是最大限度地司法谦抑，保证公司经营效率，避免小股东借诉讼手段频繁进行干扰。虽然后来理论界与司法审判实践中逐渐调整了上述原则的适用，通过一些衡平法手段改变了上述原则，例如不公平损害救济制度、违反章程的股东会决议的纠正、董事违反信义义务时的诉讼等，③ 但是，"不公平损害救济"诉讼在诉因要求上需要有股东权利受损之事实，在诉讼结果上，侧重以救济令赔偿损失或回购异议股东的股份，极少允许股东请求直接改变公司决议结果。总之，司法谦抑应当是公司法审判中的一项基本守则，优先考虑市场主体的内部自决，尽量使决议有效，避免动辄使既定决议受无效、撤销等困扰，才能切实维护对外法律关系的稳定，这也应当作为我国商事法律解释与适用中一项重要的理念参考。

三、以公司决议对外担保为典例分析

除上述信赖保护制度有待完善之外，就目前而言，亟须解决《民法典》第 85 条与一些商事单行法在适用中的协调衔接问题，典型如《公司法》第

---

① 参见钱玉林：《股东大会决议瑕疵研究》，法律出版社 2005 年版，第 129 页。

② （1843）2 Hare 461，p. 494 – 495.

③ See Paul Lyndon Davies，*Introduction to Company Law*，Oxford University Press，2002，p. 243 – 245.

16条规定公司对外提供担保的行为。公司对外提供担保的行为，依照《民法典》第85条规定，股东会、董事会决议被撤销，不影响与善意相对人的法律关系，其中当然包括对外提供担保的法律关系。但是根据《公司法》第16条强制性规定，对外提供担保必须要有有效公司决议作为依据。如果决议存在瑕疵而被撤销，对外担保的效力如何认定，此时《民法典》与《公司法》规定之冲突如何解决，以下几种思路可供参考。

1. 担保行为有效说。其中较有代表性的观点认为，根据我国台湾地区学者最早提出的民法强制性规范两种类型区分理论，[①] 以及最高人民法院《关于适用〈中华人民共和国合同法〉若干问题的解释（二）》《关于当前形势下审理民商事合同纠纷案件若干问题的指导意见》所明确的“效力性强制性”“管理性强制性规定”的区分，《公司法》第16条规定也属于管理性强制性规定，并不约束担保合同的效力，缺乏公司决议不会导致对外担保无效；在公司内部意思形成过程存在瑕疵的情况下，只要对外表示行为不存在无效情形，公司即受其表示行为制约，以保护善意第三人和维护交易安全。[②] 我国司法审判指导性案例也认为《公司法》第16条属于公司内部控制管理性规定，不得约束交易相对人，只作为公司内部追责依据，不作为担保合同效力依据。[③]

2. 担保行为无效说。根据特别法优先于普通法的法律适用原则，应当适用《公司法》关于公司对外担保的特别强制性规定，缺乏有效公司决议的对外担保行为也随之无效。[④] 根据《关于当前形势下审理民商事合同纠纷案件若干问题的指导意见》的规定，“违反效力性强制规定的，人民法院应当认定合同无效；违反管理性强制规定的，人民法院应当根据具体情形认定其效力”。可见，即便将《公司法》第16条解释为管理性强制性规定，法院也有

---

① 参见史尚宽：《民法总论》，中国政法大学出版社2000年版，第330页。

② 参见王保树、崔勤之：《中国公司法原理》，社会科学文献出版社2006年版，第42页；钱玉林：《公司法第16条的规范意义》，载《法学研究》2011年第6期。

③ 参见最高人民法院（2010）民提字第48号民事判决书，载《中华人民共和国最高人民法院公报》2011年第3期；最高人民法院（2012）民提字第156号民事判决书，载《中华人民共和国最高人民法院公报》2015年第2期。

④ 参见李金泽：《〈公司法〉有关公司对外担保新规定的质疑》，载《现代法学》2007年第1期。

裁量权力，法院仍可能据此认定行为无效。出于保护股东、债权人等多元法益以及养成诚信审慎的商业文化的考虑，也应当认定违背该条文的对外担保行为无效。①

3. 相对人审慎义务决定说。应当根据相对人是否履行对公司担保决议的审慎义务，来判断担保合同效力。如果相对人未尽审慎义务，则决议效力被否定后担保合同也随之无效；如果相对人已经尽到审慎义务，则即使决议被否定，也不应该影响对外担保合同效力。② 虽然公司决议、章程属于内部规范，不具有对外约束力；但是，由于法律规定的“推定公知”效力，公司章程与部分重大决议公告和工商登记制度的构建，以及特殊内部行为具有外部牵连性而产生的内部效力“溢出效应”，不能简单地认为相对人无须查询对方公司资质与交易基础等重要信息从而否认相对人在商事交易中应当负有合理的审查义务，这显然不符合现实情况，也会助长市场滥权与机会主义。③

第一种观点显然会削弱《公司法》第16条的法律实效，无法切实地阻止、矫正公司管理层不经合法决议即擅自对外担保，甚至擅自为实际控制人自身提供担保、损害股东利益的行为。第二种观点则一律否定对外担保效力，亦不符合区分内外法律关系、保护相对人信赖之法律理念。第三种观点则较为合理，引入审慎义务区分效力处置类型，实质上是提高了相对人的善意标准，达到商事交易对于商人的高度注意与专业能力水平方面的要求，以此作为调和《民法典》与《公司法》、民法信赖保护与公司法信赖保护之连结点。

对于“善意”的含义，应结合《德国民法典》第122、276、932条之规定，理解为“非因重大过失而不知情”。基本原理为，排除在“应当知道”范围外的不知情，方能成为“善意”的不知情。而所谓“应当知道”的含义，则为“只要不存在交易上疏于注意的过失，即可知道”。换言之，只有尽到一定的注意义务之后依然无法知晓的情形，才能不被纳入相对人“应当

① 参见罗培新：《公司担保法律规则的价值冲突与司法考量》，载《中外法学》2012年第6期。

② 参见郭志京：《中国公司对外担保规则特殊性研究——兼论民法商法思维方式的对立统一》，载《当代法学》2014年第5期。

③ 参见罗培新：《公司担保法律规则的价值冲突与司法考量》，载《中外法学》2012年第6期；梁上上：《公司担保合同的相对人审查义务》，载《法学》2013年第3期。

知道”的范围，从而符合善意标准。在真实法律状况明显时，相对人理应负有进一步审查之义务，否则应视为存在重大过失。[①] 善意与合理信赖的认定实属一体两面之问题，“善意其实是对信赖的品质考量，意味着合理信赖，即排除重大过失的存在”[②]。公司法信赖保护的信赖合理性标准与民法一般的善意标准不同，关键体现在对于主体“应当知道”的范围，也即“必要注意”的程度要求。只有商事主体尽到了高于一般民事主体的注意义务时，才能被视为商事交易中的合理信赖，纳入受保护的善意相对人之范围。担保相对人负有对交易对方公司决议的审查义务，即体现了商事主体更高的注意义务、审慎程度。

当然，囿于公司决议的内部性，无法要求外部相对人对公司决议的实际过程或材料真实性进行审查，在商事交易中应当贯彻外观、要式主义，只限于书面材料形式审查义务，例如决议记载的程序事项是否符合法定程序要求、股东签章是否形式完备、担保决议数额是否明显违背公司章程关于担保限额的规定等。上述形式审查事项均可能涉及公司决议撤销的法定事由，如果决议存在上述明显可查知的瑕疵，而相对人并未尽到审查义务、未发现上述瑕疵，一旦决议被撤销，则相对人亦不符合善意与合理信赖标准，不在信赖保护范围内，故担保关系因失去决议基础而无效。

总之，目前在公司对外担保与决议被撤销发生冲突时，对担保效力的判定，不应违背《民法典》而简单认定为无效，也不应放弃《公司法》而一律认定为有效，应该从相对人的善意标准的角度，协调两部法律规定。根据商法外观主义原则，这种善意标准不应卷入民法思维而“探求当事人真意”或者考虑当事人主观上具备何种注意、审查能力等，而应当将善意标准客观化、外在化，从决议瑕疵的客观外在表现程度来确定：（1）如果决议外观存在可发现的明显瑕疵，如书面材料记载、参会股东人数或签章瑕疵，以及明显违背公司章程中有关担保限额和对象方面的瑕疵，则应当认定担保相对人在交易时没有尽到合理的注意义务，不属于善意相对人，公司对外担保行为随决

① 参见［德］C. W. 卡纳里斯：《德国商法》，杨继译，法律出版社2006年版，第148页。

② 吴国喆：《权利表象及其私法处置规则：以善意取得和表见代理制度为中心考察》，商务印书馆2007年版，第148页。

议被撤销而无效；（2）如果决议瑕疵不属于外观可发现的范围，例如公司内部程序操作问题、有意提供虚假的章程或决议材料等，是外部相对人尽到审查义务也无法发现的瑕疵，相对人即可被视为善意，即使决议因此被撤销也不应影响对外担保的效力。另外，如本书第二章所述，应遵循“理性人—商人—行业”的过程，参照相对人所处行业领域之交易惯例、专业能力等标准，结合相对人与被信赖人之间的身份差异性等因素，以相对客观化的标准，判断个案中当事人的信赖合理性问题。[①]

① 详见本书第二章第三节第二小节内容。

第五章

实践论：中国公司法信赖保护的立法选择与司法适用

本书前四章对公司法信赖保护的理论与制度问题进行了分析阐述。但法律是真正体现实践理性的社会现象，法律的生命不在于逻辑，而在于经验。[①] 若欲使法学研究发挥解决中国问题的实效，就不能仅限于“立法中心主义”的外源法律引介与规范体系建构，而应当立足中国实践、讨论中国问题，并重视研究范式由立法论到解释适用论的转型过程。[②]《民法典》的编纂是当前我国私法界的重大历史事件，于此背景下，我国商法、公司法中的有关规范体系如何调适与跟进，不仅在立法选择上产生了一系列值得探讨的新问题，而且进一步提高了中国商法实现解释适用论转型的重要性与必要性。

第一节　公司法信赖保护的立法选择

一、理性主义变迁视角下的商法立法技术

人类社会观念形态的现代性核心问题，是理性主义的建构与变迁。根据马克思对现代性社会的系统性批判观点，“资本”构成了现代世界的基础支

---

① See Oliver Wendell Holmes Jr. , *The Common Law*, Macmillan, 1968, p. 5.

② 参见陈甦：《体系前研究到体系后研究的范式转型》，载《法学研究》2011 年第 5 期。

柱，而以理性主义为中心的现代形而上学则是观念形态方面的本质根据。[①]作为现代世界资本特征最为凸显的商业社会，以国家理性建构之商事法律对其加以规制调节，正是现代性社会中资本与理性观念相结合的典型样态。商法的立法技术，溯源到最高层面，也是在现代理性形而上学指引下的方法论问题：遵循何种路径，才能实现法律在实证层面的体系严谨、内容完善的法治理性。当前，在我国商事立法的宏观统筹工作中，比较突出的争议问题是，是否需要制订独立的商法典或商事通则。

就一般意义而言，法典比其他立法形式有着更高的立法技术要求，法律技术是法典历史生命力的源泉，其包含着法律的统一、直观、协调、公开、便于理解等一系列内在价值。穗积陈重在《法律进化论》中指出，法律进化是一个从无形之法到成形之法的发展过程，而法典则是成形之法的高级技术形态。[②] 近代法典主要形成于18、19世纪西欧法典化运动时期，理性主义思潮对于传统社会价值与宗教信仰进行了突破，统一民族国家挣脱教会与封建制度的枷锁，寻找新的统一权威标准，各国的民族化法典应运而生，原本在欧洲大陆跨界通行、自治的教会法、商法等被纳入各国主权法典之中。《拿破仑法典》成为典范，拿破仑本人曾在立法会议的发言中称："革命的故事已经结束，从此，历史将要开始。现在不是空谈哲学的时候，现在要做的是统治。"[③] 由此可见，近代化法典的立法初衷以及它对资本主义现代性统治的核心作用。

即便法典包含着更加符合现代性的理性分析式的立法技术，但也不意味着法典就是人类一切立法的最高形态与最优选择。从认识论的角度看，人类对认识关系的基本判断，也即笛卡尔的二元论所确证的、认识主体与认识对象之间反映关系方面的历史判断，决定了近代法典化浪潮的兴起。制定"包罗万象的大法典"的这种技术选择，是特定历史时期绝对理性主义哲学认识的产物，法典并非所有历史阶段都普遍适用的立法形式，法典也并非所有法

① 参见吴晓明：《论马克思对现代性的双重批判》，载《学术月刊》2006年第2期。

② 参见［日］穗积陈重：《法律进化论：法源论》，黄尊三等译，中国政法大学出版社1997年版，第7－8页。

③ ［日］大木雅夫：《比较法》，范愉译，法律出版社1999年版，第174－175页。

律领域都适用的法律形式。

（一）法典的时代局限性——绝对理性的现代崩解

法典是绝对理性观念的时代产物，其地位与重要性也将随着理性主义的变迁而改变。法典法伴随着人类社会的近代化。在法典法兴起之前，统治法学领域的是中世纪评注法学派，其深层观念源于中世纪经院哲学思维，因此采用的法学研究方法也基本限于对《国法大全》等古代罗马法文本进行注解评述。但是这一局面在文艺复兴之后，受到了欧洲人文主义法学的冲击。[①]同时，自然科学的快速发展，不仅破除了宗教神权的终极性依据，而且将理性主义的科学研究方法带到了整个人类智识领域，人类认识进入了一个“祛魅”与理性建构的重要阶段。[②]以理性主义、国家建构主义、绝对可知主义认识论为思想基础，形而上学领域肇始于笛卡尔、黑格尔，政治形态领域则在近代启蒙思想家的引领下群星闪耀，人类历史上出现了一股以无所不包的理性体系、智识结构来概括外部世界的伟大思潮。蔓延、投射至法学理论领域，相继出现了理性主义法学、自然法学派和分析实证法学派等。在政治制度与立法实践方面，与人文主义相伴随的是国家民族主义的兴起。民族国家统一和崛起后，又纷纷被卷入法典化浪潮。法典化运动，在本体论上，法典代表各国国内的权威成为教会神权法律的取代者，象征着人类作为主体取代上帝而成为本原的权威性依据；在认识论上，主体与对象的认识关系二元区分和认识的客观性取代了上帝即真理的终极性；在方法论上，则体现为自然科学方法与理性主义法学的演绎推导方式占据了法律世界的主流。

但是，即使是在法典化思潮最兴盛的时期，其实也并未完全占据世界立法技术史中的统治地位。在大陆法系方面，以康德批判哲学的有限理性、折中主义思想为基石，19世纪德国兴起的历史法学派反对当时已经近乎绝对的理性主义自然法体系，开创了法学的历史性批判与释义的研究方法，实现了近代法学方法论的转向，其创立者萨维尼就是一位明确反对法典化运动的代

---

① 参见舒国滢：《欧洲人文主义法学的方法论与知识谱系》，载《清华法学》2014年第1期。

② 参见舒国滢：《论近代自然科学对法学的影响——以17、18世纪理性主义法学作为考察重点》，载《法学评论》2014年第5期。

表，他在《当代立法与法学任务》一书中阐述了法律的历史演进、法律民族主义自然发展、法典制定将破坏习惯法自我完善进程等观点，认为在一个国家的立法准备粗疏、法学教育尚未成熟、法律思想虚化时制定法典，无疑将会流毒无穷。[①] 另外，在判例法系方面，法典化更是受到来自以英国为主的经验主义立法观的阻力，源自休谟、洛克、庞德等思想家逐渐形成的怀疑论、偏向不可知先验论的认识论，一直是英国立法思想中起着对抗大陆法典化思潮的强大力量，边沁作为在英国极力鼓吹将判例法全部法典化的观念之人，反而成了一种异类。[②]

到20世纪以后，形而上学领域更是异军突起：

第一，后现代解构主义不断挑战启蒙时期的传统价值权威。以法国的德里达、福柯等人为旗手的后现代"流浪"哲学家，解构、颠覆着法典法律的基础命题——理性主义架构和二元认识论结构，而且更将理性包含的权威性、建构性与国家政治的极权主义相联系，从而使这种对理性的叛逆上升到法律政治领域的反对集权、反对秩序理性暴政等价值高度。[③] 法典理性主义架构在对现实的非理性、非确定、非中心理想化因素方面的无能，被进一步放大。

第二，维特根斯坦的语言分析哲学，不仅宣告了传统哲学命题的死亡，而且打破了思维确定性的幻觉。深受维特根斯坦哲学影响的英国法学家哈特，从法律概念的核心区域和边缘区域的角度，分解了法律语言的确定性，[④] 法学领域的去权威化、非中心化倾向日益明显。

第三，与分析哲学流派分庭抗礼的现象学哲学，其代表人物胡塞尔将叔本华"生存意志"、尼采"权力意志"等理论所蕴含的非理性主义思想倾向延伸到认识论层面，认为社会科学研究不能建立在所谓理性的自然科学方法

---

① 参见张乃根：《西方法哲学史纲》，中国政法大学出版社1993年版，第210－213页。

② See Terry DiFilippo, *Jeremy Bentham's Codification Proposals and Some Remarks on Their Place in History*, 22 Buffalo Law Review 239 (1972).

③ 参见王治河：《扑朔迷离的游戏：后现代哲学思潮研究》，社会科学文献出版社1993年版，第105－111页。

④ 参见［英］哈特：《法律的概念》，张文显等译，中国大百科全书出版社1996年版，第17－19页。

之上，必须彻底摆脱近现代自然科学研究方法的束缚，以“现象学的还原法”，重新批判人类智识结构与认识论关系。① 法学方法论领域对此作出响应，典型例证是美国20世纪70年代的批判法学运动。代表人物昂格尔直击法律推理方法的内在缺陷，法律推理中的理性主义逻辑分析法与历史主义因果分析法的正当性均受到冲击，被视为是扭曲历史的“无缝之网”、是违背真实世界整体性与历史结构连续性的悖谬。② 吉尔兹根据地域文化符号学所提出的“地方性知识”理论，使法律的理解和适用与地区文化、特定人群的理解相联系，瓦解了法律等社会科学的客观性、普遍性基础。③ 后现代诠释学的代表伽达默尔颠覆了以人为中心的诠释方法，其所主张的“视域融合”理论事实上也尖锐地拷问着法律解释中的文义解释、历史解释、目的解释等方法的根基，由“真理符合论”向“真理融贯论”转变，法律解释的科学性、客观性也面临崩溃。④ 可见，法学方法论的所有主要部分，包括法律认识客观性基础、法律的价值基础、法律推理、法律解释、法律适用、漏洞填补等，均受到了根本性的批判与检视。

我们必须反思，世界各国理论界为何在这个时代不约而同地对法典理性、法学方法产生诸多质疑？难道真的是许多人所感慨的后工业时代社会的信仰缺失与道德沦丧吗？这或许可以说明某方面的原因，但是根本仍在于人们对当代资本主义工业文明衍生出的诸多社会问题存在不满，才在知识领域上开始反思以现代性为特质、以分析合理化为主导的近现代理性主义形而上学的思维架构。在社会实践领域，福利国家兴起，各国政治经济的相互影响与交融加深，在全球化过程中却不断产生日益复杂的经济危机与社会鸿沟问题。人们寄希望于权威法律实现公平、解决危机的幻想一次次被现实中各种法律无法应对的非理性因素所击溃，因此人们渴望着一种釜底抽薪的颠覆式解决

---

① 参见［德］胡塞尔:《现象学的观念》，倪梁康译，上海译文出版社1986年版，第35页。

② 参见［美］R. M. 昂格尔:《现代社会中的法律》，吴玉章、周汉华译，译林出版社2008年版，第7-19页。

③ 参见［美］克利福德·吉尔兹:《地方性知识：阐释人类学论文集》，王海龙、张家瑄译，中央编译出版社2000年版，第222、273页。

④ 参见陈金钊:《哲学解释学与法律解释学——〈真理与方法〉对法学的启示》，载《现代法学》2001年第1期。

方案，寻求理性之外、法治之外的新思路，也就不难理解了。

另外，正如后现代哲学思想所揭示的，通过近代法典产生的历史经验，可以看出法典作为近代理性主义的现实产物，相应地成为集权国家所偏爱的法律形式，具有便于推行集权统治的工具性。一方面，由于法典只能由中央机关公布，全国遵行，故起到了中央统一立法权与最高司法权的功效；另一方面，法典能比判例法更快速建立起统治秩序，无须交由法官裁判积累。除了前述法国法典编纂中体现的立法目的之外，英国也是一个典例。英国虽然在本国采用普通法传统，但却在殖民地时期的印度推行法典法，依靠建立一系列“殖民地法典”，维系英国在印度的殖民统治。[①] 另外，东亚国家在近代化进程中也纷纷选择了法典法作为一种保留本国君主专制的途径。可见，法典法是符合近代集权国家的政治统治需要的。但是就当代而言，维系集权显属不合时宜，法典法的政治意义也就开始削弱。

总体而言，近代法典是理性主义发展建构时期的产物，随着理性主义的现代化变迁，单纯依靠一部法典来解决一切有关社会问题的做法，已经越来越难以适应时代的快速发展。法律形式的多元化发展与灵活变化、法系之间的相互借鉴与融合才是法律技术发展的大趋势，而大一统法典在政治宣言上的意义实际上已经超过了其法律实践上的价值。

（二）法典的部门局限性——建构理性与商法之间的内在张力

法典是特定部门法建构理性的技术安排，并非所有部门法都适合采用这一立法技术。虽然法典法看似比判例法包含了更多的技术合理性，但是也并非适用于所有法律部门，有些法律可以说天然就具有反抗法典化的内在张力，典型就是商法。

首先，商法涉及的社会关系区隔性、专业性程度更高，抽象难度相当大。例如《美国统一商法典》以买卖交易一篇为中心展开，后续形成的租赁、商业票据、银行与客户、信用证、大宗转让、所有权凭证、投资证券、担保交易等篇章，就是围绕买卖的各个环节所形成的社会关系来编排，几乎不涉及理论抽象概括。再如，1807 年的《法国商法典》分为总则、海商、破产、商

① 参见王云霞：《印度社会的法律改革》，载《比较法研究》2000 年第 2 期。

事法院四编；2000 年新公布的《法国商法典》，虽然经过接近 200 年的理论发展，但仍然带有因事设法的色彩，包括商事总则、商业公司和经济利益集团、某些销售形式和排他性条款、价格和竞争自由、商业票据和担保、企业困境、商事裁判和商业组织、某些被规制的职业、适用于海外的规定等几个部分，基本没有类似民法典的高度理论概括。[①] 但有的国家仍然争取建立理论抽象概念体系，例如 1897 年的《德国商法典》分为商人的身份（类似总则）、公司和隐名合伙、商行为、海商等几编，1986 年根据欧洲共同体（European Community，EC）指令进行修改，将“商事簿记”从总则中分离，专设一编，法典结构变成总则、公司、商事簿记、商行为、海商五编。其概括抽象程度已经相对较高，但是这种篇章设计的形式局限性却牺牲了法典的包容性，一定程度上导致《德国商法典》无法将证券、票据、破产、保险这些部分包含进去。可见，在商法典领域，由于商法涉及的各种社会关系具有更高的独立性与区隔性，难以用抽象概念来统帅诸领域的商法，如果将其直接塞入商法典，无疑又降低了理论抽象高度。[②] 这也是商法典编纂中长期面临的一个技术难题。或者说是一个不利于商法典编纂技术发展的先天因素，构建一部大而全、具有高度抽象的立法技术的商法典，本身就比其他部门法要有更大的难度。

其次，商法的法典化的现实必要性也相对较低。可以说，民法根植于体系严谨的古罗马法的复兴，又经过高度抽象的欧陆法哲学的铸炼，形成了一整套结构化的概念演绎体系，以理性主义的建构式的法典为发展进路，同时也为法典这一立法模式提供了蓝本和框架。故此，近代以来的各类法典，多以民法典作为源头与范式。但是反观商法，其源于具有明显的自治性与国际性的中世纪商人法、海商法规则，逐步形成了商人与商行为、营业与商事登记、商事审判等诸多分散的规范内容，而当前的商法理论与商事立法，更多的也只是对商事习惯法的实践现象进行一种经验式的概念总结和罗列，而并

① 参见聂卫锋：《法典化与〈法国商法典〉的最新发展》，载《国家检察官学院学报》2013 年第 2 期。

② 参见刘斌：《论我国民法总则对商事规范的抽象限度——以民法总则的立法技术衡量为视角》，载《当代法学》2016 年第 3 期。

未有像民法的法律关系、民事权利与责任、法律行为、意思表示等一系列结构严谨的理论系统。这正是商法发展的特殊性所在，它需要的立法模式应当是更为灵活、更加适应现实变化的，这也决定了它的法律形式也将是零散的因事立法。商法这类实践演进型法律本身就与国家建构型法律具有不同的逻辑，重在实用性、及时性、尊重民间性与国家普遍性，而相对削弱了系统性、抽象性、国家民族特性。因此，一是由于统一抽象难度大，二是由于现实对商法抽象技术的需求也不高，故此，各国商法典的立法技术水平都是相对较差的。这其实是商法本身特性与历史原因导致的，并非各国商法学者理论水平、抽象能力不足的问题，即使是长期浸淫在潘德克顿体系下、法学方法论水平举世无双的德国法学界，也未能很好地解决这一问题。

最后，各国商法典编纂与适用的历史经验也体现出其内部分离解体趋势。最早的1807年《法国商法典》体系就十分零散，只设有总则、海商、破产、商事法院四编，后来大部分条款被废除，商法主要领域都进行了大量商事单行立法，如公司、海商、破产、证券、保险、商事登记等，纷纷制定单行法，商法典中剩余的只涉及一些未有单行法的、原则性的规定，实际上已变成“通则”或“总则”。[①] 该法典的制定者照搬1673年《商事条例》以及1681年《海事条例》的规定，更多的是中世纪商人法规范的一种延承，而商事关系的现代发展，如资合公司、营业资产、有价证券、商事租约、保险契约等都未能在该法典中得到应有体现。[②] 2000年9月18日，早期的《法国商法典》被废除，整合了数部法律、法规的新《法国商法典》颁布，但这部法典不仅体系凌乱，而且从其内容看来，与典型的商法实在是相去甚远。法典包括商事总则、商业公司和经济利益集团、某些销售形式和排他性条款、价格和竞争自由、商业票据和担保、企业困境、商事裁判和商业组织、某些被规制的职业、适用于海外的规定等几个部分，包含了许多经济管制性的公法规定。而且详细分析可以发现，这部商法典实际收罗了之前许多与商事关系有

---

① 参见何勤华主编：《法国法律发达史》，法律出版社2001年版，第247－250页。

② 参见王建文：《法国商法：法典化、去法典化与再法典化》，载《西部法学评论》2008年第2期。

关的行政规则，是为了应对规则膨胀局面而进行的一种汇编。①

另一部经典的商法法典为《德国商法典》。1897 年《德国商法典》被议会通过，但其只不过是为了与 1896 年《德国民法典》保持一致的产物，根本缺乏商法典的体系构建的理论支持，而且受限于市场经济尚不发达的历史条件，一开始就没有包含一些重要商法领域，如保险票据破产等；《德国商法典》无论是内容还是体系，均远不如《德国民法典》，以至于商法的许多主要内容都无法被涵括于法典之中。② 后来的德国商法典历史几乎就是它的衰败史，公司法从法典中独立，过渡到“企业法”，扩大了商主体法律适用范围，法典中商人分类的规定经历了多次修改，保险、票据、破产等均由单行法规定。③

可见，法典的编纂技术，或许并不适合当代商法的发展特性。现代商事关系的创新性、活跃性，总有着挣脱法典束缚、在实践中形成规则的倾向。而商法的作用，在于紧跟现实规则、稳定交易秩序，但又不应以沉重的法典惯性，变成商事关系创新发展的阻力。对于商法而言，正如萨维尼所说：“习惯法才是真正的法律渊源，法典编纂活动将打断法律的自然发展方向，只要一个民族的法律还在积极演进就没有必要制定法典。通过人类理性建构普适法典只是一种幻觉。”④

二、新时代理性重构与公司法信赖保护规范体系

21 世纪社会领域的信息自媒体化、经济领域的去中介化、政治领域的去中心倾向、智识领域的反权威意识等，共同指向一个问题：理性主义建构体系在当代环境下所面临的深刻危机。这一方面催生了后现代思潮对传统权威所进行的肆无忌惮却又濒临绝望的解构，另一方面也促使人们思考新时代理性的重建之路：如何在这个观念形态已近乎分崩离析的时代重新凝聚社

① 参见聂卫锋：《法典化与〈法国商法典〉的最新发展》，载《国家检察官学院学报》2013 年第 2 期。

② 参见王建文：《德国商法法典化、去法典化与现代化：历史脉络与启示》，载《法学杂志》2008 年第 5 期。

③ 参见何勤华等：《德国法律发达史》，法律出版社 2000 年版，第 276－277 页。

④ 张宏生：《西方法律思想史》，北京大学出版社 1983 年版，第 368－369 页。

会共识。人类理性的未来不应是终结，而是重建，法制化的合理性也不可能因此而被颠覆。康德的折中主义认识论、哈贝马斯通过沟通理性（或称“商谈理性”）重建现代性的理论，成为法学界应对法律现代性解构危机时的主要理论源泉。① 法学本体论领域出现法系交流融合、判例法与法典法相互借鉴的趋势，法学方法论领域典型代表如德国阿雷库斯与日本平井宜雄主张的“法的议论”理论，主张法律的示众检验和公开交流获得理论正当性，均试图通过一种折中化、交融式的建构模式来实现新的法律理性系统，取代以往的法律本体与法学方法。② 在此现代理性重构的大背景之下，需要寻找到适合我国商法体系的立法技术，以及公司法信赖保护在民商法体系中的合适定位。

（一）民商法概念的理性变迁——部门分类形式化

首先应明确的问题是，民法商法之间的立法关系。由于《民法典》规定了大量商法性质的规范（典型体现在“营利法人”一节），因此引起了一些批评，“民商合一、民商分立”之争似乎再起波澜。通观商法学界的观点，主要有两种：一是制定统一的“商法典”；二是制定“商事通则”统领各部商事单行法。总而言之，我国商法理论界一贯坚持应在法律上确立“商法”这一概念的独立性与特殊性，其延承的正统理论源头或根本依据，仍在于德国私法学界的经典学科体系：民法与商法均属于私法这一大概念的组成部分，民法是私法的核心部分，商法是适用于商人的特别法，也属于私法的特殊部分，但不是民法的组成部分；一些贯穿整个私法的原则在民法中体现得最为明显，虽然它们贯穿的程度有所不同。③ 商法属于私法的特别法，而不是民法的特别法，作为一种私法的特别法，仍然优先于民法适用。④

但本书认为，传统学科分类方法论指导下产生的“民商合一、民商分立”之争，只是立法技术、法条安置的问题，目前的诸多争论，形式意义大

---

① 参见葛洪义：《法律与理性：法的现代性问题解读》，法律出版社 2001 年版，第 389 - 431 页。

② 平井宜雄「議論の構造と法律論の性質」ジュリスト919 号 70 頁以下参照。

③ 参见［德］卡尔·拉伦茨：《德国民法通论》（上册），王晓晔等译，法律出版社 2013 年版，第 9 页。

④ 参见［德］C. W. 卡纳里斯《德国商法》，杨继译，法律出版社 2006 年版，第 6 页。

于实质意义。即使不制定形式上的商法典或商事通则，也只是尚未树立起一面统领诸多商事法律规范的大纛，但不意味着实质上的商法特殊性就会被民法所侵蚀。在《民法典》中规定特殊的商事规范，不会贬损商法的独立存在价值，恰恰体现出一种在商业文明快速发展、“全民经商”社会背景下的“民法的商法化”趋势，商法规范的触角反而得到延伸。

我国法学界以往继受大陆法系的法哲学概念与部门法划分方式，尤其热衷于凸显某一法学学科的特殊性，建立该学科特有的术语或理论体系，造成一种部门法不断细化分割、学科林立的局面，进而影响立法技术，使法律规定与理论上的划分范式相一致。然而，正如卢卡奇“物化意识”所说，专业学科的分化也是现代理性主义“分析合理化”的产物，试图只在本学科建立封闭、完整的体系，排斥人类智识的整体性，排斥本学科无法理解的因素并将其视为非理性因素，以求在各个学科内部形成理性机制，并企图将各部分的合理性拼凑成整体合理性；但是这种规律的局部抽象，导致整体的认识图景消失了，一切局部合理性变成各自孤立的系统而无法找到认识社会总体规律的途径，相当于给现代分析理性思维设置了一个自我束缚、自我无法超越的局限；表面上建立了一个无所不包的理性体系，实际上却因过度追求形式合理性与分析精确性而陷入了片面、独断的非理性自我矛盾之中。①

而且，我们透过无数的法学概念，从人类观念形态的辩证法的高度考察就会发现，这些法学概念在充满内在矛盾张力与相互矛盾之间的辩证运动中将走向自我否定与瓦解的规律。人类观念形态的发展历程，正是经历了由高度集中走向极度分散的过程。正如黑格尔的“概念辩证法”所揭示的，一个概念的自我变动与辩证否定，体现在对这一概念的认知主体形成的社会共同体的发展，必将导致此概念的自我瓦解和灭亡。认知主体组成的共同体，源于有着共同社会实践的群体意识，而社会加速发展之际，推动社会进步的群体本身却处在转型与割裂之中。那些促成社会现代性发展的人们，将有一部分在社会阶层分化中发现自己反而被驱逐出现代性之外。这种发展中的分化

① 参见［匈］卢卡奇：《历史与阶级意识》，杜章智等译，商务印书馆1999年版（2016年印刷），第174－183、193－198页。

割裂，又将导致统一概念认知的崩溃。由古代到现代，人类的这种“认知共同体”的维系日益艰难，统一观念形态的灌输与维持将会受到越来越多的质疑和挑战。因此，一个新的“概念”的存在周期会越来越短，而一些原有“概念”则会不断受到冲击和扭曲，最终走向死亡，人类观念的新陈代谢速度将会越来越快。人类最终丧失一切权威意识与社会共识之时，就是人类的认知共同体彻底瓦解灭亡之时。信息化技术加快了这一不可避免的进程，自媒体兴起、信息交流的“去中间层化”、网络热词此起彼伏等现象，使任何一种观念形态的权威性、统一性受到了根本挑战，没有哪一种意识能够长期有效地维系社会稳定共识，各种概念几乎是在兴起的同时就又被吞噬、湮没，直至人类社会的所有概念以一种失控般的速度生长、消亡，最终在极度信息爆炸之中走向社会精神的极度矛盾与荒芜。

民商法的概念区分，同样经历着上述变迁。近代以来国家与市民社会的二元分化，造就了公法私法区分的概念与民法的兴盛，而商人群体独立性与商业交易的繁荣，又促使人们在私法之中区分出民法与商法的观念。然而，进入金融时代与网络化时代，资本运动与信息洪流几乎淹没整个社会，商业文明、商事交易关系逐渐向整个市民社会蔓延，原本维持着“民法”“商法”等概念的社会“认知共同体”经历着剧烈波动甚至模糊化。所谓的“全民经商”“民法的商法化”这类概念的产生，正是反映了商业文明开始主导市民社会的趋势。这一过程不应被理解为“民法吞噬商法”或是“商法吞噬民法”，而应被视为在整个市民社会的转型下，原有“民商法”概念变动、融合的历史过程。

走在商业文明、商业法治最前沿的美国，也最明显地体现出这一趋势，其并不存在民法与商法的区分，更不存在独立的民法典或商法典。虽然有一部《美国统一商法典》，但只作为示范性文本，供各州立法参考，与大陆法系的商法典具有完全不同的法律效力与内涵。在美国，各类民商事关系与纠纷，首先参照的是司法判例，之后才是制定法。商事与民事规则的实质区别和不同裁判原则，是在个案审判中实现的。作为大陆法系中的特例，瑞士同样没有区分民商法，但是通过独立的《商业登记条例》，界定了商人的基本范围，并且借此确定了一些特殊的商事规范的适用群体。[①] 我国台湾地区同样如此，在“民法总则”中作出统一规定，并且在“商业登记法”中规定了商人的特殊性，以及商事行为的特别规定。而正如前文所述，作为民商区分立法代表的德国，其商法典自制定以来则不断经历着分解、衰亡的“去法典化”过程，目前只有法典之名，而依靠各类单行法支撑商法体系；法国商法典的内容同样在“去法典化”中不断分解、废置，虽然在 2000 年左右又出现所谓“再法典化”，公布了新的《法国商法典》，但也仅仅是对零散的商事规则进行汇编，与之前系统的法典编纂具有不同的意义。

（二）民商法立法的理性选择——规则差异实质性

就我国目前来看，商法与民法的实质区别仍然不能被忽视。民商法的实质差异不乏例证：（1）私法上的一些基本原则在民、商法上的法理内涵、规范表现形式与司法适用标准均有差异。典型如信赖保护原则，在民法中仅仅在善意取得、表见代理等特殊语境下发挥效用；而进入商法领域后则摇身变为“外观主义”，上升为贯穿商法各项制度的一项普遍适用的原则。（2）民、商法在法律行为、合同领域的具体制度方面也存在显著差异，不能忽视商事规则的实质特殊性。例如商事代理特殊规则、流质禁止的商事法例外、商事留置特则、商法在连带保证推定上的特殊规则、商法上缔约中“沉默”的特殊效力规则、商事格式条款的特殊效力、商事有名合同（如商事领域的运输合同、租赁合同、委托合同、行纪合同、居间合同、信托合同等）的特殊规则等。（3）商法在整体上还体现出对私法自治原则的“双重背离”。商行为法以私法规范为主，与民法比强调更充分的私法自治；而商组织法则设有较多的强制性规范乃至公法规范，比民法受到更多的干预，私法自治空间被限缩。[②]

总体而言，正如江平教授所说的民商法“两点论”：一是民商法的溶合关系；二是民法与商法的划分仍有必要，没有界分就谈不上溶合。[③] 又如我

① 参见史广龙：《民商合一立法方法在瑞士民法典中的实现》，载《法律方法》2014 年第 2 期。
② 参见李建伟：《民法总则设置商法规范的限度及其理论解释》，载《中国法学》2016 年第 4 期。
③ 参见江平：《中国民法典制订的宏观思考》，载《法学》2002 年第 2 期。

妻荣作出的精辟论断："商法犹如冰川，在水面的上部不断创造出新的原理，而在水面下部又不断地融入民法原理。"① 可见，当前社会趋势下，是否存在立法形式上独立的、名义上的商法，其意义已经逐渐被削弱，而商法相对于目前的民法，其特殊适用性尚无法被抹消。故此，伴随市民社会的商业化浪潮，商法进入民法总则反而是商法的重要性提高的一种体现，而且也是社会发展对民商法等私法发展提出的新要求。

（三）在变迁中重建——实践理性方法指导下的商事立法技术

一个亟待解决的问题是，要以何种理性精神指导当前的商事立法，构建相对独立的公司法信赖保护规范体系。解决人类社会现代性问题的重构方案，到目前为止也一直处在摸索与争鸣之中，而无法形成普遍共识。就我国民商事立法技术所牵涉的理性观念问题，对法律实践理性的复归，不失为可行之路。

康德在其"批判哲学三部曲"中对纯粹理性与实践理性作出区分和对应。源于古希腊哲学的"知识即美德"理念，完成于笛卡尔、斯宾诺莎的唯理主义形而上学体系，被康德界定为纯粹理性式的独断论。当人类不对自身认识能力进行批判划界，其所依赖的纯粹理性认识"容易逾越它的界限而迷失于不可达到的对象或者相互冲突的概念之中"，而实践理性有责任防范这种纯粹理性的"无理要求和独断号令"②。"自在之物"都是通过实践而非认知来证明的，人类应通过实践活动追求"善"的理念，法律也应当服从于实践理性的道德法则。又如英国法学家霍姆斯的经典格言："法律的生命不在于逻辑，而在于经验。为人所感知的时代需要，主流道德与政治理论，对公共政策的直觉，无论是宣示的或是下意识的，甚至只是法官及其同僚们的偏见，对决定治理人们的规则方面都比三段论推理的作用大得多。法律述说着一个国家几个世纪发展的故事，不能被视为仅仅包含定理与推论的数学书。要理解法律，必须理解其过去和未来。"③

---

① ［日］我妻荣：《我妻荣民法讲义：新订民法总则》，于敏译，中国法制出版社2008年版，第5页。

② ［德］康德：《实践理性批判》，韩水法译，商务印书馆1999年版，第13、14页。

③ Oliver Wendell Holmes Jr. , *The Common Law*, Macmillan, 1968, p. 5.

虽然在剧烈的时代变迁之中，唯理主义的绝对化理性观念已经站不住脚，但是这种根据实践活动而不断产生与调整人类理性认识、形成道德法律准则的实践理性却没有过时，甚至在新时代语境下被赋予了更深刻的含义。在商事立法的法律理性中，对于实践理性的复归，也更突出地表现在法律规则对市民社会民商事活动的逐渐融合与相对区分这两点关系的响应。

从前述分析中可以总结出，商法的重要性和实质独立性，体现于市民社会的商业化进程，以及商法规则的适用、解释的特殊性，而不在于立法技术上有无形式商法典，而且商法典这种形式也不见得就是适合商法发展的。商法学界主流观点认为，可以采用“商事通则”立法模式，作为一种折中道路。从我国历史上看，清末和民国初年也都曾经有过《商人通例》的立法体例或草案，但是经过反复争论，国民政府最终仍然否定了独立“商事通则”的做法，而采取了具有创新特色的民商事立法体例，即着眼于商法规定的实质内容，性质上能与民法相融合的规定在民法中，性质上与民法不相融合的通过商事单行法规定。[①] 可以说，这种立法体例已经超越了民商分立与民法合一的法典立法技术的形式阶段，而进入到民商法的实质特殊性阶段，对我国当前民商事立法关系问题不无启迪意义。

因此，在实践理性观念指导下，结合本书前文各章所述公司法信赖保护规范的特性，应形成三个层面的实质独立体系。

第一个层面是《民法典》中的总领性规范。目前《民法典》虽然已经在第61、65、85、170条等规定中涉及公司法人之相对人的信赖保护问题，但均属针对具体问题的零散规定，并未抽象出信赖保护作为一项私法原则，而与之相近的第7条诚实信用原则反而过于抽象化、弹性化，无法为公司法信赖保护规则提供统领与指导作用。因此，宜在《民法典》合同编的修法适法过程中，考虑加入有关合同相对人信赖保护的原则性规定，作为善意取得、表见代理、意思表示与要约撤销、缔约过失责任等交易行为规范的总体指导，并为在民事主体规范或公司组织规范中展开信赖保护的有关规定提供行为法层面的基点。

① 参见季立刚：《我国近代关于民商立法模式的三次论争》，载《法学》2006年第6期。

第二个层面是可以考虑将来制订“企业登记法”等商事法律，于其中加入法人或非法人商事组织的信赖保护规范内容。目前，我国企业登记制度的法规条例等多囿于工商行政系统之限，未能对登记公示效力与信赖保护内容作出明确规定，而《公司法》又无法涵盖非公司企业的登记制度，因此企业商事登记制度需要在一体化的立法层面进行完善。在不具备条件制定“商法典”与“商事通则”等形式独立商法体系的当下，“企业登记法”不仅是以企业为中心构建实质独立商法的核心组成部分，而且能对信赖保护在组织法层面的规范结构作出具体规定，明确各类企业所负之公示性信赖保护义务内容及责任基础。

第三个层面是在《公司法》中补充完善有关信赖保护的具体规则，重在凸显公司法信赖保护的特殊性。例如前文已述之公司组织作为信赖关系主体时的特殊规则、公司信赖保护责任主体扩张规则、信赖合理性标准的客观化规则、公司股权与资本登记中的信赖保护规则、公司代表与经理权相关的信赖保护规则、公司章程与决议等组织因素影响公司对外表示行为效力规则、公司设立与清算等时期的特殊信赖保护规则、集团公司成员之间的特殊信赖保护规则等。通过在《公司法》各部分中分别加入以上具体规范，形成公司法信赖保护规范体系的主体部分。通过上述三个层面的规范，以实践理性为指导，不再追求由单一法典进行形式上的集中化规定，追求更为务实、灵活的商法立法技术，形成一种新时代所需要的信赖保护法律体系。

但是，多层次的立法体系也可能产生分散凌乱的困惑。对此，可以借鉴上述英美法系法律汇编的经验，一部权威机关制定的商事法律汇编即可解决这一问题。法律汇编本身不具有法典效力，也不需要经过法典编纂或修改的复杂程序，司法中不能直接适用，纯粹起着规范引导、参考、整理作用，便利司法适用。可以针对有关领域问题、案例，而定期形成一部类似最高人民法院指导性案例式的法律汇编文件，作为各级法院适用商法规范的指导文件，对于各个分散商法规范进行及时汇总，既避免了法典编纂的滞后性、程序冗长等问题，又能在一定程度上发挥法典的集中统一、便于理解的功能。

第二节　公司法信赖保护的司法适用

在立法规范层面之外，实际上还隐藏着一个更为关键的商法实质独立的实践理性层次，即商法的司法适用与解释。改革开放以来，我国一直在尝试构建中国特色的法律体系，立法论便成为解决法律问题的“主旋律”。而在当今法律体系已经基本完备的情况下，如何从立法论向解释适用论转向，才是我国进一步实现法治化的中心议题。[①] 本书以司法适用中与实践理性密切相关的经济理性、商谈理性两种思维为例，分析公司法信赖保护规则在司法实践中的法官解释与论证推理问题。

一、公司法信赖保护规则适用中的法官解释

即使法教义学派类的观点认为法官只能充当严格执行既定法律文本的角色，但规范与现实之间的鸿沟必然需要法官在具体案件中的解释与论证加以填补。司法适用无疑是一种创造性的活动，至于其创造空间的大小，则取决于规范与现实之间的差距，以及法律规范本身的性质。许多商事法律规范本身源自商业社会实践，而商事法庭所处理的案件也经常涉及商业交易与行业活动的规则，经济商业方面的事实是审判中无法回避的因素。美国现实主义法学家卢埃林认为，法律在认可和使一种商业制度生效时，须着眼于相关制度的经济功能而非法律外壳。[②]“经济理性”应当是法官在商事案件审判中进行法律解释的一项独特的思维重心，法官的目光应当在“法律文本—案件事实—经济理性”之间穿梭往返。[③]

从另外一个角度来看，这种法官解释思维其实也是司法参与社会治理职

---

① 参见任超：《德国法学方法论在中国的继受——兼论我国民事立法的科学化和体系化》，载《甘肃社会科学》2016 年第 5 期。

② 参见［美］本杰明·N. 卡多佐：《法律的成长》，李红勃、李璐怡译，北京大学出版社 2014 年版，第 134 页。

③ 参见韩朝炜：《商法适用中的法官解释》，复旦大学 2018 博士后出站报告，第 197 页。

能的要求，此于金融纠纷案件中体现得尤为明显。例如，有学者指出，国家早有监管规定禁止影子银行经营行为，但法院在判决中解释法律法规的立场，实际上逐渐由严到宽，目前大多数法院在认定企业间借贷、证券市场场外配资等合同无效后，往往还支持借出方对本金和适度利息的请求，还将一些企业间非营业性质的临时资金拆借行为解释为一种不违反金融管制规定的情形而认定合同有效，这种判决结果实质上会纵容和助长影子银行业务在我国的发展。[①] 可见，一个案件的判决结果虽然只直接作用于当事人之间的法律关系，却完全可能对其他市场主体的行为产生某种隐性规制或激励作用，从而间接影响整个市场行为导向与商事制度的社会实效。法官在重大金融案件审判过程中，不能仅仅偏重对个别案件当事人利益的维护，还要考虑裁判结果在资本市场风险形成与防控过程中的示范性效应。

公司法信赖保护规则在具体商事纠纷案件中的适用，更需要法官在解释过程中凸显这种经济理性的重要性，充分考虑个案解释对于公司组织规范和市场交易规范整体实效的影响和可能产生的社会经济连锁反应。

以公司未经决议对外担保行为的效力为例，当前较为流行的观点是将《公司法》第16条解释为管理性强制性规定，不影响对外担保合同的效力，因此认定公司担保有效。管理性强制性规定与效力性强制性规定，本身就是一种存在于司法解释中的分类；而二者的辨识问题，大多数情况下又只能交由法官作出判断，其结果就是一项法律强制性规定是否能否定合同效力，很大程度上取决于个案中的法官解释。将《公司法》第16条公司担保必须具有合法决议作为基础的规定解释为管理性强制性规定，也有经济效益方面的考虑，现实中的公司担保合同中的担保权人多数是以商业银行为代表的大型金融机构，如果认定担保合同无效可能使其贷款债权无法得到保障。

但是这种解释方法将严重削弱《公司法》第16条对公司行为进行约束的法律效力，实际上无法切实地阻止公司管理层不经合法决议即擅自对外担保、擅自为实际控制人自身提供担保或损害股东利益的其他行为的发生。另

---

① 参见楼建波：《法院判决对中国影子银行业务的间接激励——金融商法的视角》，载《清华法学》2017年第6期。

外，从作为担保权人的金融机构的角度看，虽然认定担保合同有效有利于维护其债权利益，但是长远而言将促使金融机构放松对交易对手资信与交易合法性的审查，进行非审慎的投机性放贷，并因此积累金融系统的坏账风险。在一些杠杆融资收购担保之中，其风险性更为突出：许多外部收购人实际上并无多少自有资金，以银行贷款融资作为收购资本，而为其贷款提供担保的正是被收购的目标公司，这些公司实际上又经常处于资信不良、濒临重整的状态。此交易结构有时是资信不良公司自身意欲向银行进行贷款融资，为规避资信审查要求而借由外部收购人的渠道，这种情况无疑大幅削弱了担保的有效性。因此，一味认定担保合同有效的解释认定方法，其实是纵容了市场主体滥用担保权利的机会主义心理，应当要求担保权人承担合理的审查义务，方能倒逼金融系统审慎交易，仔细核查对手公司的章程、决议和资信情况。①

又如，根据《公司法解释（三）》第 13 条第 2 款的规定，在公司注册资本认缴制改革之后，对于“未履行或者未全面履行出资义务”的解释也出现了分歧。如果将资本认缴期限未到的股东也解释为一种瑕疵出资的情形、需要向债权人承担补充出资责任，则相当于在非破产程序中也可以采用类似破产程序的“股东出资义务加速到期”的做法。此种解释同样有其经济效益方面的考虑，既可以避免一些公司进入复杂冗长的破产程序，又能维护信赖注册资本外观的债权人之利益。从企业维持和节约诉讼成本的角度看有一定优势。

但是，采用这种解释方法也需要甄别具体情况。如前文所述，在公司资本制度改革的背景下，不少“假大空公司”在市场上涌现，其认缴资本之大、期限之长已超过合理限度，股东实际上并无实际出资的真实意图，甚至包含一定程度的欺诈故意。对于此类公司再谈所谓的“企业维持原则”实无必要，反而应当通过破产程序适时清理一批“搭乘改革便车”的资信不良公司，净化市场环境。另外，在非破产程序中适用股东出资义务加速到期，忽视了债权人全体公平受偿的问题。在个别债权人诉讼中要求未实缴资本的股东承担补充出资赔偿义务，相当于《企业破产法》所禁止的个别清偿行为；如果存在其他未起诉的债权人，则其失去了再次以补充出资清偿债权的机会。

① 参见罗培新：《公司担保法律规则的价值冲突与司法考量》，载《中外法学》2012 年第 6 期。

尤其是当补充出资仍无法清偿全部债权人时，实际上就是与《企业破产法》相关的问题，唯有进入破产程序，才能确保全体债权人按照比例公平受偿。

由上述二例可知，审判结果的经济影响固然应当是法官进行解释时的一项重要考虑因素，但仍应有几个适用原则：首先，对于经济影响的考察不能只着眼于当前利益或个别市场主体的利益，而应将市场整体秩序、系统安全性与经济健康发展等作为重点，防止个案审判结果的偏重性保护对市场行为产生负面刺激与导向作用。其次，经济效益不能成为法官审判中的唯一价值取向，以公平正义为中心的法治精神仍应是个案解释的核心。我国各级法院的一个普遍特征是，在裁判商事金融案件、解释有关法律的过程中也往往以承担政治性职能、服务于公共政策为中心。① 但是，法院在承担必要的政治性职能之外，在案件审判中仍应当坚守相对独立而保守的定位，才能真正发挥防范经济政策系统性风险的司法治理功能。

二、公司法信赖保护规则适用中的论证推理

法官解释只是解决了规则适用的前提问题，而有关案件事实如何认定、事实是否适用法律规则等问题，都需要司法者进行论证推理，即解决法律规则适用的合理性问题。法庭必须同时满足判决的自洽性与合理可接受性，才能实现法律秩序的社会整合功能与合法性主张。② 对于法律论证与法律推理的一般认识，是将二者视为相反的思维过程，法律推理是根据有关事实、规范等前提推导出一定的结论；而法律论证则是确立结论后，再根据一定证明方式为其寻找正当性依据。③ 这种认识也与当前我国司法界关于完善法律论证环节的观点相一致，要求法官在判决书等文件中强化说理部分，为判决结果提供更充分的理由论证。但此种完善路径仍停留于表面形式化阶段，未触及法律论证的核心。

---

① 参见黄韬：《中国式的公共政策法院——以我国法院对金融案件的处理为例》，载《社会科学研究》2011 年第 6 期。

② 参见［德］哈贝马斯：《在事实与规范之间：关于法律和民主法治国的商谈理论》，童世骏译，三联书店 2003 年版，第 245 页。

③ 参见彭漪涟、马钦荣主编：《逻辑学大辞典》，上海辞书出版社 2010 年版；张文显主编：《法理学》，高等教育出版社 2018 年版，第 298、301 页。

法律论证的本质意义应体现于论辩过程，是各方当事人遵循程序、共同参与、交互磋商而得出结论的过程，而不应由其中一方预设结论后再为其寻找正当理由。正如德国思想家哈贝马斯对德沃金的“建构性解释”理论的批判：即使法官具备“赫拉克勒斯式”的超人能力，足以建构严谨的逻辑体系，这种建构也不过是一种“独白式”的叙述而已，若寄希望于法官个人理性而缺乏交流对话层面的考虑，则法律论证与解释适用的整体性将会落入特权手中；要摆脱这种自我合法化的循环，需要的不是法教义学范畴内的逻辑建构，而是各方遵循一定的论辩程序，在论辩过程中所达致的商谈理性。① 哈贝马斯的“实践商谈理论”是一种在面对现代性危机时以程序正义和沟通交流为基础，凝聚社会共识的理性重构路径。而另一位德国法学家罗伯特·阿列克西接续了哈贝马斯宏大的实践商谈理性观，将法律论证视为一种通过商谈达致理性共识的方式，是社会“普遍实践商谈”的一种特殊形式，并具体设计出一套明确的论证规则体系与论述形式。② 这些将商谈理性引入法律论证的新思路，对于解决我国司法裁判论证不足的现实问题相当具有参考意义。

在实质推理（或称“辩证推理”）领域，更应该重视商谈理性对于裁判结果正当性与可接受性的作用。实质推理通常在三种情况下出现，即法律缺乏明确规定、法律规范存在抵触、个案中适用某一法律明显不合理等。③ 在这些情况下，无法通过形式推理得出确定唯一的结论，需要法官根据一定的价值观进行综合衡量，严格上说并非一种逻辑推理过程，其中的主观裁量是不可避免的。一些“立法论”的观点主张以更加确定、完善的法律规定，限制法官的裁量空间，以期实现适用结果的确定性。但此种观点至少在民商法领域是缺乏可行性的，法律与社会民商事实践之间的差距与时滞是一种常态，一味限制法官裁量空间会导致更多个案不合理情况的出现。从实践商谈的角

① 参见［德］哈贝马斯：《在事实与规范之间：关于法律和民主法治国的商谈理论》，童世骏译，三联书店 2003 年版，第 260－290 页。

② 参见［德］罗伯特·阿列克西：《法律论证理论：作为法律证立理论的理性论辩理论》，舒国滢译，中国法制出版社 2002 年版，第 234 页。

③ 参见［美］E. 博登海默：《法理学：法律哲学与法律方法》，邓正来译，中国政法大学出版社 1999 年版，第 519－520 页。

度看，裁量空间实际上应当转化为商谈理性的空间，以商谈之程序正义达致价值判断中的相对合理性，比法官个人价值观独断的结果更容易被各方接受。因此，提高法官行使裁量权的水平，需要法官重视诉讼过程中双方意见论辩的程序与论辩在最终判决结果上的体现，使论证推理的结果真正以诉讼两造在论辩中体现的正当性为基础，均衡保护双方诉讼权利与实体利益。

以信赖保护规则为例，在民事案件中偏向性保护相对人是大陆法系制度设计与司法适用中的常态，尤其是在商事案件中以外观主义、交易安全与便捷等作为依据，使这种偏向保护似乎具有了原则性的意义。但是，正如本书前文所述，外观主义中除了交易安全价值之外也包含着公平正义这一人类法律的朴素追求，本质目的其实是维护双方当事人利益的公平。对于信赖人作出偏向性保护的程度，应当与矫正信赖关系利益失衡的必要程度相匹配。

法庭在论证信赖保护规范适用与责任分配时，也应秉持衡平法则，分别论证信赖保护规范构成的各部分，充分考察双方归责因素的交互影响过程。试以前文所述三例分析之：第一，在信赖保护的归责原则问题上，不以过错为归责要件的风险归责原则不意味着彻底摒弃对交易双方过错因素的考察，根据被信赖人在信赖关系的形成、存续过程中存在的故意或过失程度，信赖人在误信中的自身过错原因等，达致信赖损失的公平分配，不应将公司信赖保护责任与单方责任、严格责任等概念画上等号。第二，在相对人信赖合理性的裁量评价问题上，不应固守一般民法中“善意相对人”的个别判断，而应遵循信赖标准相对客观化的进路，由一般化的“理性人标准”，再到具体的“商人标准”乃至更为专业的“行业标准”，总体上应确定商事交易相对人更高的信赖合理性标准与一定范围内的审慎交易义务。在有关相对人信赖合理性事实是否成立的论辩过程中，法官也应灵活调整举证责任的分配规则，例如在法律特殊管制与明文禁止领域相应提高相对人交易审慎义务之标准，不再采用善意推定规则等，防止出现相对人滥权投机与转嫁风险的行为。第三，在信赖保护方式的选择问题上，维持行为有效性与完整履行通常是最有利于相对人信赖保护的方式，但在一些情况下应赋予信赖相对人在履行请求权与赔偿请求权之间的自主选择权；同时也应充分考虑公司作为被信赖人时的团体利益和股东权利保护问题，对比履行行为与损失赔偿二者在整体经济效益和可行性上的相对优劣，尽量采取各方能共同接受的保护方式。

实践理性思维在公司法信赖保护规则的司法适用中具有重要的现实意义，此于“经济理性”“商谈理性”等在法官解释和论证推理环节中的应用性上即可见一斑。面对现实问题，动辄修改法律或制定新法的“立法论”，是纯粹理性式的法律思维；而注重法律方法论、法律解释与续造等，在司法适用过程中逐步根据实践活动来建立商法的独立性与实效性，才是更契合新时代商业社会变迁的实践理性法律思维。至此，我们可以回到这样一个朴素的客观认识：即使在法制最为完善的社会，也会在实践中不断对规则进行检验调整；即使在法治树立起最高权威的时代，也必须依靠人的实践理性来发挥效力。

结 语

信赖并非人类的自然天性，而是一种社会本性和历史产物。传统社会所构建的人际信赖，在现代性社会资本支配关系的洪流中已逐渐被销蚀、瓦解，唯有制度理性方能重建信赖基石。而企业团体作为现代性社会中联结国家与个人、组织与市场的主体，正是制度性信赖构建的核心枢纽，公司法信赖保护规范也因此成为联结组织规范与行为规范的关键节点。

我国当前的社会信任危机又有其特殊性，是传统人际社会惯性与现代化进程同时存在而导致的“共时性”发展问题。现代化的政治、法律体系在形式上加速构建，而民间社会仍经历着“人心不古”的阵痛，与成熟的现代化商业信赖机制之间仍有差距。

但是，无疑每个时代都有其各自的深刻危机，每个时代的人都在进行“历史是否会前进”的反思，只有度过困惑期，才能以某种形式化解或转移危机。这种怀疑与反思本身，恰恰是重塑信仰、解决危机的重要前提。社会信赖是人类历史持续前进的基础，而保持对社会发展的怀疑和反思精神，则是思想者的天职。维护社会信赖体系，是重塑制度理性的目标，也是现代民商事法律的使命。

因此，即便我们怀疑与反思现代性的一切，我们也有理由信赖这一点：怀疑之时，已是在重塑新的信仰；反思之时，就是化解危机的开端。

参考文献

一、中文著作

［1］梁慧星主编：《民商法论丛》（第7卷、第8卷），法律出版社1997年版。

［2］史尚宽：《民法总论》，中国政法大学出版社2000年版。

［3］刘得宽：《民法诸问题与新展望》，中国政法大学出版社2002年版。

［4］王泽鉴：《民法学说与判例研究》（第1册、第5册），中国政法大学出版社2009年版。

［5］叶金强：《信赖原理的私法结构》，北京大学出版社2014年版。

［6］朱广新：《信赖责任研究：以契约之缔结为分析对象》，法律出版社2007年版。

［7］朱广新：《信赖保护原则及其在民法中的构造》，中国人民大学出版社2013年版。

［8］余立力：《信赖利益新论》，武汉大学出版社2009年版。

［9］吴国喆：《权利表象及其私法处置规则：以善意取得和表见代理制度为中心考察》，商务印书馆2007年版。

［10］王焜：《积极的信赖保护：权利外观责任研究》，法律出版社2010年版。

［11］罗瑶：《法国民法外观理论研究》，法律出版社2011年版。

［12］侯巍：《民事权利外观的信赖保护：以财产权继受取得为视角》，人民出版社2012年版。

［13］刘晓华：《私法上的信赖保护原则研究》，法律出版社2015年版。

［14］龙俊：《民法中的意思自治与信赖保护》，中国政法大学出版社 2016 年版。

［15］何孝元：《诚实信用原则与衡平法》，台北，三民书局 1966 年版。

［16］徐国栋：《诚实信用原则研究》，中国人民大学出版社 2002 年版。

［17］徐国栋：《民法基本原则解释：诚信原则的历史、实务、法理研究》，北京大学出版社 2013 年版。

［18］史尚宽：《债法总论》，中国政法大学出版社 2000 年版。

［19］傅静坤：《二十世纪契约法》，法律出版社 1997 年版。

［20］曾世雄：《损害赔偿法原理》，中国政法大学 2001 年版。

［21］韩世远：《违约损害赔偿研究》，法律出版社 1999 年版。

［22］王利明：《违约责任论》，中国政法大学出版社 2003 年版；

王利明：《侵权行为法研究》（上册），中国人民大学出版社 2004 年版。

［23］刘士国等：《侵权责任法重大疑难问题研究》，中国法制出版社 2009 年版。

［24］任先行、周林彬编著：《比较商法导论》，北京大学出版社 2000 年版。

［25］范健、王建文：《商法论》，高等教育出版社 2003 年版。

［26］施天涛：《商法学》，法律出版社 2010 年版。

［27］季立刚：《民国商事立法研究》，复旦大学出版社 2006 年版。

［28］陈醇：《商法原理重述》，法律出版社 2010 年版。

［29］周晖国：《商法本位论：商法作为独立法律部门的内在依据》，法律出版社 2010 年版。

［30］李春：《商事责任研究》，中国法制出版社 2013 年版。

［31］张强：《商法强制性规范研究》，法律出版社 2014 年版。

［32］全先银：《商法上的外观主义》，人民法院出版社 2007 年版。

［33］冯翔：《商事登记效力研究》，法律出版社 2014 年版。

［34］孔祥俊：《公司法要论》，人民法院出版社 1997 年版。

［35］柯芳枝：《公司法论》（上下册），台北，三民书局 2002 年版。

[36] 王保树、崔勤之：《中国公司法原理》，社会科学文献出版社 2006 年版。

[37] 赵旭东主编：《公司法学》，高等教育出版社 2006 年版、2015 年版。

[38] 李建伟：《公司法学》，中国人民大学出版社 2011 年版。

[39] 刘俊海：《公司法学》，北京大学出版社 2013 年版。

[40] 甘培忠：《企业与公司法学》，北京大学出版社 2014 年版。

[41] 王文宇：《公司法论》，台北，元照出版有限公司 2016 年版。

[42] 蒋大兴：《公司法的展开与评判：方法·判例·制度》，法律出版社 2001 年版。

[43] 赵旭东：《企业与公司法纵论》，法律出版社 2003 年版。

[44] 罗培新：《公司法的合同解释》，北京大学出版社 2004 年版。

[45] 朱锦清：《公司法前沿问题研究》，浙江大学出版 2014 年版。

[46] 林少伟：《英国现代公司法》，中国法制出版社 2015 年版。

[47] 王延川主编：《公司法上的合约》，法律出版社 2011 年版。

[48] 郭富青：《公司权利与权力二元配置论》，法律出版社 2010 年版。

[49] 赵旭东等：《公司资本制度改革研究》，法律出版社 2004 年版。

[50] 袁碧华：《我国公司资本制度改革研究》，中国政法大学出版社 2016 年版。

[51] 汪青松：《股份公司股东异质化法律问题研究》，光明日报出版社 2011 年版。

[52] 刘韶华：《有限责任公司隐名出资法律问题研究》，中国人民公安大学出版社 2012 年版。

[53] 高旭军：《我国公司人格否认制度适用研究：以与德国比较为视角》，法律出版社 2014 年版。

[54] 孙英：《公司章程效力研究》，法律出版社 2013 年版。

[55] 钱玉林：《股东大会决议瑕疵研究》，法律出版社 2005 年版。

[56] 韩龙：《公司董事会决议效力研究》，法律出版社 2016 年版。

[57] 张凝：《日本股东大会制度的立法、理论与实践》，法律出版社

2009 年版。

［58］蒋建湘：《公司诉讼研究》，法律出版社 2008 年版。

［59］李小宁：《公司法视角下的股东代表诉讼：对英国、美国、德国和中国的比较研究》，法律出版社 2009 年版。

［60］胡田野：《公司法律裁判》，法律出版社 2012 年版。

［61］陈自强：《代理权与经理权之间：民商合一与民商分立》，北京大学出版社 2008 年版。

［62］翁晓健：《证券市场虚假陈述民事责任研究：美国证券法经验的反思与借鉴》，上海社会科学出版社 2011 年版。

［63］高金松：《空白票据新论》，台北，五南图书出版公司 1986 年版。

［64］张宏生：《西方法律思想史》，北京大学出版社 1983 年版。

［65］张乃根：《西方法哲学史纲》，中国政法大学出版社 1993 年版。

［66］何勤华等：《德国法律发达史》，法律出版社 2000 年版。

［67］何勤华主编：《法国法律发达史》，法律出版社 2001 年版。

［68］葛洪义：《法律与理性：法的现代性问题解读》，法律出版社 2001 年版。

［69］王治河：《扑朔迷离的游戏：后现代哲学思潮研究》，社会科学文献出版社 1993 年版。

［70］卢鹏：《拟制问题研究》，上海人民出版社 2009 年版。

［71］张远：《信息与信息经济学的基本问题》，清华大学出版社 1992 年版。

［72］安建主编：《中华人民共和国公司法释义》，法律出版社 2013 年第 2 版。

［73］杜万华主编：《最高人民法院公司法司法解释（四）理解与适用》，人民法院出版社 2017 年版。

二、中文论文

［1］林美惠：《论我国法上交易安全义务理论之建立》，载《台湾大学法学论丛》第 28 卷第 1 期（1998 年）。

［2］江平：《中国民法典制订的宏观思考》，载《法学》2002 年第 2 期。

［3］季立刚：《我国近代关于民商立法模式的三次论争》，载《法学》2006 年第 6 期。

［4］丁南：《论民商法上的外观主义》，载《法商研究》1997 年第 5 期。

［5］马新彦：《信赖与信赖利益考》，载《法律科学》2000 年第 3 期。

［6］马新彦：《信赖规则之界定》，载《法制与社会发展》2002 年第 3 期。

［7］马新彦：《两大法系信赖法则的融合——以美国〈路易斯安那民法典〉为对象》，载《法学评论》2012 年第 6 期。

［8］朱广新：《信赖保护理论及其研究述评》，载《法商研究》2007 年第 6 期。

［9］朱广新：《论法人与非法人组织制度中的善意相对人保护》，载《法治研究》2017 年第 3 期。

［10］《商事通则》调研组：《〈中华人民共和国商事通则〉建议稿》，载《商事法论集》2011 年第 1 期。

［11］史广龙：《民商合一立法方法在瑞士民法典中的实现》，载《法律方法》2014 年第 2 期。

［12］王文宇：《从商法特色论民法典编纂——兼论台湾地区民商合一法制》，载《清华法学》2015 年第 6 期。

［13］王雷：《我国民法典编纂中的团体法思维》，载《当代法学》2015 年第 4 期。

［14］李建伟：《民法总则设置商法规范的限度及其理论解释》，载《中国法学》2016 年第 4 期。

［15］刘斌：《论我国民法总则对商事规范的抽象限度——以民法总则的立法技术衡量为视角》，载《当代法学》2016 年第 3 期。

［16］许中缘：《我国〈民法总则〉对民商合一体例的立法创新》，载《法学》2017 年第 7 期。

［17］王建文：《德国商法法典化、去法典化与现代化：历史脉络与启示》，载《法学杂志》2008 年第 5 期。

［18］王建文：《法国商法：法典化、去法典化与再法典化》，载《西部法学评论》2008 年第 2 期。

［19］聂卫锋：《法典化与〈法国商法典〉的最新发展》，载《国家检察官学院学报》2013 年第 2 期。

［20］施天涛：《商事关系的重新发现与当今商法的使命》，载《清华法学》2017 年第 6 期。

［21］高旭军、白江：《论德国〈有限责任公司法改革法〉》，载《环球法律评论》2009 年第 1 期。

［22］梁上上：《未出资股东对公司债权人的补充赔偿责任》，载《中外法学》2015 年第 3 期。

［23］江平、孔祥俊：《论股权》，载《中国法学》1994 年第 1 期。

［24］赵旭东：《从资本信用到资产信用》，载《法学研究》2003 年第 5 期。

［25］陈甦：《资本信用与资产信用的学说分析及规范分野》，载《环球法律评论》2015 年第 1 期。

［26］蒋大兴：《公司法中的合同空间——从契约法到组织法的逻辑》，载《法学》2017 年第 4 期。

［27］张瑞萍：《从公司组织法到公司行为法——从公司权力的演变看公司法规制重心的转变》，载《清华大学学报（哲学社会科学版）》2005 年第 2 期。

［28］蒋大兴：《“合同法”的局限：资本认缴制下的责任约束——股东私人出资承诺之公开履行》，载《现代法学》2015 年第 5 期。

［29］王远明、唐英：《公司登记效力探讨》，载《中国法学》2003 年第 2 期。

［30］范健：《论股东资格的认定的基本理念和原则》，载王保树主编：《实践中的公司法》，社会科学文献出版社 2008 年版。

［31］周友苏：《试析股东资格认定中的若干法律问题》，载《法学》2006 年第 12 期。

［32］王成勇、陈广秀：《隐名股东之资格认定若干问题探析》，载《法律适用》2004 年第 7 期。

[33] 甘培忠：《论公司资本制度颠覆性改革的环境与逻辑缺陷及制度补救》，载《科技与法律》2014 年第 3 期。

[34] 赵旭东：《资本制度变革下的资本法律责任——公司法修改的理性解读》，载《法学研究》2014 年第 5 期。

[35] 刘燕：《公司法资本制度改革的逻辑与路径——基于商业实践视角的观察》，载《法学研究》2014 年第 5 期。

[36] 朱德芳：《公司法全盘修正管制松绑与公开透明应并重》，载《月旦法学杂志》第 268 期（2017）。

[37] 王涌：《论公司债权人对未实缴出资股东的请求权》，载赵旭东、宋晓明主编：《公司法评论》（总第 25 辑），人民法院出版社 2015 年版。

[38] 甘培忠、徐可：《认缴制下的资本违法责任及其困境——以财产混同为视角》，载《北京大学学报（哲学社会科学版）》2015 年第 6 期。

[39] 李建伟：《认缴制下股东出资责任加速到期研究》，载《人民司法》2015 年第 9 期。

[40] 石冠彬：《注册资本认缴制改革与债权人权益保护——一个解释论视角》，载《法商研究》2016 年第 3 期。

[41] 张磊：《认缴制下公司法人人格否认规则的司法适用新探》，载《法律适用（司法案例）》2018 年第 8 期。

[42] 张平：《股权转让效力层次论》，载《法学》2003 年第 12 期。

[43] 赵万一、吴民许：《论有限公司出资转让的条件》，载《法学论坛》2004 年第 5 期。

[44] 张钧、吴钦松：《论未经其他股东放弃优先购买权的股权转让合同之效力》，载《河北法学》2008 年第 11 期。

[45] 吴建斌、赵屹：《公司设限股权转让效力新解——基于江苏公司纠纷案件裁判的法律经济学分析》，载《南京大学法律评论》2009 年第 1 期。

[46] 蒋大兴：《股东优先购买权行使中被忽略的价格形成机制》，载《法学家》2012 年第 6 期。

[47] 谷昔伟：《损害股东优先购买权合同的效力认定》，载《人民司法（应用）》2016 年第 25 期。

[48] 葛伟军：《股东优先购买权的新近发展与规则解析：兼议〈公司法司法解释四〉》，载《中国政法大学学报》2018 年第 4 期。

[49] 崔建远、刘玲伶：《论公司对外担保的法律效力》，载《西南政法大学学报》2008 年第 4 期。

[50] 钱玉林：《公司法第 16 条的规范意义》，载《法学研究》2011 年第 6 期。

[51] 罗培新：《公司担保法律规则的价值冲突与司法考量》，载《中外法学》2012 年第 6 期。

[52] 梁上上：《公司担保合同的相对人审查义务》，载《法学》2013 年第 3 期。

[53] 郭志京：《中国公司对外担保规则特殊性研究——兼论民法商法思维方式的对立统一》，载《当代法学》2014 年第 5 期。

[54] 高圣平：《公司担保中相对人的审查义务——基于最高人民法院裁判分歧的分析和展开》，载《政法论坛》2017 年第 5 期。

[55] 张民安：《董事对公司债权人承担的侵权责任》，载《法制与社会发展》2000 年第 4 期。

[56] 王爱军：《论公司章程的法律性质》，载《山东社会科学》2007 年第 7 期。

[57] 王冠宇：《浅析公司章程的对外法律效力——兼议新〈公司法〉第十六条》，载《金融法苑》2009 年第 1 期。

[58] 钱玉林：《公司章程“另有规定”检讨》，载《法学研究》2009 年第 2 期。

[59] 奚庆、王艳丽：《论公司章程对有限公司股权转让限制性规定的效力》，载《南京社会科学》2009 年第 12 期。

[60] 钱玉林：《公司章程对股权转让限制的效力》，载《法学》2012 年第 10 期。

[61] 吴飞飞：《论公司章程的决议属性及其效力认定规则》，载《法制与社会发展》2016 年第 1 期。

[62] 许中缘：《论意思表示瑕疵的共同法律行为——以社团决议撤销为研究视角》，载《中国法学》2013 年第 6 期。

[63] 丁勇：《德国公司决议瑕疵诉讼滥用问题研究及启示》，载《比较法研究》2013 年第 4 期。

[64] 甘培忠、赵文冰：《对公司决议效力的一些思考——析〈最高人民法院关于适用《中华人民共和国公司法》若干问题的规定（四）〉征求意见稿中的相关规定》，载《法律适用》2016 年第 8 期。

[65] 曾大鹏：《民法典编纂中商事代理的制度构造》，载《法学》2017 年第 8 期。

[66] 杜景林：《民商事往来中沉默的法律责任》，载《法学》2014 年第 2 期。

[67] 吴晓明：《论马克思对现代性的双重批判》，载《学术月刊》2006 年第 2 期。

[68] 陈甦：《体系前研究到体系后研究的范式转型》，载《法学研究》2011 年第 5 期。

[69] 舒国滢：《欧洲人文主义法学的方法论与知识谱系》，载《清华法学》2014 年第 1 期。

[70] 舒国滢：《论近代自然科学对法学的影响——以 17、18 世纪理性主义法学作为考察重点》，载《法学评论》2014 年第 5 期。

[71] 任超：《德国法学方法论在中国的继受——兼论我国民事立法的科学化和体系化》，载《甘肃社会科学》2016 年第 5 期。

[72] 谢潇：《法律拟制的哲学基础》，载《法制与社会发展》2018 年第 1 期。

三、中文译著、法典

[1] [德] 卡尔·拉伦茨：《法学方法论》，陈爱娥译，商务印书馆 2003 年版。

[2] [德] 卡尔·拉伦茨：《德国民法通论》（上下册），王晓晔等译，法律出版社 2013 年版。

[3]［德］迪特尔·梅迪库斯：《德国民法总论》，邵建东译，法律出版社2000年版。

[4]［法］雅克·盖斯旦、吉勒·古博：《法国民法总论》，陈鹏等译，法律出版社2004年版。

[5]［日］我妻荣：《我妻荣民法讲义：新订民法总则》，于敏译，中国法制出版社2008年版。

[6]［德］迪特尔·梅迪库斯：《德国债法总论》，杜景林、卢谌译，法律出版社2004年版。

[7]［德］维尔纳·弗卢梅：《法律行为论》，迟颖译，法律出版社2013年版。

[8]［美］格兰特·吉尔莫：《契约的死亡》，曹士兵等译，中国法制出版社2005年版。

[9]［日］内田贵：《契约的再生》，胡宝海译，中国法制出版社2005年版。

[10]［美］麦克尼尔：《新社会契约论》，雷喜宁、潘勤译，中国政法大学出版社2004年版。

[11]［美］L. L. 富勒、小威廉·R. 帕杜：《合同损害赔偿中的信赖利益》，韩世远译，中国法制出版社2004年版。

[12]［美］弗里德里奇·凯斯勒等：《合同法：案例与材料》（上册），屈广清等译，中国政法大学出版社2005年第3版。

[13]［德］海因·克茨：《欧洲合同法》（上卷），周忠海等译，法律出版社2001年版。

[14]［德］莱因哈德·齐默曼、［英］西蒙·惠克特主编：《欧洲合同法中的诚信原则》，丁广宇等译，法律出版社2005年版。

[15]［美］杰弗里·费里尔、迈克尔·纳文：《美国合同法精解》，陈彦明译，北京大学出版社2009年版。

[16]［德］克雷斯蒂安·冯·巴尔：《欧洲比较侵权行为法》，张新宝、焦美华译，法律出版社2001年版。

[17]［德］C. W. 卡纳里斯：《德国商法》，杨继译，法律出版社2006

年版。

[18] [日] 近藤光男:《日本商法总则·商行为法》,梁爽译,法律出版社 2016 年版。

[19] [德] 托马斯·莱塞尔、吕迪阁·法伊尔:《德国资合公司法》,高旭军等译,法律出版社 2005 年版。

[20] [英] 保罗·戴维斯:《英国公司法精要》,樊云慧译,法律出版社 2007 年版。

[21] [韩] 李哲松:《韩国公司法》,吴日焕译,中国政法大学出版社 2000 年版。

[22] [美] 弗兰克·伊斯特布鲁克、丹尼尔·费希尔:《公司法的经济结构》,罗培新等译,北京大学出版社 2014 年第 2 版。

[23] [德] 黑格尔:《法哲学原理》,范扬等译,商务印书馆 1961 年版。

[24] [德] 鲁道夫·冯·耶林:《法权感的产生》,王洪亮译,商务印书馆 2016 年版。

[25] [英] 亨利·萨姆纳·梅因:《古代法与社会远史及现代观念的联系》,郭亮译,法律出版社 2016 年版。

[26] [美] 约翰·罗尔斯:《正义论》,何怀宏等译,中国社会科学出版社 1988 年版。

[27] [奥] 凯尔森:《法与国家的一般理论》,沈宗灵译,中国大百科全书出版社 1996 年版。

[28] [英] 哈特:《法律的概念》,张文显等译,中国大百科全书出版社 1996 年版。

[29] [日] 穗积陈重:《法律进化论:法源论》,黄尊三等译,中国政法大学出版社 1997 年版。

[30] [日] 大木雅夫:《比较法》,范愉译,法律出版社 1999 年版。

[31] [美] E. 博登海默:《法理学:法律哲学与法律方法》,邓正来译,中国政法大学出版社 1999 年版。

[32] [德] 哈贝马斯:《在事实与规范之间:关于法律和民主法治国的商谈理论》,童世骏译,三联书店 2003 年版。

［33］［德］罗伯特·阿列克西：《法律论证理论：作为法律证立理论的理性论辩理论》，舒国滢译，中国法制出版社 2002 年版。

［34］［美］罗斯科·庞德：《通过法律的社会控制》，沈宗灵译，商务印书馆 2010 年版。

［35］［美］R. M. 昂格尔：《现代社会中的法律》，吴玉章、周汉华译，译林出版社 2008 年版。

［36］［美］本杰明·N. 卡多佐：《法律的成长》，李红勃、李璐怡译，北京大学出版社 2014 年版。

［37］［英］施米托夫：《国际贸易法文选》，程家瑞编辑，赵秀文选译，中国大百科全书出版社 1993 年版。

［38］［日］谷口安平：《程序的正义与诉讼》，王亚新、刘荣军译，中国政法大学出版社 1996 年版。

［39］［德］康德：《实践理性批判》，韩水法译，商务印书馆 1999 年版。

［40］［德］胡塞尔：《现象学的观念》，倪梁康译，上海译文出版社 1986 年版。

［41］［美］克利福德·吉尔兹：《地方性知识》，王海龙、张家瑄译，中央编译出版社 2000 年版。

［42］［德］尼克拉斯·卢曼：《信任：一个社会复杂性的简化机制》，瞿铁鹏、李强译，上海人民出版社 2005 年版。

［43］［英］安东尼·吉登斯：《现代性的后果》，田禾等译，译林出版社 2011 年版。

［44］［匈］卢卡奇：《历史与阶级意识》，杜章智等译，商务印书馆 1999 年版。

［45］［英］史蒂文·卢克斯：《权力：一种激进的观点》，彭斌译，江苏人民出版社 2012 年第 2 版。

［46］［德］亚图·考夫曼：《类推与“事物本质”：兼论类型理论》，吴从周译，台北，学林文化事业有限公司 1999 年版。

［47］［德］沃尔夫冈·伊瑟尔：《虚构与想象：文学人类学疆界》，陈定家、汪正龙等译，吉林人民出版社 2011 年版。

［48］［德］西美尔：《货币哲学》，陈戎女译，华夏出版社 2002 年版。

［49］［美］加里·S. 贝克尔：《人类行为的经济分析》，王业宇、陈琪译，格致出版社·三联书店·上海人民出版社 2015 年版。

［50］《德国民法典》，陈卫佐译注，法律出版社 2015 年第 4 版。

［51］《德国商法典》，杜景林、卢谌译，中国政法大学出版社 2000 年版。

［52］《美国〈统一商法典〉及其正式评述》（三卷本），孙新强等译，中国人民大学出版社 2004 年版。

［53］《日本最新商法典译注》，刘成杰译注，中国政法大学出版社 2012 年版。

［54］《德国商事公司法》，胡晓静、杨代雄译，法律出版社 2014 年版。

［55］《最新美国标准公司法》，沈四宝编译，法律出版社 2006 年版。

［56］《新订日本公司法典》，王作全译，北京大学出版社 2016 年版。

［57］王延川、刘卫锋编译：《最新韩国公司法及施行令》，法律出版社 2014 年版。

四、外文著作

［1］石田文次郎「財産法に於ける動的理論」（巌松堂書店，1940 年）。

［2］松田二郎「株式会社法の理論——株式本質論を中心にして」（岩波书店，1962 年）。

［3］喜多了祐「外観優越の法理」（千倉書房，1976 年）。

［4］石本雅男「民事責任の基礎理論」（有斐閣，1979 年）。

［5］伊泽孝平「表示行为の公信力：商事における禁反言」（有斐阁，1986 年）。

［6］今井宏「株主総会の理論」（有斐阁，1987 年）。

［7］棚瀬孝雄編「現代の不法行為法：法の理念と生活世界」（有斐閣，1994 年）。

［8］弥永真生「リーガルマインド会社法」（有斐閣，2002 年）。

［9］伊藤刚「ラーレンツの類型論」（信山社，2002 年）。

［10］多田利隆「信頼保護における帰責の理論」（信山社，2004 年）。

［11］戸田知行「信赖责任の原理」（信山社，2004 年）。

［12］葉玉匡美「新会社法 100 問」（ダイヤモンド社，2005 年）。

［13］中舎寛樹「表見法理の帰責構造」（日本評論社，2014 年）。

［14］Lancelot Everest & Edmund Strode, *The Law of Estoppel*, 3rd ed. Stevens and Sons, 1923.

［15］William Holdsworth, *A History of English Law*, Methuen & Co., Vol. 9, 1932.

［16］Lon L. Fuller, *Legal Fictions*, Stanford University Press, 1967.

［17］Oliver Wendell Holmes Jr., *The Common Law*, Macmillan, 1968.

［18］Elizabeth Cooke, *The Modern Law of Estopple*, Oxford University Press, 2000.

［19］Paul A. McDermott, *Contract Law*, Butterworth Ltd., 2001.

［20］Geoffrey Samuel, *Law of Obligations and Legal Remedies*, Cavendish Publishing Limited, 2001.

［21］Sean Wilken & Theresa Villiers, *The Law of Waiver, Variation and Estopple*, Oxford University Press, 2002.

［22］Paul Lyndon Davies, *Introduction to Company Law*, Oxford University Press, 2002.

［23］Bryan A. Garner, editor in Chief, *Black's Law Dictionary*, 8th ed., Tho-mson West, 2004.

［24］Reinhard Zimmermann & Simon Whittaker, *Good Faith in European Contract Law*, Cambridge University Press, 2008.

［25］Alastair Hudson, *Law of Finance*, Thomson Reuters Limited, 2010.

五、外文论文

［1］河本一郎「有価証券におけるレヒッシャイン.ヤコビを中心にして」神戸法學雜誌 2 巻 4 號（1953）。

[2] 大賀祥充「権利外観理論の現代的意義」法學研究 73 卷 12 号 (2000)。

[3] Ronald H. Coase, *The Nature of The Firm*, 4 Economica 386 (1937).

[4] Ronald H. Coase, *The Problem of Social Cost*, 3 Journal of Law and Economics 1 (1960).

[5] Lon L. Fuller & William R. Perdue, *The Reliance Interest in Contract Damages* (*Pts* Ⅰ &Ⅱ), 46 Yale Law Journal 52, 373 (1936 – 1937).

[6] Lon L. Fuller, *Consideration and Form*, 41 Columbia Law Review 799 (1941).

[7] Terry DiFilippo, *Jeremy Bentham's Codification Proposals and Some Remarks on Their Place in History*, 22 Buffalo Law Review 239 (1972).

[8] Robert S. Summers, *Evaluating and Improving Legal Processes: A Plea for "Process Values"*, 60 Cornell Law Review 1 (1974 – 1975).

[9] Frank H. Easterbrook & Daniel R. Fischel, *Limited Liability and the Corporation*, 52 University of Chicago Law Review 89 (1985).

[10] Daniel A. Farber & John H. Matheson, *Beyond Promissory Estoppel: Contract Law and the "Invisible Handshake"*, 52 University of Chicago Law Review 903 (1985).

[11] Bebchuk, *Limiting Contractual Freedom in Corporate Law: The Desirable Constrains on Charter Amendments*, 102 Harvard Law Review 1824 (1989).

[12] Phuong N. Pham, *The Waning of Promissory Estoppel*, 79 Cornell Law Review 1263 (1994).

[13] Larry A. DiMatteo, *The Counterpoise of Contracts: The Reasonable Person Standard and the Subjectivity of Judgment*, 48 South Carolina Law Review 293 (1996 – 1997).

[14] Cheryl Goss Weiss, *A Review of the Historic Foundations of Broker – Dealer Liability for Breach of Fiduciary Duty*, 23 The Journal of Corporation Law 65 (1997).

[15] David W. Barbes, *Remedies for Imperfect Transactions in Contracts and Torts*, 38 San Diego Law Review 193 (2001).

[16] D. Gordon Smith, *The Critical Resource Theory of Fiduciary Duty*, 55 Vanderbilt Law Review 1399 (2002).

[17] Ruth Plato - Shinar & Rolf H. Weber, *Three Models of the Bank's Fiduciary Duty*, 2 Law and Financial Markets Review 422 (2008).

后　记

本书的写作伴随我的博士学习生涯。付梓之际，不禁回想起刚开始学习法律时产生的那种“凭法律主持公道”“为弱者仗义执言”的一腔热血。之后，接触到那些卷帙浩繁的法学理论与无可奈何的法律现实，困惑、沮丧之情却也潜滋暗长。最后，又逐渐在物与我、心与外、法与权的平衡中找到一些欣慰与释然。这是一个法律信仰的树立、崩解又重建的过程。

霍姆斯大法官有云：“法律的生命不在于逻辑，而在于经验。”而又如亚里士多德在《尼各马可伦理学》中所说，法学是一门真正的实践科学，需要的不仅是理论分析，更重要的是审慎平衡。法学研究的目的正是要掌握这种实践中渗透的智慧，一种在事实与规范、抽象与具体之间往返流转的“善”。

在此，我首先应该感谢我的父母。在求学之路上，我与他们聚少离多，即便远在千里之外，我依然时刻感受到他们的鼓励与支持。每次我在晨光熹微中乘机离乡，他们每每送行，非因路途遥远，只想多点时间相伴。直到机场，还要隔着安检口目送，与我挥手告别后才舍得离去。云海浮游，千里翕忽，闽南气候的温暖怀抱，足以驱散上海的湿风冷雨和漫天雾霾。

我更要向我的导师季立刚教授致以诚挚谢意。正是他的传道授业，才使我产生研究热情；而同样是他的循循善诱，促使我完成本书的写作。季教授治学之精深严谨、待人之宽容气度，令我常怀感佩。正如胡适所云，“不疑处须有疑”的研究态度，“有疑处须不疑”的处世胸怀，正是有志于学者反省自查之准绳。

课有终时，学无止境。如今，我也忝为人师，更应时时铭记那些在学生时代的心得与信仰，为成为“道器兼修、知行并重”的法律人而长自勉励之。日月金轮空流转，纵使沧生溟灭，莫令岁月蹉跎。“朝菌不知晦朔，蟪蛄不知春秋。”洪荒无尽，而人如苇草，唯有持续思考与探索，我之于世界的尊严方始得证。

陈 熹